·高等职业教育"十二五"规划教材
·汽车整形技术专业任务驱动、项目导向系列化教材

车身结构与附属设备

主　编　陈　勇
副主编　杨婧文

国防工业出版社
·北京·

内容简介

本书共设计了 11 个学习任务，介绍了轿车车身结构和主要附件的拆装知识、客车车身结构和主要附件的拆装知识、载货汽车车身结构的知识。所有内容按照任务编排，使学生熟悉车身结构，能完成车身及附属设备的拆装与调整工作和主要附属设备常见维修工作。

本书体例新颖、内容翔实，以典型的工作任务聚集知识点和技能点，便于教师实施项目化和教学做一体化教学。

本书可作为高职院校汽车整形技术及相关专业的教材，也可供从事车身维修的人员自学和参考。

图书在版编目（CIP）数据

车身结构与附属设备/陈勇主编. —北京：国防工业出版社，2016.6 重印

汽车整形技术专业任务驱动、项目导向系列化教材

ISBN 978-7-118-09857-0

Ⅰ.①车… Ⅱ.①陈… Ⅲ.①汽车—车体结构—教材 ②汽车—车体—附件—教材 Ⅳ.①U463.8

中国版本图书馆 CIP 数据核字（2014）第 284420 号

※

国防工业出版社出版发行
（北京市海淀区紫竹院南路 23 号 邮政编码 100048）
三河市众誉天成印务有限公司印刷
新华书店经售

*

开本 787×1092 1/16 印张 14 字数 324 千字
2016 年 6 月第 1 版第 2 次印刷 印数 3001—5000 册 定价 28.00 元

（本书如有印装错误，我社负责调换）

国防书店：（010）88540777   发行邮购：（010）88540776
发行传真：（010）88540755   发行业务：（010）88540717

前 言

本书的编写思路是以培养学生具备利用车身维修资料和设备完成车身及附属设备的拆装与调整工作和主要附属设备常见维修工作能力为中心，以车身附件拆装与维修作业的典型工作任务聚集知识点、技能点，编写方式适合实施项目化和教学做一体化教学的教材。

本书共设计了 11 个学习任务，内容主要涉及轿车车身结构与主要附件的拆装调整和维修、客车车身结构与主要附件的拆装调整和维修、载货汽车车身结构认识。通过对本教材的学习使学生熟悉车身结构，能完成车身及附属设备的拆装与调整工作和主要附属设备常见故障维修工作。

本书具有如下特点：

（1）本书的编写基于车身维修作业中的典型工作任务，过程中邀请行业专家对汽车整形技术专业所涵盖的岗位群进行工作任务、职业能力和课程标准的分析与探讨，由此确定本课程的学习任务和课程内容，根据确定的学习任务和内容编写项目化校本教材，以便于实施项目化教学。

（2）本书设计 11 个学习任务。在具体编写时以典型的工作任务聚集知识点和技能点，便于教师实施项目化和教学做一体化教学。

（3）本书体现了任务驱动的课程教学理念。以职业岗位的典型工作任务为驱动，确定理论与实践一体化的学习任务，按照工作过程组织学习过程。

（4）本书采用全新的结构编排模式，打破了传统教材的章节体例，以典型学习任务为一个相对完整的学习过程，每个学习任务的内容既相互独立又有内在的联系。

本书由陈勇任主编，杨婧文任副主编。其中南京交通职业技术学院陈勇编写任务 1、任务 2、任务 3、任务 4，南京交通职业技术学院杨婧文编写任务 5、任务 6、任务 7、任务 8、任务 9，南京交通职业技术学院朱帅编写任务 10，南京交通职业技术学院燕寒编写任务 11。编写过程中得到了南京交通职业技术学院汽车整形技术教研室的韩星、汤其国两位老师的大力支持，在此表示感谢。

由于编者水平有限，加之经验不足，书中难免有谬误和疏漏之处，敬请广大读者批评指正。

目 录

任务1　轿车车身结构认识 ··········· 1
【学习目标】 ··········· 1
一、轿车车身 ··········· 1
　　（一）车身的发展 ··········· 1
　　（二）车身的承载类型 ··········· 4
　　（三）轿车车身的组成 ··········· 7
　　（四）轿车车身的分类 ··········· 8
　　（五）非承载式轿车结构 ··········· 11
　　（六）承载式轿车结构 ··········· 13
　　（七）现代承载式轿车车身抗撞性 ··········· 25
　　（八）车身板件常用材料 ··········· 33
二、设备、工具和材料准备 ··········· 39
三、轿车车身结构认识步骤 ··········· 40
四、技能考核表 ··········· 40
课后复习题 ··········· 40

任务2　汽车保险杠的拆装与调整 ··········· 45
【学习目标】 ··········· 45
一、汽车保险杠介绍 ··········· 45
　　（一）普通型保险杠 ··········· 45
　　（二）吸能型保险杠 ··········· 46
二、车身零件的拆装基础 ··········· 47
　　（一）车身零件的安装方法 ··········· 47
　　（二）常用拆装工具 ··········· 48
三、设备、工具和材料准备 ··········· 59
四、汽车保险杠拆装的技术要求 ··········· 59
五、汽车保险杠拆装调整步骤 ··········· 59
六、技能考核表 ··········· 61
课后复习题 ··········· 61

任务3　发动机罩、前翼子板、行李箱盖的拆装与调整 ··········· 63
【学习目标】 ··········· 63

一、设备、工具和材料准备 ……………………………………………… 63
　　二、车身覆盖件调整的技术要求 ………………………………………… 63
　　三、子任务1：发动机罩的拆卸、安装与调整 ………………………… 64
　　四、子任务2：前翼子板的拆卸、安装与调整 ………………………… 69
　　五、子任务3：行李箱盖的拆卸、安装与调整 ………………………… 70
　　六、技能考核表 …………………………………………………………… 72
　　课后复习题 ………………………………………………………………… 73

任务4　车门及附件的拆装与调整 …………………………………………… 75
　　【学习目标】 ……………………………………………………………… 75
　　一、轿车车门介绍 ………………………………………………………… 75
　　　（一）车门的分类 ……………………………………………………… 75
　　　（二）对车门的基本要求 ……………………………………………… 76
　　　（三）车门的结构 ……………………………………………………… 77
　　　（四）车门可调整原理 ………………………………………………… 79
　　二、设备、工具和材料准备 ……………………………………………… 80
　　三、车门及附件拆装调整技术要求 ……………………………………… 80
　　四、车门及附件拆装与调整步骤 ………………………………………… 80
　　　（一）车门拆卸及门内附件的拆装 …………………………………… 80
　　　（二）车门安装与调整 ………………………………………………… 85
　　五、技能考核表 …………………………………………………………… 87
　　课后复习题 ………………………………………………………………… 88

任务5　轿车车门锁系统的维修 ……………………………………………… 89
　　【学习目标】 ……………………………………………………………… 89
　　一、轿车门锁系统介绍 …………………………………………………… 89
　　　（一）对车门锁的要求 ………………………………………………… 89
　　　（二）汽车门锁的种类 ………………………………………………… 90
　　　（三）卡板式门锁工作原理与结构 …………………………………… 90
　　　（四）自动门锁结构与工作原理 ……………………………………… 92
　　　（五）车门锁机构的工作原理与过程 ………………………………… 102
　　二、设备、工具和材料准备 ……………………………………………… 104
　　三、子任务1：机械锁的常见故障与检修 ……………………………… 105
　　四、子任务2：自动门锁的检修 ………………………………………… 106
　　五、技能考核表 …………………………………………………………… 107
　　课后复习题 ………………………………………………………………… 107

任务6　车门玻璃升降系统的维修 …………………………………………… 109
　　【学习目标】 ……………………………………………………………… 109
　　一、车门玻璃升降系统介绍 ……………………………………………… 109
　　　（一）车门玻璃升降系统功能与组成 ………………………………… 109

（二）玻璃升降器的作用、分类及要求 …………………………………… 109
　　　（三）臂式玻璃升降器 …………………………………………………… 110
　　　（四）钢绳式玻璃升降器 ………………………………………………… 112
　　　（五）带式玻璃升降器 …………………………………………………… 113
　　　（六）齿簧式玻璃升降器 ………………………………………………… 113
　　　（七）电动式玻璃升降器 ………………………………………………… 114
　　　（八）电动车窗系统 ……………………………………………………… 114
　二、设备、工具和材料准备 ………………………………………………… 117
　三、子任务1：玻璃升降系统的常见故障与检修 ……………………………… 118
　四、子任务2：电动车窗的检修 ……………………………………………… 118
　五、技能考核表 ……………………………………………………………… 122
　课后复习题 …………………………………………………………………… 123

任务7 汽车玻璃、密封条的拆装及车身密封性的检查 ………………… 124
　【学习目标】 ………………………………………………………………… 124
　一、设备、工具和材料准备 ………………………………………………… 124
　二、技术标准及要求 ………………………………………………………… 124
　三、子任务1：汽车密封条的拆装 …………………………………………… 124
　　　（一）汽车密封条概述 …………………………………………………… 124
　　　（二）车门密封条的拆装 ………………………………………………… 126
　　　（三）行李箱盖密封条的拆装 …………………………………………… 128
　四、子任务2：汽车玻璃的拆装 ……………………………………………… 129
　　　（一）汽车玻璃介绍 ……………………………………………………… 129
　　　（二）玻璃拆卸和重新安装常用工具 …………………………………… 132
　　　（三）密封条式固定前风窗玻璃的拆装 ………………………………… 134
　　　（四）粘结式固定前风窗玻璃的拆装 …………………………………… 136
　五、子任务3：车身密封性检查与修理 ……………………………………… 139
　　　（一）车身漏水和风的原因 ……………………………………………… 139
　　　（二）车身密封性检查 …………………………………………………… 141
　　　（三）泄漏修理 …………………………………………………………… 143
　　　（四）车身防噪 …………………………………………………………… 144
　六、技能考核表 ……………………………………………………………… 146
　课后复习题 …………………………………………………………………… 146

任务8 乘客舱主要部件与车身装饰条的拆装 ……………………………… 148
　【学习目标】 ………………………………………………………………… 148
　一、乘客舱的各个总成 ……………………………………………………… 148
　二、设备、工具和材料准备 ………………………………………………… 149
　三、技术标准及要求 ………………………………………………………… 150
　四、子任务1：汽车座椅的拆装与座罩的维护 ……………………………… 150

　　　　（一）汽车座椅介绍 150
　　　　（二）汽车座椅的拆装 156
　　　　（三）座罩的维护 157
　　五、子任务2：仪表板的拆装 158
　　六、子任务3：车身装饰条的拆装 160
　　七、技能考核表 163
　　课后复习题 164

任务9　乘员约束系统的拆装与修理 165

　　【学习目标】 165
　　一、设备、工具和材料准备 165
　　二、技术标准及要求 165
　　三、子任务1：座椅安全带的拆装与修理 165
　　　　（一）座椅安全带介绍 165
　　　　（二）安全带的拆装与修理 169
　　四、子任务2：汽车安全气囊的拆装与修理 172
　　　　（一）安全气囊介绍 172
　　　　（二）安全气囊的拆装与修理 175
　　五、技能考核表 183
　　课后复习题 183

任务10　客车车身结构认识与主要零部件的拆装 185

　　【学习目标】 185
　　一、客车车身 185
　　　　（一）客车车身的分类 185
　　　　（二）客车车身的主要构件 187
　　　　（三）客车车身的典型构造 190
　　　　（四）客车附属设备 195
　　二、设备、工具和材料准备 196
　　三、子任务1：客车车身结构认识步骤 197
　　四、子任务2：小客车推拉式车门的拆装与调整 197
　　五、技能考核表 200
　　课后复习题 201

任务11　载货汽车车身认识 202

　　【学习目标】 202
　　一、载货汽车车身的构造 202
　　　　（一）载货汽车的分类 202
　　　　（二）车架 203
　　　　（三）驾驶室 204
　　　　（四）货箱 206
　　二、设备、工具和材料准备 211

三、载货汽车车身结构认识步骤 …………………………………………………… 211
四、技能考核表 …………………………………………………………………… 211
课后复习题 ………………………………………………………………………… 211
参考文献 ………………………………………………………………………………… 213

任务1 轿车车身结构认识

【学习目标】
1. 知道车身的发展与结构类型
2. 能叙述承载式轿车车身和非承载式轿车车身的特点
3. 知道轿车车身的具体结构、构件安装和连接关系
4. 知道现代轿车的抗撞性能

一、轿 车 车 身

（一）车身的发展

1. 车身结构与技术的发展

1886年,德国工程师卡尔·奔驰和戈特利勃·戴姆勒分别发明了三轮和四轮汽油机汽车,如图1-1和图1-2所示。当时的轿车几乎没有车身,这是因为研究发明者把全部的精力集中在新的动力机构、传动装置以及机械操纵方面。

图1-1 1886年德国人奔驰发明的三轮汽车

图1-2 1886年德国人戴姆勒发明的四轮汽车

进入20世纪,设计人员日益重视车身设计。这一时期的轿车车身基本沿用了马车车身结构,所不同的就是把马辕去掉,而且制作得更加豪华,车身多为木结构形式,如图1-3所示。

真正确立完整轿车车身概念的应当是1915年美国生产的福特T型车,如图1-4所示。该车是典型的箱型轿车,它确立了以后轿车的基本车身造型,其车身覆盖件开始采用了薄钢板冲压成型。

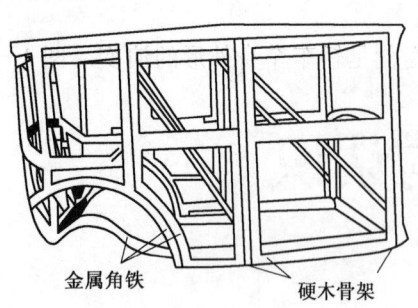

图1-3 早期木制车身　　　　　　　图1-4 1915年美国生产的福特T型车

20世纪20年代,由于材料、冶炼、成型和焊接等方面技术的进步,轿车车身出现了整体式车身结构的设计思想,即用薄壁结构制成硬壳式金属整体车身。汽车车身由以敞篷为主转变为以封闭的箱式车身为主。1925年,在整体式车身结构的基础上发明了承载式车身,车身由钢板冲压成型的金属结构件和大型覆盖件组成,这种金属结构的车身一直沿用至今,如图1-5所示。

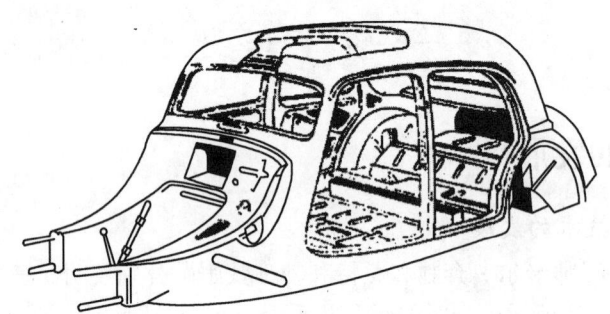

图1-5 第一个成批生产的承载式车身

20世纪50年代~70年代是轿车车身发展的黄金时期,承载式轿车车身得到广泛的应用并出现了"车身力学"这一新概念,为轿车车身设计、开发、研究建立了较为完整的框架。很多新型材料应用于车身,例如复合材料、铝合金材料以及工程塑料等。车身内装饰已开始广泛采用人造材料,车身外表涂料则采用具有弹性和高度光泽的合成涂料。随着高速公路的发展,车身空气动力学试验也逐渐成为轿车车身设计的必要程序,轿车车身的安全性和人体防护问题也提到了议事日程。

20世纪80年代以后,轿车车身各分支技术朝着更深入、更系统的方向发展。在车身材料方面,就金属材料而言,应用于轿车车身高韧性的超高强度钢正在不断问世,并大量采用良好的防腐蚀性镀锌钢板,这种钢板制作工艺简单,价格仅比普通钢板高10%左右,但耐锈蚀能力却大幅提高。大量的非金属材料已广泛应用于轿车车身,所占整个车身材料的比例也逐年增加,出现了全铝车身和全塑料复合材料车身等。相关的加工工艺方法(如冷冲压,特种材料成型加工,各种形式的焊接、喷漆、电镀、塑料成型等)也日新月异且不断完善。在轿车主动安全性和被动安全性的试验与计算机仿真,轿车车身虚拟造型与图形显示,空气动力学试验与计算模拟,车身电子化设施与装备,轿车车身刚度、强度,车身结构优化以及实验技术与装备等领域都取得了长足进步。技术发展与应用使得现代轿车车身在各方面均发生了质的飞跃。

2. 车身外形的演变

在汽车的发展过程中,最富特色、最具直观感觉的变化是轿车车身外形的演变。图1-6所示为轿车车身外形的演变过程。

（1）20世纪初期,车身外形仿照马车,以马车式车身外形为主。车身高度与马车同高,约2.7m。随后在车身上加装挡风玻璃、挡泥板等构件。福特T型汽车问世以后开始出现了"箱形车身",但箱形车身空气阻力大,在当时只能简单地依靠加大发动机的功率来克服空气阻力。

（2）20世纪30年代中期,由于汽车空气动力学的研究成果以及减小汽车功率在空气阻力上消耗的要求,轿车车身尺寸开始减小。车高逐渐降低至1.3~1.4m,车宽增加,车身形状呈流线型,于是产生了"甲虫形车身"。但这种车身外形存在着横向风不稳定和乘坐舒适性差等问题。

20世纪40年代,由于前轮独立悬架的普及,发动机和座舱前移,车身布置逐渐采用4门4窗的标准形式。车门采用曲面玻璃、埋入式车门铰链,以及与外板为一体的行李舱盖,进一步促进了车身的曲面化。

此外,作为多用途的厢式送货车,在后部装上座椅作为旅行车开始独立发展,直到今天。

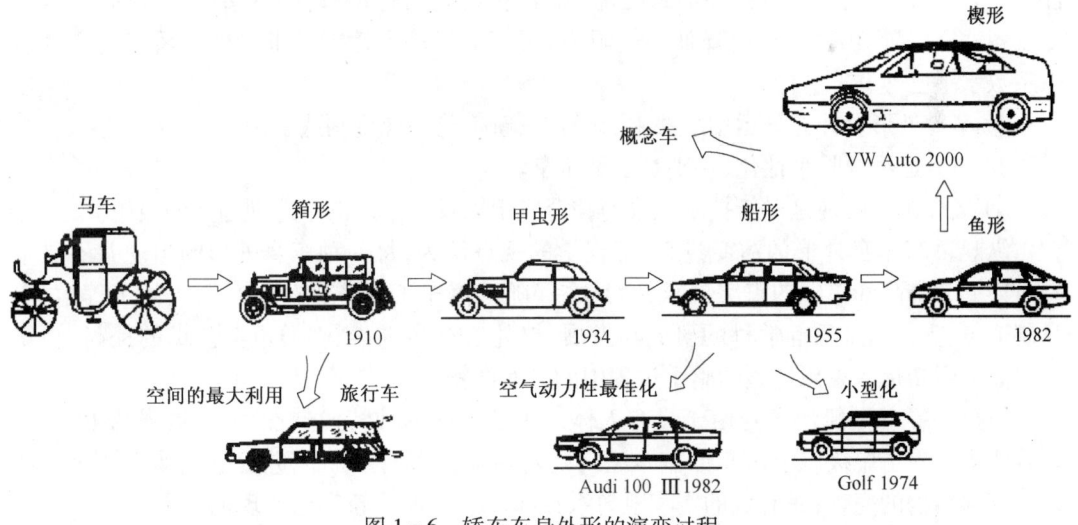

图1-6 轿车车身外形的演变过程

（3）20世纪50年代,人体工程学的研究与应用,为创造舒适的、宽敞的乘坐空间和车内环境提供了设计依据,导致了"船形式车身"的出现。随后,为使船形式车身仍具有流线型,便出现了在船形式车身基础上的新的流线型车身,即"鱼形车身"。鱼形车身保留了船形车身的舒适性优点,但出现升力问题,使得高速行驶时出现不稳定现象。

在此期间,车身侧面突出的翼子板已消除,翼子板与车门由一个曲面构成,使车身侧面形状光滑,座舱宽度增加。硬顶轿车开始出现,1954年奔驰公司推出鸥翼式车门的跑车。

20世纪60年代的欧洲,为意大利豪华车的全盛时期,外形曲线优美的车型不断涌现。此外,车身设计开始追求车身内部的装饰,强调车的个性,而不再是仅仅追求外观。

(4) 20世纪70年代,由于世界性的石油危机,导致汽车制造业出台一系列的节能法规,如美国的《能源政策与节约法案》(1975年)、日本的《节约能源法》(1979年)等。为达到法规的要求,各汽车制造公司都致力于轻量化、小型化的轿车开发,并提高汽车的空气动力性能。于是出现了发动机前置、前轮驱动、车身尺寸小、布置紧凑而内部空间相对宽敞的"溜背式"两厢形车身。这种车身可以看作是由普通船形车身将后行李舱截掉,增设后门的产物,德国大众公司生产的高尔夫轿车就是这个时代典型的溜背式轿车,其第2代高尔夫轿车于1983年投放市场,车长、宽、高分别为3987mm、1664mm和1413mm,整备质量855kg,空气阻力系数C_D=0.34。就连一贯是大型化的美国轿车,也出现了欧洲式的小型化倾向,更加注重车身的实用性和经济性。

(5) 20世纪80年代以来,轿车车身外形发展具有以下特点:

① 由厢形车身演变而来的旅行车造型更趋完善,成为各汽车公司基础轿车车型的一种变型车。

② 将前风挡玻璃和客厢前移,出现车身前部(发动机罩和前风挡玻璃)无明显台阶,内部空间宽敞,外形流畅,呈"子弹头"形的单厢式多用途轿车。

③ 轿车车身造型以"楔形"为主旋律。即降低发动机罩,增大发动机罩和前风挡玻璃倾角,升高后行李舱或车尾部的车身。

④ 车身外形设计更具空气动力性的技术特征。一方面,车身形体设计以最佳空气动力性试验为基础,使得车身表面曲面圆滑化、覆盖件大型化,造型整体感强;另一方面,车身上增设各种空气导流装置,从而降低空气阻力,提高空气动力性能。批量生产轿车的空气阻力系数水平已达0.3左右。

⑤ 车身外形设计充分运用新技术、新材料、新工艺等现代制造手段。

⑥ 车身造型更具个性化,特别是小型轿车。

⑦ 概念车的出现是对新技术成果的综合应用以及对未来汽车造型趋势的设想。

纵观轿车车身外形的演变过程,工程学的观点认为,每一种车身外形的出现并不是某一时期的装饰品和单纯的审美要求,而是在伴随着汽车工程、空气动力学、人体工程学、车身制造工艺、材料工程等学科的研究与发展,伴随着社会进步、人类审美艺术的提高,在车身机能上不断追求理想造型的整个过程中的必然产物。

值得一提的是船形车身由于具有人体工程学方面的独特优越性,具有极强的生命力,以致成为世界上中级以上轿车的基本型。随着对船形车身不断地进行空气动力性研究和外形细部结构的完善,具有低的空气阻力系数(0.28)的船形轿车已实现批量生产。

(二) 车身的承载类型

出于各种不同的目的和要求,汽车的品种很多,车身的形式各异,特别是随着时间的推移和科学技术的迅速发展,设计经验和使用实践日益丰富,结构上不断推陈出新。虽然车身结构离不开结构的继承性,但是新老结构型式交织在一起,难以确切下定义和予以统一命名,往往容易造成混淆,这样就给人们分门别类去认识它和研究它带来一定的困难。尽管一般也可按用途(如轿车、大客车、货车和专用汽车车身等)和所用材料(如金属和非金属等)来进行分类,但是,从结构和设计观点认为按车身承载型式来分类是更为明确而又合理的。

按承载型式之不同,可将车身分为非承载式、半承载式和承载式三大类。

1. 非承载式

货车(除微型货车外)与在货车的三类或二类底盘基础上改装成的大客车和专用汽车以及大部分高级轿车(出于对舒适性的要求),都装有单独的车架,此时车身系通过多个橡胶垫安装在车架上,当汽车在崎岖不平的路面上行驶时,车架产生的变形由橡胶垫的挠性所吸收,载荷主要由车架来承担。因此,顾名思义,这种车身应是不承载的。但实际上,由于车架并非绝对刚性,因此车身仍在一定程度上承受着由车架弯曲和扭转变形所引起的载荷。非承载式也称为有车架式。相当一部分类型的客车、载货汽车和传统轿车,均采用有车架非承载式车身结构(图1-7)。

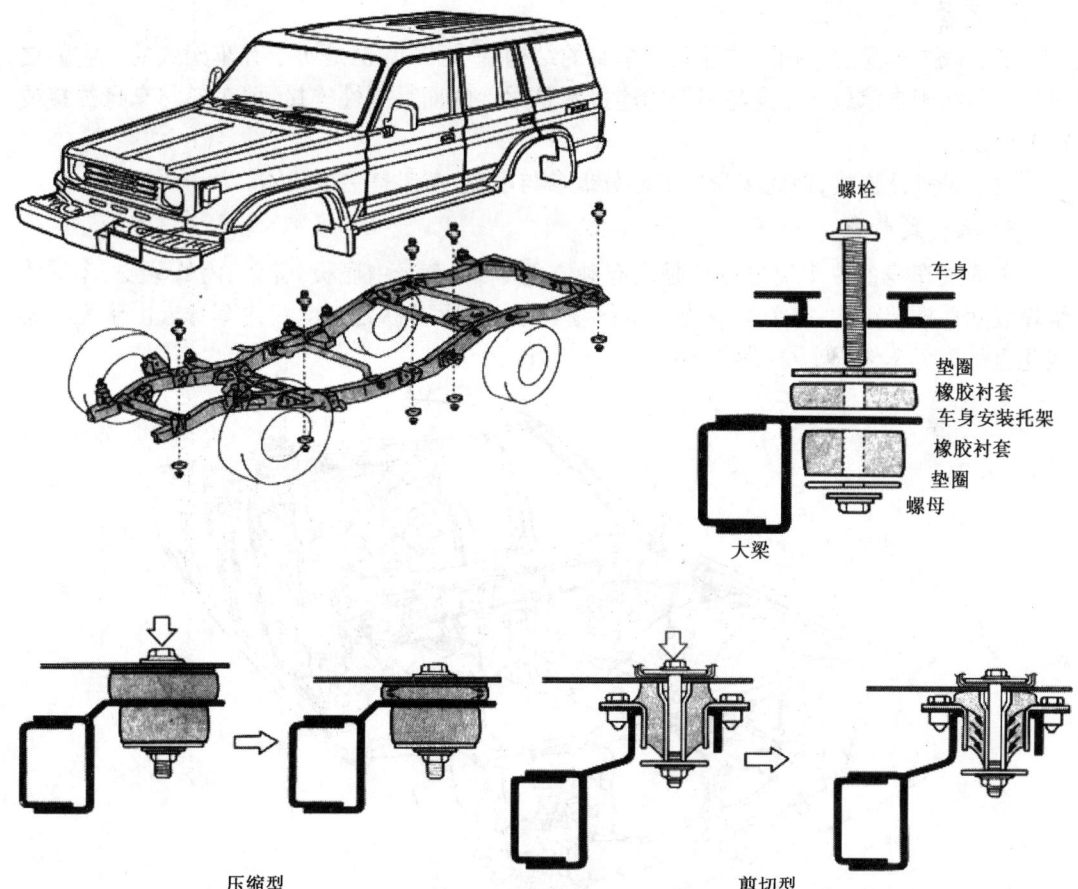

图 1-7 典型的非承载式车身及车身和车架的连接方式

非承载式车身的优点在于:

(1) 减振性能好。发动机和底盘各主要总成直接装配在介于车身主体的车架上,可以较好地吸收来自各方面的冲击与振动。除轮胎与悬架系统起对整车的缓冲吸振作用外,挠性橡胶垫还可以起到辅助缓冲,适当吸收车架的扭转变形和降低噪声的作用,既延长了车

5

身的使用寿命，又提高了乘坐舒适性。所以，目前此种车身结构型式仍较广泛地被用于高级轿车上。

（2）工艺简单。壳体与底架共同组成车身主体，它与底盘可以分开制造、装配，然后再组装到一起，总装工艺因此而简化。

（3）易于改型。由于以车架作为车身的基础，因此易于按使用要求对车身进行改装、改型和改造。

另外，车身的维修也比较方便。

非承载式车身的缺点为：

（1）质量大。由于车身壳体不参与承载或很少承载，因此要求车架应有足够的强度与刚度，从而导致整车质量增加。

（2）承载面高。由于车架介于车身主体与底盘之间，因此给降低整车高度带来一定困难。

2. 半承载式车身

半承载式车身的结构与非承载式车身的结构基本相同，也是属于有车架式的。它们之间的区别在于半承载式车身与车架的连接不是柔性的而是刚性连接，即车架与车身焊接或用螺栓固定。

由于是刚性连接，因此车身只是部分地参与承载，车架是主承载体。

3. 承载式车身

承载式车身的一个突出特征是没有独立的车架，车身由底板、骨架、内外蒙皮、车顶等组焊成刚性框架结构，整个车身构件全部参与承载，所以称之为承载式车身。由于无车架因此也称为无车架式车身（图1-8）。

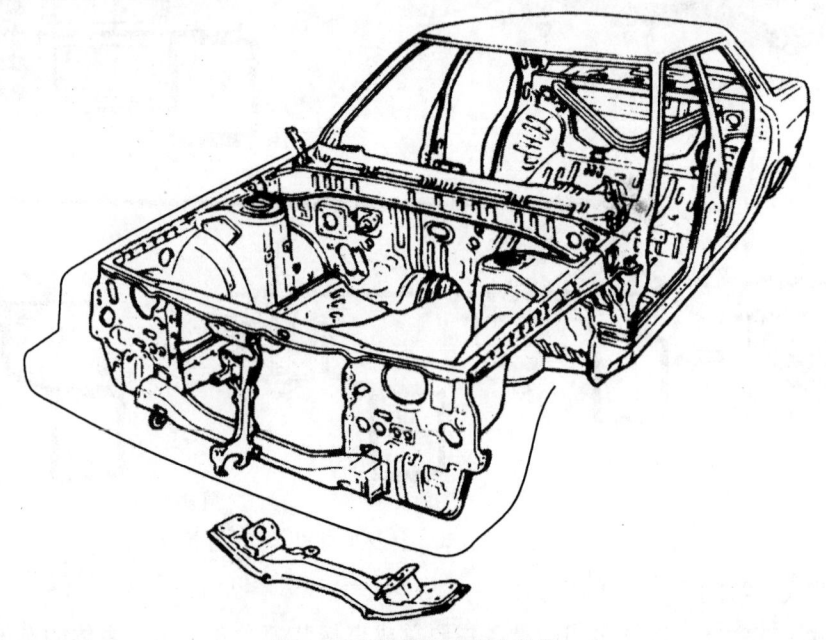

图1-8 典型的承载式车身

对承载式车身而言，由于整个车身参与承载，强度条件好，因此有利于减轻自重并使结构优化。这不仅是当前客车车身发展的主流,而且已经形成了一边倒的设计趋势。

承载式车身的优越性主要体现在：

（1）质量小。由于车身是由薄钢板冲压成型的构件组焊而成,因而具有质量小、刚性好、抗变扭能力强等优点。

（2）生产性好。车身采用容易成型的薄钢板冲压,并且采用点焊和多工位自动焊接等现代化生产方式,使车身组焊后的整体变形小,且生产效率高、质量保障性好,适合大批量生产。

（3）结构紧凑。由于没有独立的车架,因此汽车的整体高度、重心高度、承载面高度都有所降低,可利用空间也有条件相应增大。

（4）安全性好。由薄板冲压成型后组焊而成的车身,具有均匀承受载荷并加以扩散的功能,对冲击能量的吸收性好,使汽车的安全保障性得到改善与提高。

承载式车身的缺点是:底盘部件与车身结合部在汽车运动载荷的冲击下,极易发生疲劳损伤;乘客室也更容易受到来自汽车底盘的振动与噪声的影响;车身损坏后修复难度大。

（三）轿车车身的组成

轿车车身由车身本体(俗称白车身)、车身外装件、车身内装件和车身电气附件等四部分组成,车身各零部件的名词及定义可参见相关标准:《GB/T 4780—2000 汽车车身术语》《QC/T 514—1999 轿车车身名词术语》。

1. 车身本体

车身本体是轿车承载的主体,它由梁、支柱、加强板等车身结构件和车身覆盖件组合而成,并包括翼子板、车门、发动机罩和行李箱盖等。它是车身内、外装饰件和电气附件的装载基体。

梁和支柱等车身结构件焊接成框架结构,使车身形成一整体式结构,具有一定的强度和合适的刚度,起主体承载作用。

车身覆盖件是指车身上各种具有不同曲面形状及大小尺寸的薄板。车身覆盖件是覆盖安装在车身本体上,使车身成为完整封闭体,并通过它来满足室内乘员乘坐的要求。同时,通过车身覆盖件来体现轿车的外形并增强轿车车身的强度和刚度。

2. 车身外装件

车身外装件是指车身外部起保护或装饰作用的一些部件,以及具有某种功能的车外附件。主要外装件有:前、后保险杠,各种车身外部装饰条,密封条,车外后视镜,散热器罩,车门机构及附件等。

前、后保险杠的作用,一是当轿车发生纵向碰撞时起一定的保护作用,减轻汽车的被破坏程度;二是起装饰作用。因此,轿车前、后保险杠的外部造型小与轿车的整体造型协调一致。

密封条除了起密封作用外,其外露部分的形状与颜色应与整车相匹配,起装饰作用。

其他外装件除了完成车身应具有的功能外,都应对整车起装饰和点缀的作用。

3. 车身内装件

车身内装件是指车内对人体起保护作用的或起内装饰作用的部件,以及具有某种功能的车内附件。主要内装件有:仪表板、座椅及安全带、安全垫、安全气囊,遮阳板,车内后视镜,车门、底板及轿车内饰等。

4. 车身电气附件

车身电气附件指除用于轿车底盘以外的所有电气及电子装置,如:各种仪表及开关,前照灯、尾灯、指示灯、雾灯、照明灯,音响及收视装置及设备,空调装置,刮水器,洗涤器,除霜装置,以及只有某些功能的电气、电子装置,例如全球定位系统(GPS)、集成安全系统(ISS)等。

(四)轿车车身的分类

1. 按标准分类

根据《中国汽车分类标准》(GB 9417—89),轿车按其发动机排量的大小分为五类,如表1-1所列。排量在0.65L以下的称为超微型轿车。

表1-1 轿车的分类标准

发动机排量 V/L	$V \leq 1$	$1 < V \leq 1.6$	$1.6 < V \leq 2.5$	$2.5 < V \leq 4$	$V > 4$
种类	微型轿车	普通轿车	中级轿车	中高级轿车	高级轿车

此外,世界各国的轿车分类标准不尽相同。如德国大众公司按发动机排量、轴距、整备质量和总长将轿车分为六类,如表1-2所列。

表1-2 大众公司的轿车分类标准

类型	大众公司	A_{00}	A_0	A	B	C	D
分类标准	发动机排量/L	<1.0	1.0~1.3	1.3~1.6	1.6~2.4	2.4~3.0	>3.0
	轴距/m	2.0~2.2	2.2~2.3	2.3~2.45	2.45~2.6	2.6~2.8	>2.8
	整备质量/kg	<680	680~800	800~970	970~1150	1150~1380	>1380
	总长/m	3.3~3.7	3.7~4.0	4.0~4.2	4.2~4.45	4.45~4.8	>4.8
代表车型		奥拓	两厢夏利	捷达、POLO	奥迪A4	奥迪A6	奥迪A8

2. 按整车构成方式分类

在现代轿车中,发动机及传动系的驱动方式主要有以下几种布置形式,如图1-9所示。表1-3列出了这些布置的特征、优缺点及适用范围。不同的发动机及传动系的驱动方式将影响到车内活动空间、驾驶姿势、行李箱的空间以及直接与用户相关的空间尺寸。

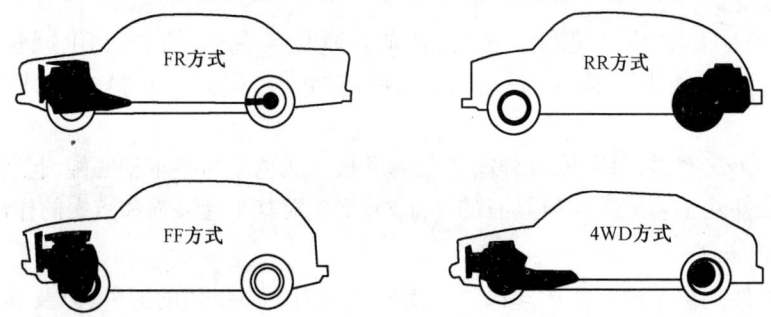

任务1 轿车车身结构认识

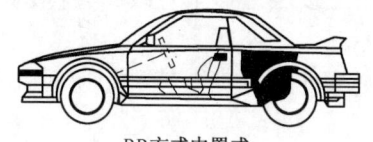
RR方式中置式

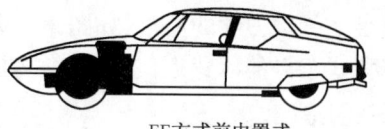
FF方式前中置式

图1-9 轿车的构成方式

表1-3 发动机位置及驱动方式比较

驱动方式	前置发动机后轮驱动(FR)	前(中)置发动机前轮驱动(FF、MF)	后(中)置发动机后轮驱动(RR、MR)	四轮驱动(4WD)
结构特点	发动机、离合器、变速器结成一个整体安装于车辆前部;主减速器、差速器安装于车辆后部,两者用传动轴连接	前桥为转向驱动桥,由装于车辆前部(中前部)的发动机和动力传动系直接驱动,无传动轴。发动机可以横置,减少使用空间	发动机和动力传动系统安装于车辆后部(中后部),直接驱动后桥,无传动轴。发动机可以为横置,减少使用空间	发动机、离合器、变速器等结成整体安装在车辆前部,通过分动器和传动轴同时驱动4个车轮
优点	①发动机等动力系统安装于车辆前部,靠近驾驶员,操纵机构简化;②整车质量分配均匀,基本各占50%	①减轻整车质量,简化传动;②车厢内的空间得以加大;③整车质量接近车辆质心,行驶稳定性提高	①车厢内空间加大,底板平直,可有效降低车辆质心;②有利于减轻整车质量	越野性能强,整车通过能力增加
缺点	①由于发动机纵置,变速器延伸入驾驶舱,另外,由于有传动轴贯穿整个车厢,车厢内空间局促;②整车质量加大	①前桥结构复杂,操纵机构安排布置困难;②前桥负荷加大	①驾驶员与发动机等动力系距离远,操纵性差;②发动机散热困难;③后桥负荷大	①整车质量大,动力传动复杂,车辆质心高;②长时间四轮驱动时能量浪费严重
应用范围	中大型轿车、载重汽车和客车	中小型轿车	大型城市客车和小型、微型轿车	对越野性能要求高的车辆、赛车

注:中置发动机前驱或后驱车型少见,多用于赛车上,因此图1-9中未录用

3. 按外形分类

现代轿车车型较多,以轿车车身的外形分类可分为阶梯背、短背式、斜背式、平背式四种。

(1) 阶梯背车身有明显的发动机室、乘客室、行李箱。车身顶盖与后车身部呈折线连接,如图1-10所示。

(2) 短背式车身的特点是后窗与行李箱盖为一整体的后部车门,车身顶盖向后延伸与车身后部也成折线,如图1-11所示。

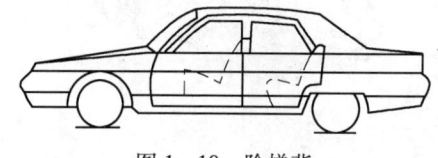
图1-10 阶梯背

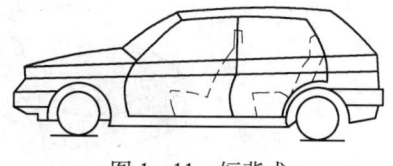
图1-11 短背式

9

（3）斜背式车身的特点是后风窗与行李箱的连接线近似平直线，车身形状流线形好，能较好地满足空气动力学的要求，如图1-12所示。

（4）平背式车身的后背近似于直线，多用于越野车或其他有特种用途的汽车，如图1-13所示。

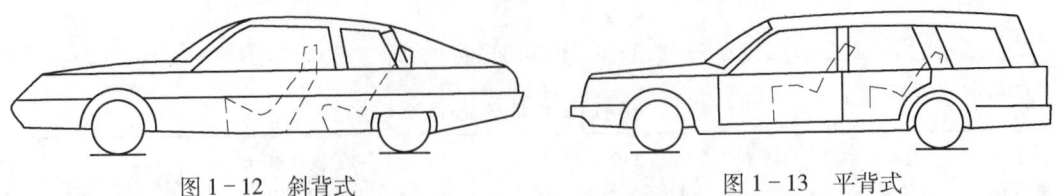

图1-12 斜背式　　　　　　　　　图1-13 平背式

目前常见轿车的基本形式如图1-14所示。

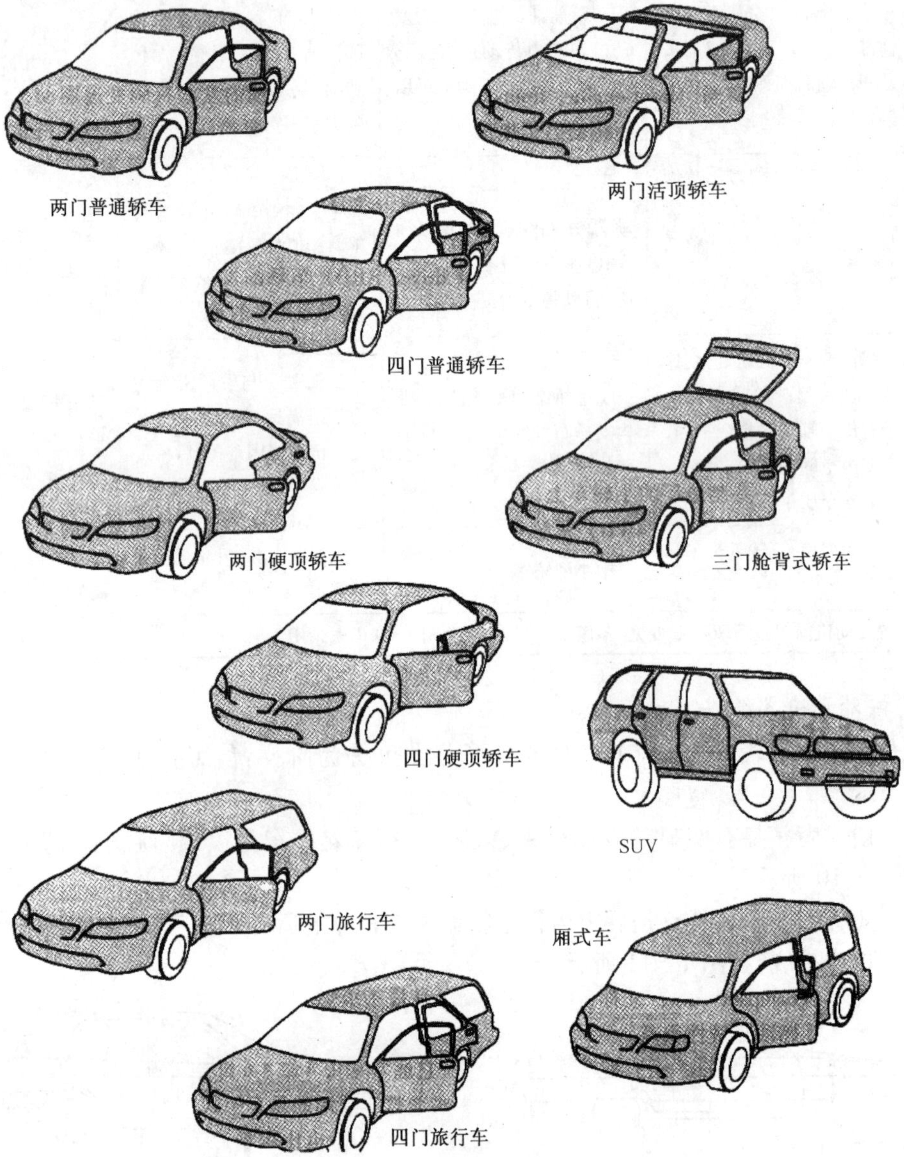

两门普通轿车

两门活顶轿车

四门普通轿车

两门硬顶轿车

三门舱背式轿车

四门硬顶轿车

SUV

两门旅行车

厢式车

四门旅行车

图1-14 轿车基本形式

4. 按承载方式分类

按承载方式可分为承载式、半承载式和非承载式。

（五）非承载式轿车结构

非承载式车身是由坚固的车架作为汽车的底座，车身和汽车所有的零部件、总成等都安装固定在车架上。所以车架必须具有足够的强度和刚度，既能保证车辆总成的安装定位要求，在车辆正常行驶时保持其正确的安装位置，又能保证在发生碰撞事故时承受足够的冲击力，保证车上人员和主要总成部件的安全。在对这类车身进行修理时，车架往往是最重要的部位。

现代车辆的车架通常采用 U 型截面梁或盒型截面梁结构来增强其强度，如图 1-15 所示。在材料上多采用高强度钢。常见的车架多为边梁式结构，即车架的主体是两根沿车身方向纵向排列的侧梁，两侧梁之间辅以横梁。横梁用来加强车架并作为车轮、发动机和悬架系统的支撑。车架上与车身和总成相应的安装位置都设计有各种支架、托架或打孔等用于安装这些总成和零部件。

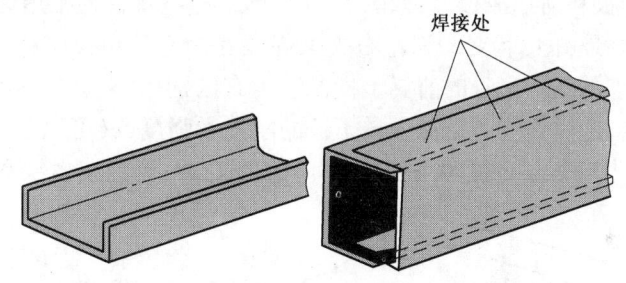

图 1-15　U 型车架截面（左）和盒型车架截面（右）

大多数的轿车车架中部比较宽，前、后部较窄，称为"框式车架"，如图 1-16 所示。

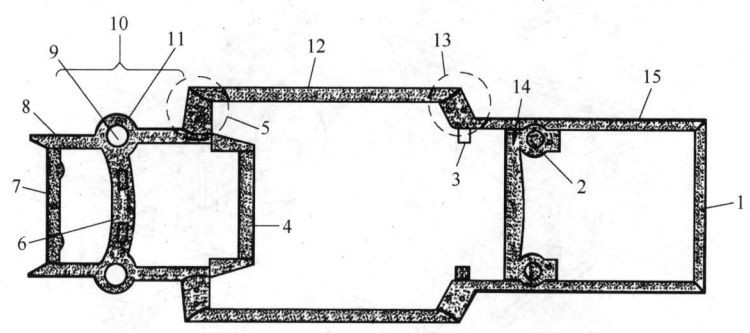

图 1-16　框式车架

1—后横梁；2—后弹簧槽；3—稳定器座；4—传动系支撑；5、13—扭力箱；6—主横；7—前横梁；8—车架角；9—上操纵臂垫片槽；10—前车架梁；11—弹簧槽；12—侧梁；14—后悬架横梁；15—后车架侧梁。

框式车架宽阔的中部可以为汽车提供更好的支撑，而前部较窄则便于车辆的行驶转向，后部窄一些可以为后轮留出安装空间，使车身的总体高度得以降低。图 1-17 所示是装有中心车架横梁的框式车架，该车架的特点是在地板构件的内边有一个中心横梁（中心车架梁),因此其抵抗侧向撞击的能力更强。在前轮的后面和后轮的前面的扭力箱结构(图示中的黑色部分)可以更好地吸收车辆行驶时产生的振动,使乘坐更加舒适,同时在车辆发生纵向撞击时,扭力箱结构可以更好地吸收碰撞能量。大多数的非承载式车身的车架都采用这种形式。

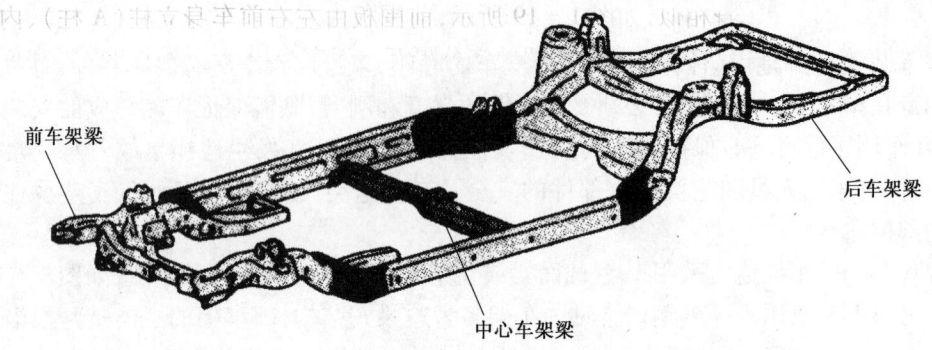

图 1-17 中心车架梁结构的框式车架

非承载式车辆的车身基本上可以分为前部车身和主车身两部分。前部车身的组成有散热器支架、前翼子板和前挡泥板等,如图1-18所示,这些部件通常用螺栓固定在一起,易于分解。散热器支架是由上下支架和左右支架焊接在一起的单体结构。有些非承载式车身的前翼子板安装与承载式车身的前翼子板安装稍有区别,其上边的内部和后端采用点焊连接,而非螺栓连接,这样做既可以加强翼子板的刚度和强度,又可以与前挡泥板一起来降低传到驾驶室的振动和噪声,还有助于抵抗侧向的撞击,保护悬架系统和发动机等部件总

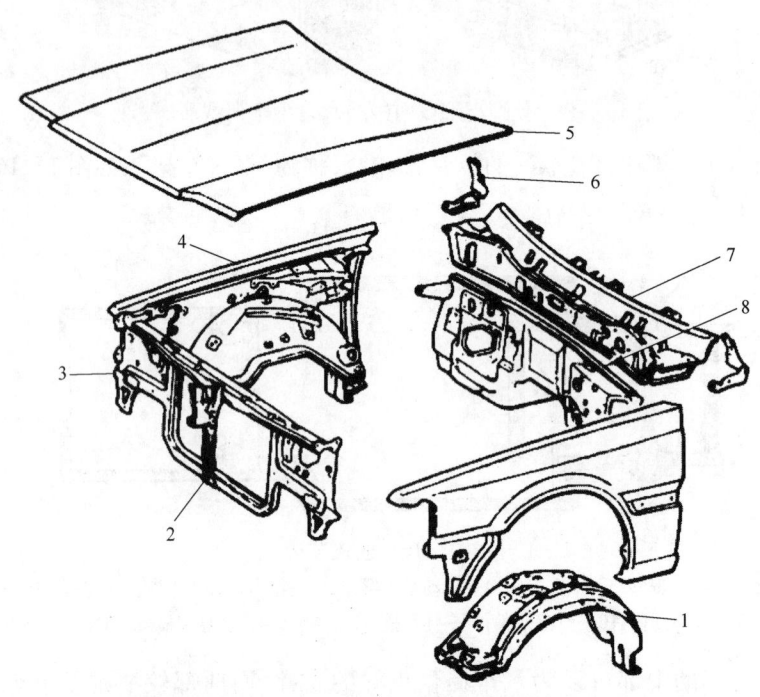

图 1-18 非承载式车身的前车身结构
1—前挡泥板(前翼子板内板);2—机罩锁;3—散热器支架;4—前翼子板;
5—发动机罩;6—机罩铰链;7—盖板;8—前围板。

成。该种车身的前翼子板的内板(挡泥板)结构与承载式车身也不同,因为非承载式车身的前悬架是安装在车架梁上的,所以它只是一个起密封隔尘作用的挡板,结构要简单得多;而承载式车身的翼子板内板则兼为前悬架的安装支撑,其结构和受力等要复杂许多。

非承载式车辆的主车身由前围板、下车身、顶板和车身侧板等组成,形成驾驶室和后备箱,其结构与承载式车身相似,如图1-19所示,前围板由左右前车身立柱(A柱)、内板和外板及前盖板等组成,它将发动机舱和驾驶室分隔开。下车身主要是主车身底板和后备箱底板,在主车身底板上纵贯一传动轴槽,形成一个槽型截面通道,这对加强车身纵向的刚度很有帮助。在主车身底板的下面一般有横向的加强横梁,加强横梁与主车身底板焊接在一起,再连接到车架,这样使乘坐室、顶边梁、车门和车身的侧面强度均得到加强。主车身的顶板和侧板结构与承载式车身基本一致,其结构将在承载式车身结构中加以介绍。

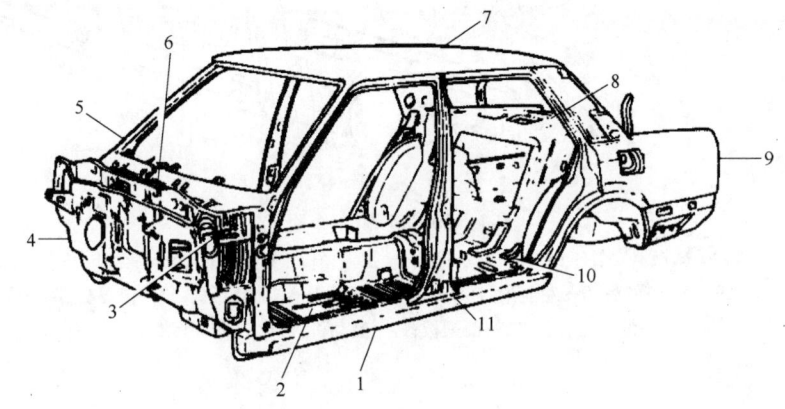

图1-19 非承载式车身的主车身
1—门槛外板;2—前底板;3—盖板侧外板;4—前围板;5—前柱(A柱);6—前盖板;7—顶盖;
8—后盖板;9—后翼子板(后侧围板);10—中部地板;11—车身中柱(B柱)。

(六) 承载式轿车结构

1. 前置发动机前轮驱动(FF)轿车车身结构

前置发动机前轮驱动(FF)轿车车身典型结构如图1-20所示。其特点如表1-3所列。

1) 发动机支撑方式

(1) 副车架式。如图1-21所示,副车架不是和车身焊接成一体的,而是用螺栓固定的方式安装在车身上。因为将发动机悬架系统、传动桥、转向系统固定于副梁上,所以上述机构所产生的振动不会直接传递到车身,这种方式的静肃性优于其他固定方式,在雷克萨斯等中高档车辆中应用较多。

(2) 中间梁式。如图1-22所示,中间梁是安装于发动机中央的下方,和发动机成垂直角,是用来固定发动机前后方的支座,而发动机的左右方向则是以前侧梁来固定。目前从丰田卡罗拉等级到凯美瑞等级的部分车辆都采用中间梁式。

(3) 直接固定式。如图1-23所示,直接固定式取代副车架式和中间梁式,将发动机直接固定于加强梁上,如前横梁、前侧梁、转向机齿轮箱支撑梁。目前,丰田威驰等级的小型

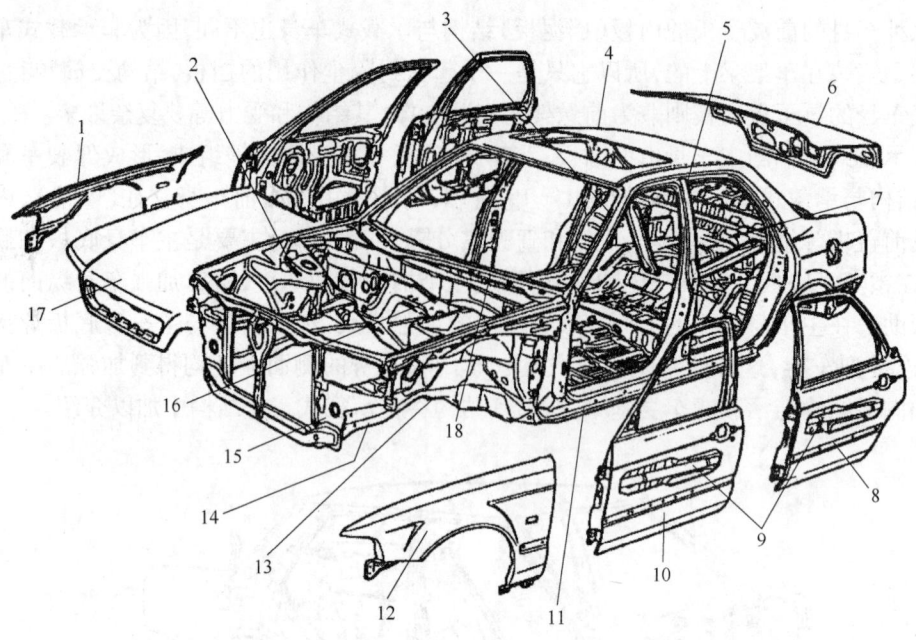

图1-20 FF轿车车身

1—右前翼子板;2—减振器安装座;3—前柱(A柱);4—顶盖;5—中柱(B柱);6—行李箱盖;7—后隔壁板;8—左后车门;9—车门横梁;10—左前车门;11—车门槛板;12—左前翼子板;13—挡泥板;14—前侧梁;15—散热器支架;16—前围板;17—发动机罩;18—前围上盖板。

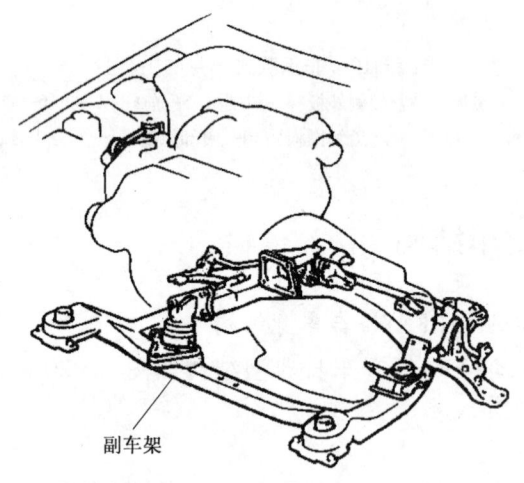

图1-21 副车架式

车都采用此种方式。

2) FF车辆前车身结构

承载式车身的车身前部结构形式和刚度非常关键。车身的前部不仅装有前悬架部件和转向操纵装置,而且装有车辆的动力系统发动机、变速器、驱动轴等。另外,当汽车受到正向冲击时,也靠前车身来有效地吸收冲击能量。因此,车身前部受力相当复杂。要保证车辆的正常行驶,前部车身在构造上不仅要求合理的布置,而且要确保足够的强度、刚度,对位置准确度和耐久性、可靠性的要求也十分严格。

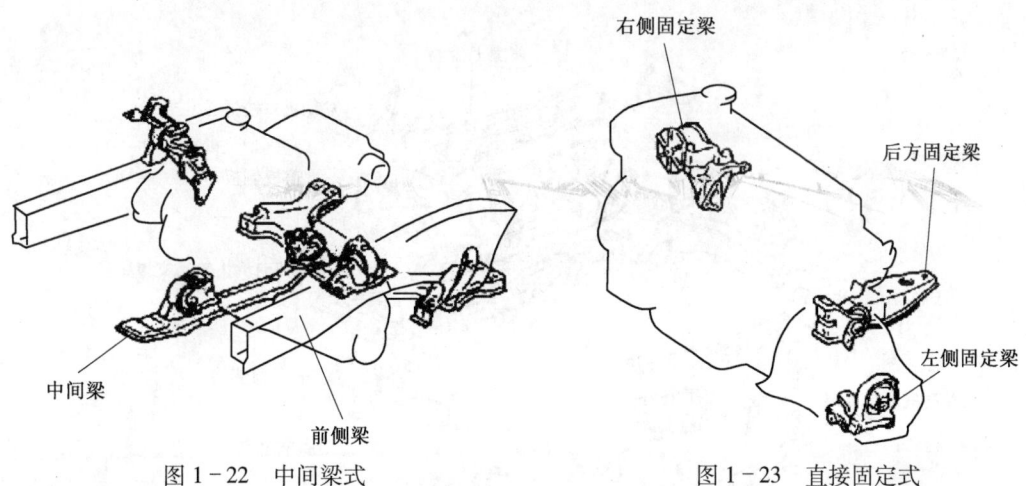

图 1-22　中间梁式　　　　　　　图 1-23　直接固定式

前车身主要由翼子板、前侧梁、前围板、散热器支架（部分现代轿车已用塑料散热器支架代替原来的金属散热器支架,通过螺栓连接在前侧梁上）、发动机罩和前保险杠等构件组成,这些部件除发动机罩、前翼子板和保险杠采用螺栓连接以外,其他部件多采用焊接以加强车身的强度。

前轮驱动和后轮驱动汽车的前悬架几乎是相同的,两种汽车都使用滑柱式独立前悬架,前车身的精度对前轮定位有直接影响,在完成前车身修理后,一定要检查前轮的定位。

副车架式前车身结构如图 1-24 所示,中间梁式如图 1-25 所示。

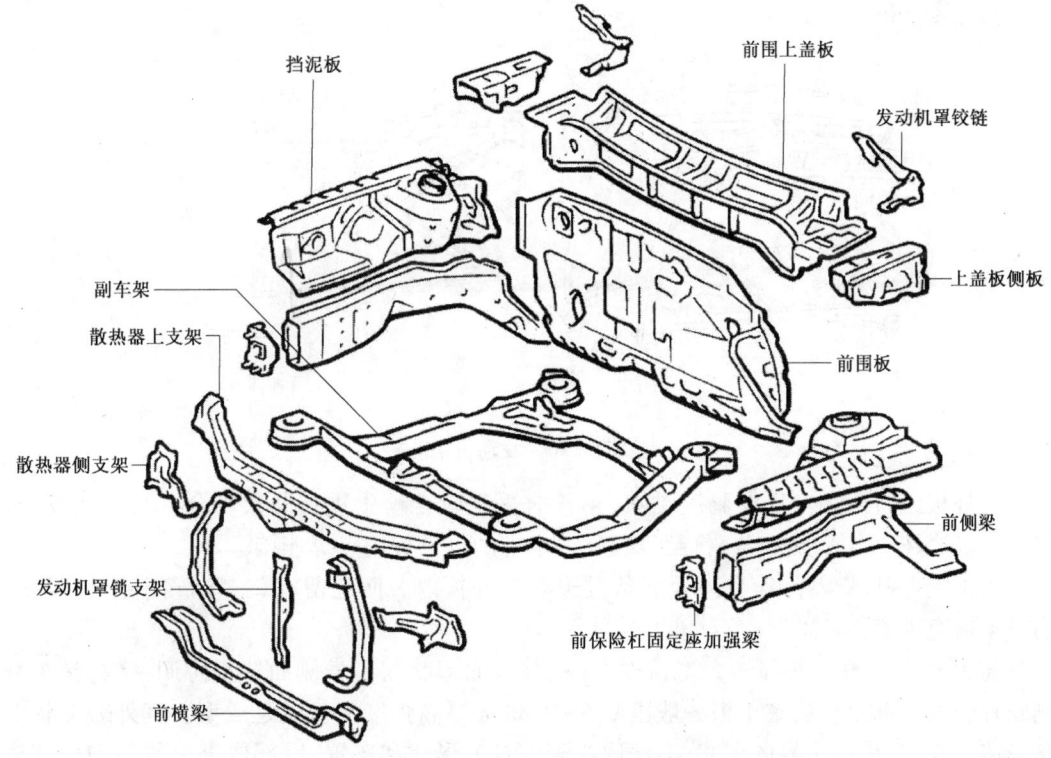

图 1-24　副车架式前车身结构

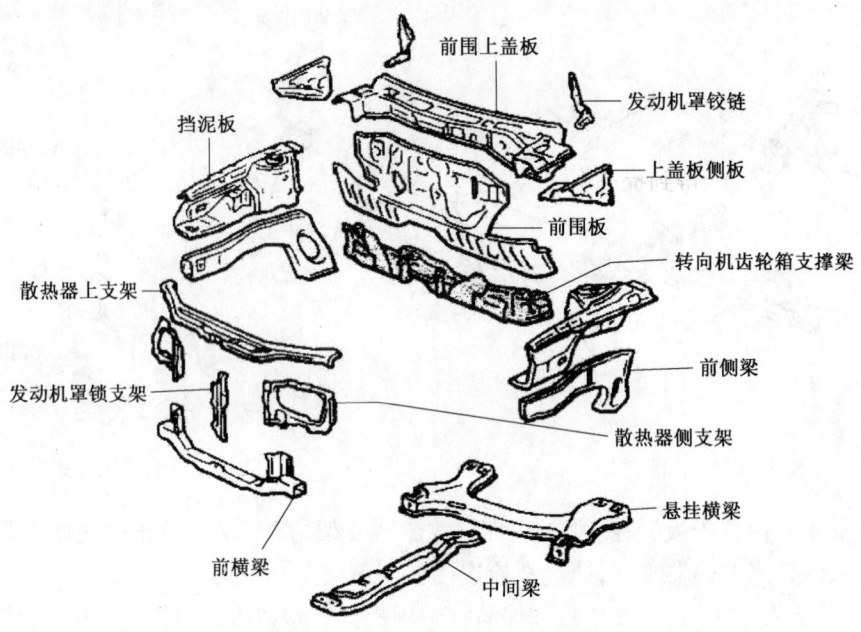

图 1-25 中间梁式前车身结构

发动机罩由内、外板组合而成如图 1-26 所示,外板为空间曲面板,其外表形状与整车造型协调一致,体现轿车的外形特征。内板由薄钢板经整体拉延后成型,内板筋条网格布置,凸筋的布局既增加美感、提高刚度,又考虑到它们在发动机罩上的位置避让诸如铰链,锁机构等零件的需要。

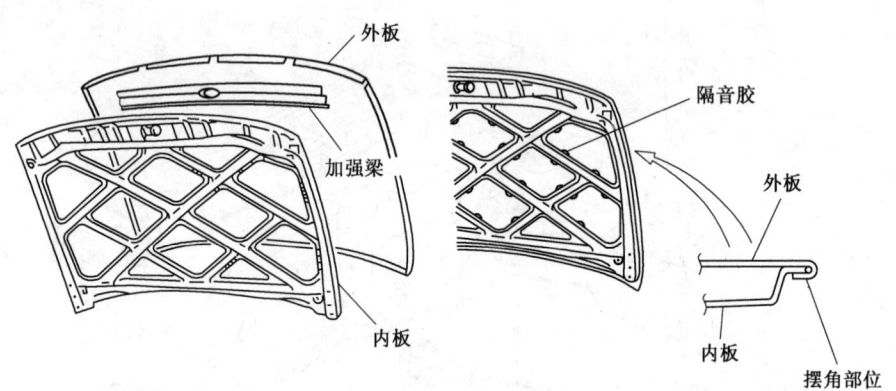

图 1-26 发动机罩

内外板组合后用环氧树脂胶粘接,粘接时需在咬合模中进行两次咬合。第一次咬合,将外板翻边 45°;第二次咬合,将翻边咬死。也有的内外板用点焊连接。

为了吸振和减少噪音,在内板筋条翻边处与外板内表面还留有 2~5mm 间隙,将吸振、隔声填料充入其内。

前翼子板是轿车前部的大型盖件之一,其表面形状与车身侧面造型协调一致,是车身侧面外表的一部分。前翼子板一般由 0.6~0.8mm 厚高强度钢板拉延成型。其外表形状由车身造型确定,周围边界的形状,前部取决于灯具的形式和布置,后部取决于前部和后部覆盖件的形状,上部取决于发动机罩的尺寸和布置,下部与车轮相配合。前翼子板前板大多是用螺钉与车身壳体相连接,后端通过中间板和前围支柱连接,前端和散热器框延长部分及灯具相连接,侧面与挡泥板连接。

3) FF车辆侧车身结构(车身中部)

图1-27为旧式由数片钢板焊成的侧车身,图1-28是最近几年做成整体式的侧车身,与旧式相比,多项性能得到提高。

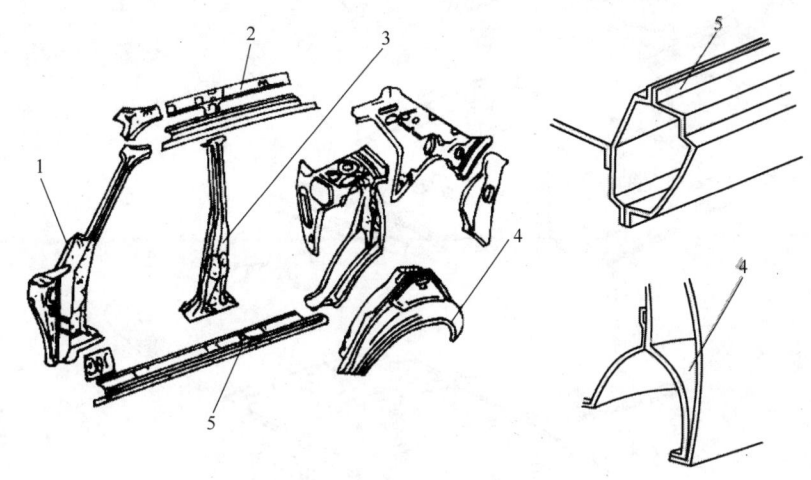

图1-27 侧面车身结构(旧式)
1—前柱;2—车顶边梁;3—中柱;4—后挡泥板;5—门槛。

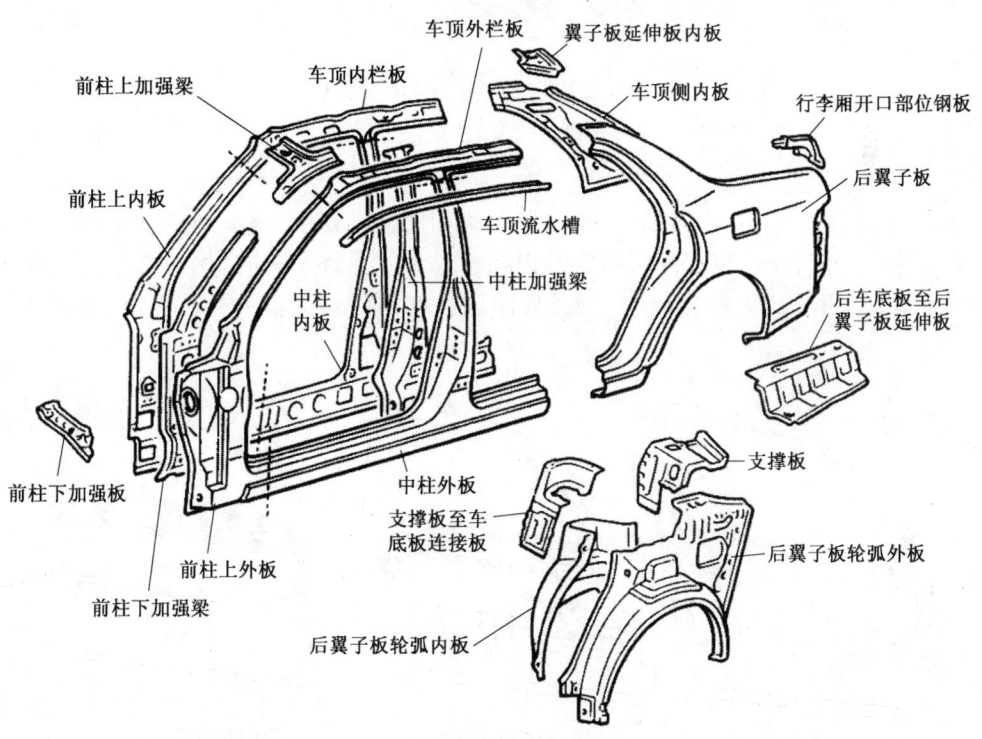

图1-28 侧面车身结构(新式)

侧车身与前车身和车顶钢板结合而形成乘坐空间。在行使中这些钢板分散来自下车身的负荷到车辆上侧并且防止左右两侧弯曲。此外,侧车身也提供了车门支撑,在车辆意外倾覆时可维持乘坐空间的完整性。因此,为增加刚性,将外板、加强梁和内板组合成一个箱形结构。

轿车顶盖是轮廓尺寸较大的大型覆盖件,其作用不只是遮风避雨,提高零件的刚性也是至关重要的,轿车翻车时可起到保护乘员安全的作用,如图1-29所示。

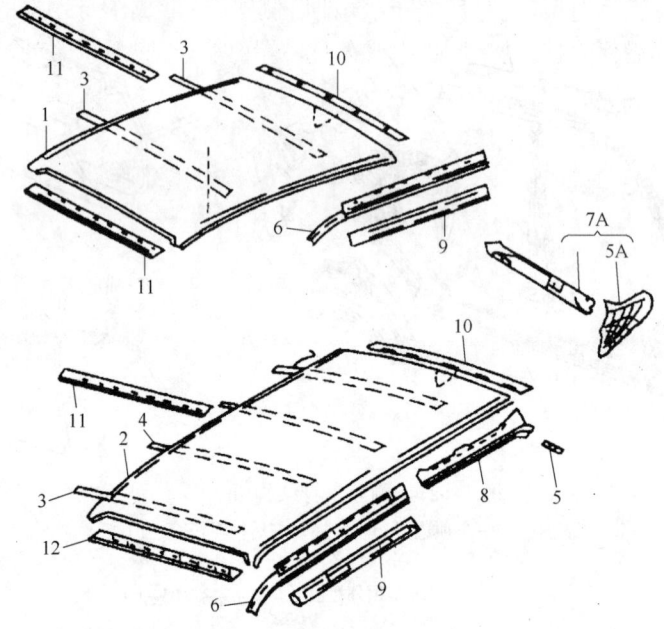

图1-29 上海桑塔纳车身顶盖
1、2—顶盖;3、4—顶盖加强板;5—支撑板;5A—角板;6、9—顶盖内侧框;
7A、8—内侧框延长板;10—后横梁;11、12—顶盖前横梁。

车门包含了外板、内板、加强梁、侧防撞钢梁和门框。其中内板、加强梁和侧防撞钢梁以点焊结合在一起,而内板和外板通常是以摺边连接。另外,车门窗框通常是由点焊和铜焊结合而成,车门形式大致分为窗框车门、冲压成型车门和无窗框车门三种,如图1-30所示。

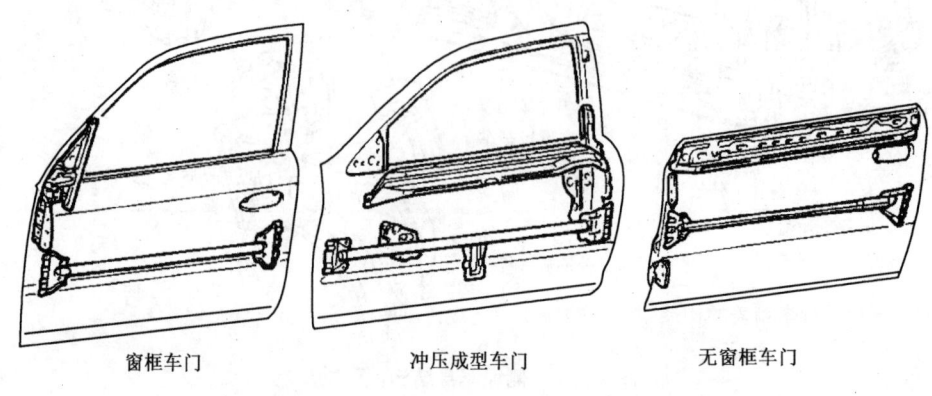

窗框车门　　　冲压成型车门　　　无窗框车门

图1-30 轿车车门

18

4) FF 车辆后车身结构

轿车车身后部是指乘客室后侧用于放置行李、物品的部分(图 1-31)。三厢式车有与乘客室分开的行李舱如图 1-31(a)所示,而两厢式车的行李舱则与乘客室相通合为一体如图 1-31(b)所示。车身后部主要有后翼子板、后窗柱、后门槛、后侧梁及其后部覆盖件。

行李箱盖由上、下外板及内板组成,如图 1-32 所示,安装形式如图 1-34 所示,上外板的形状取决于车身整体造型,它与后翼子板(即后侧围板)形成车身尾部的上表面和左、右侧表面。下外板与后保险杠、后车灯具组成车身后端面外表,同车身的"脸部"一样,与整车造型协调一致,体现造型特色。内板形状复杂,有纵向、横向、交叉和环状筋条,以增加其刚度。

后翼子板是车身后部侧面的外表,它与后侧围内板或后舱连接(两厢式)。

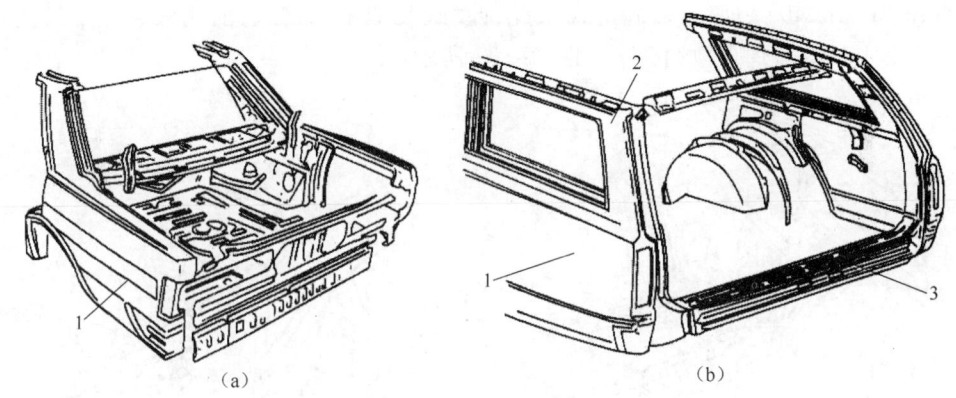

图 1-31 轿车车身后部
(a)三厢式轿车车身后部;(b)两厢式轿车车身后部。
1—后翼子板;2—窗柱;3—后门槛。

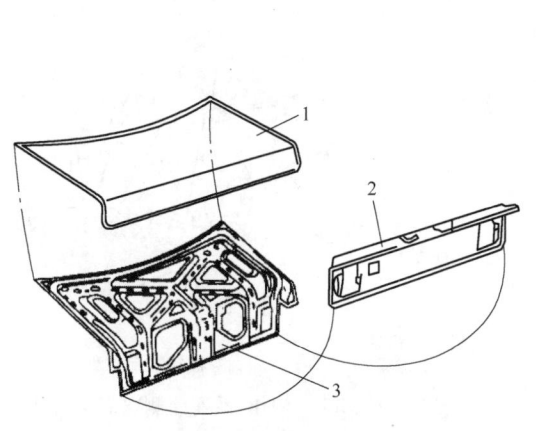

图 1-32 行李箱盖的构造(奥迪 100)
1—上外板;2—下外板;3—内板。

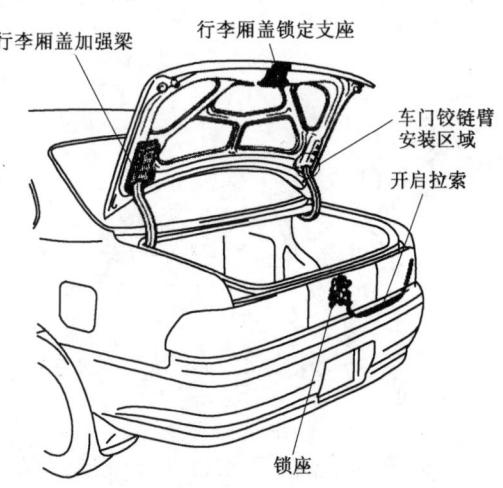

图 1-33 车上安装形式

5) FF 车辆下车身结构

(1) 前下车身。前下车身是由前侧梁、前横梁、转向机齿轮箱支撑梁(有的车型没有)

等加强梁构成，以确保足够的强度和刚性。前侧梁与车底板加强梁及主车底板侧梁相连接，以利于撞击时能将撞击力分散至车身的各个部位，如图 1-34 所示。

发动机的支撑形式不一样，前侧梁的构造随之有差异，下面以丰田车系的典型车型为例进行介绍。

LEXUS ES300-VCV10 系列（副车架式），由于没有转向机齿轮箱支撑梁，故前侧梁是直接焊接于主车底板侧梁和下加强梁上。为了确保接合区域的刚性，此种方式的点焊点数有 67 点，如图 1-35 所示。

COROLLA-AE100 系列（中间梁式），因前侧梁和转向机齿轮箱支撑梁连接在一起，而转向机齿轮箱支撑梁又和左右主车底板侧梁连接在一起，所以前侧梁和车门槛板也能有效地连接。其点焊点数约 40 点，如图 1-36 所示。

TERCEL-EL40 系列（直接固定式），此种型式类似中间梁式，前侧梁连接于转向机齿轮箱支撑梁上。其点焊点数约 34。如图 1-37 所示。

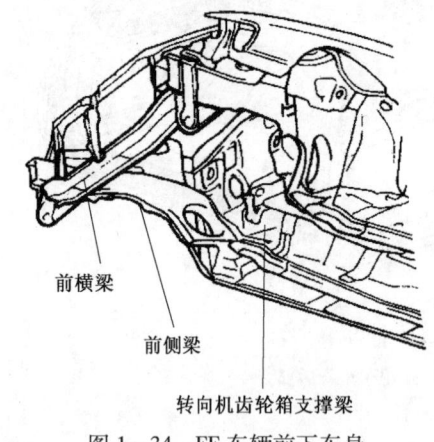

图 1-34 FF 车辆前下车身

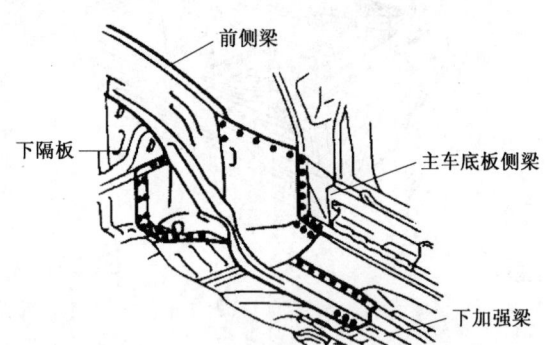

图 1-35 LEXUS ES300-VCV10 系列前侧梁焊接方式

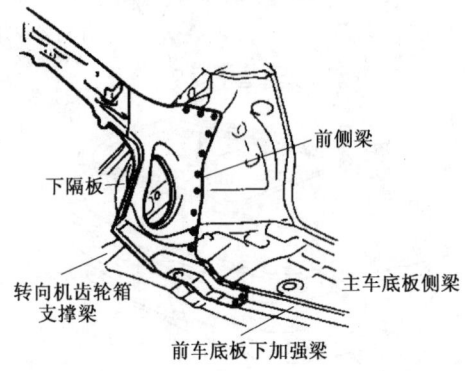

图 1-36 COROLLA-AE100 系列前侧梁焊接方式

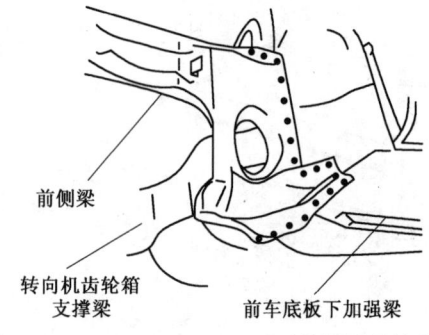

图 1-37 TERCEL-EL40 系列前侧梁焊接方式

（2）中部下车身。中部下车身（如图 1-38 所示）由主车底板侧梁、前车底板下加强梁、车底板横梁、前车底板组成。主车底板侧梁使用高强度钢板，位于乘客舱两侧下端，又称为车门槛板内板。车底板下加强梁和车底板横梁使用加强件来增强车底板强度和中部下车身的刚性。

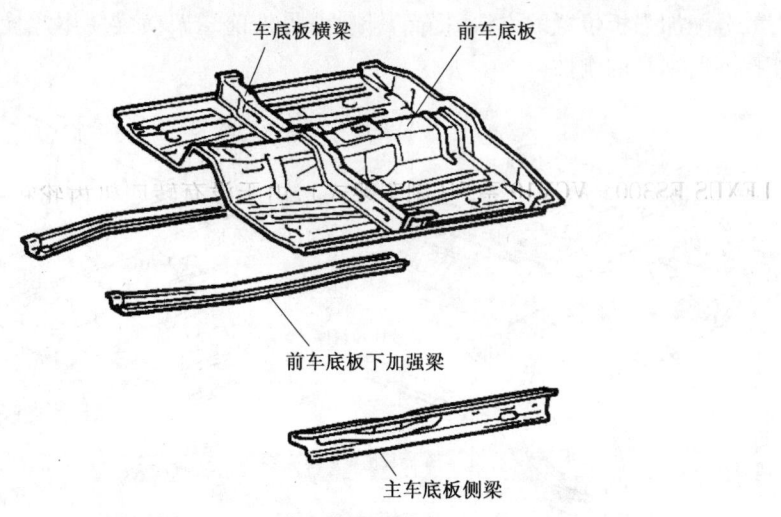

图 1-38 FF 车辆中部下车身

FF 和 FR 车辆中部下车身的最大差别在于车底板拱起的高度。因为没有后轮驱动组件,所以 FF 车辆所需要的车底板拱起空间没有 FR 车辆大,因此,能够提供较大的腿部活动空间,如图 1-39 所示。

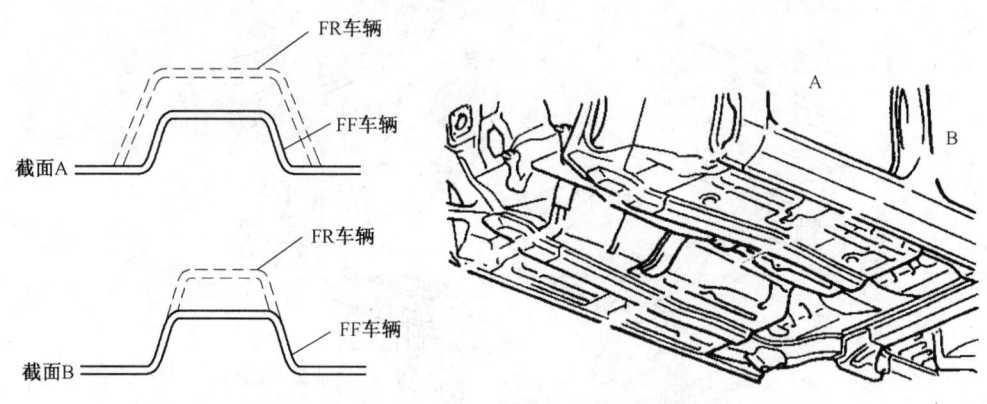

图 1-39 FF 车辆和 FR 车辆底部拱起结构的比较

(3) 后下车身。后下车身由后车底板侧梁、后车底板横梁、后车底板组成,如图 1-40 所示。因为 FF 车辆燃油箱布置于后座的下方,所以可降低后车底板,而提供既宽敞又深的行李箱空间。当发生后方撞击事故时,大部分的撞击力就可由后行李箱空间吸收。因此后车底板侧梁的后段都经过波纹加工,以提高吸收撞击能量的效果,如图 1-41 所示。后车底板侧梁的后断和后车底板侧梁是分开的,以提高车身维修时的更换作业效率。

2. 前置发动机后轮驱动(FR)轿车车身结构

FR 是指前置发动机后轮驱动的汽车,发动机放置在车辆的前方,并且经过传动轴驱动后轮的车辆。典型结构如图 1-8 所示,广泛使用于大型车辆上,具体特点如表 1-3 所列。

1) FR 车辆的前车身结构

前车身(图 1-42)由发动机罩、前翼子板(由螺栓固定)以及水箱上支架、前横梁、前侧梁、前翼子板隔板(挡泥板)、下隔板、前罩板(全部由点焊焊接固定)组成。前侧梁等梁件通过有效分配加强板位置的方法,提高其刚性;另外前悬架横梁使用螺栓固定于前侧梁上,同样能提高前车身的刚性。

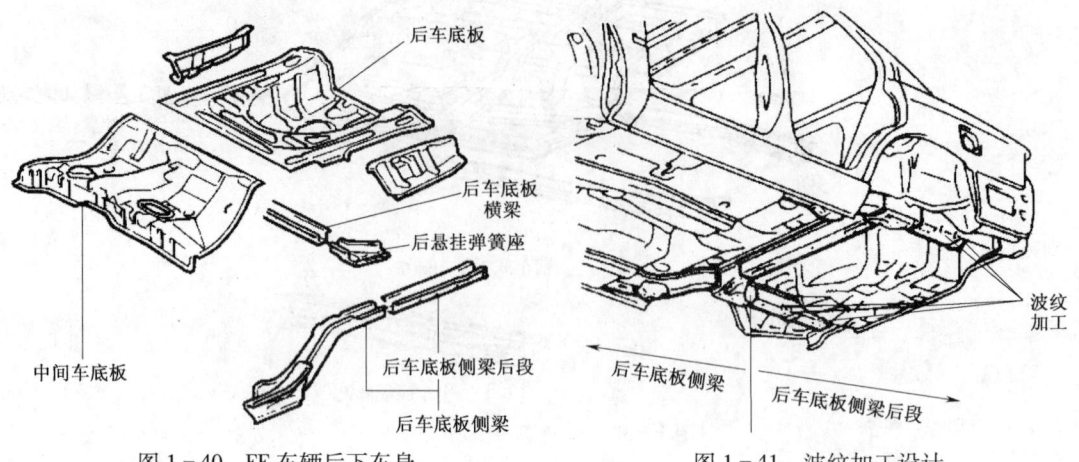

图1-40 FF车辆后下车身　　　图1-41 波纹加工设计

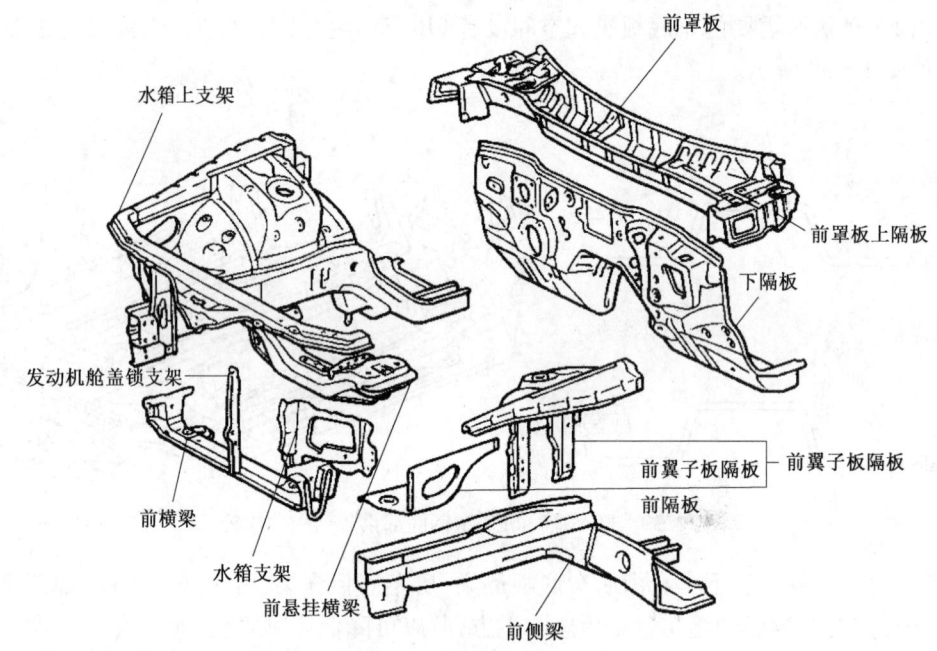

图1-42 FR车辆的前车身结构

2) FR车辆的下车身结构

典型的下车身结构如图1-43所示。

(1) 前侧下车身。前侧下车身由加强梁组成,如前侧梁、前横梁,以确保前侧下车身具有足够的强度与刚性。

如图1-44所示,前侧梁有一部分由车底板、侧梁、车底板下加强梁等加强梁连接。由于车身底部前段的前侧梁和前横梁直接影响车轮的定位,所以它们由高强度钢制造并形成箱形截面,为防止迎面碰撞时乘坐室的损毁,前侧梁均为上弯式,在碰撞时所有构件将弯曲并吸收能量。

任务 1 轿车车身结构认识

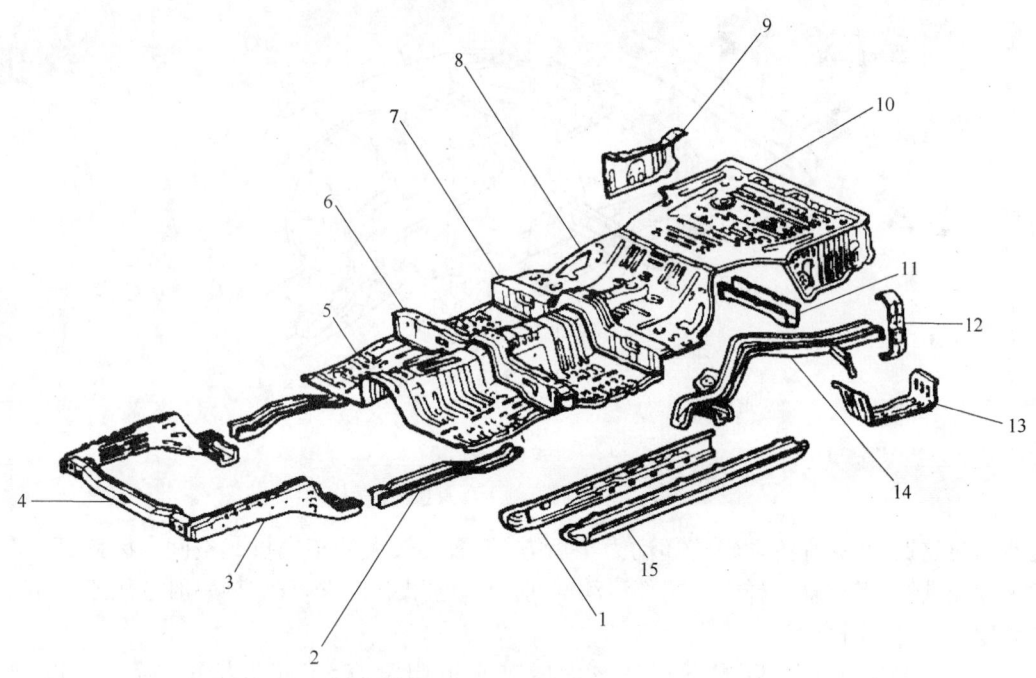

图 1-43 FR 车辆的下车身结构

1—底板主侧梁；2—前底板下加强梁；3—前侧梁；4—前横梁；5—前地板；6—前地板 1 号横梁；7—中部底板前板；8—中部底板；9—后底板侧板；10—后底板；11—后底板 1 号横梁；12—后侧板支架；13—后侧板下部延长板；14—后底板纵梁；15—门槛外板。

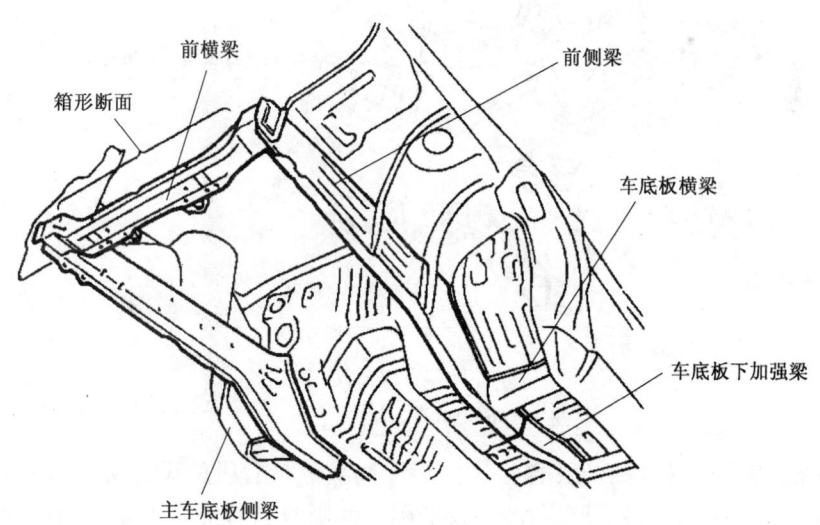

图 1-44 FR 车辆前侧下车身

近几年，车身为了达到高刚性、安全性、减轻质量的目的，已采用新的钢板结构。有些车型前横梁已由坚固的箱形断面式变成较轻的 U 型断面式。前端由保险杠加强梁提高刚性。前侧梁的支撑梁已经从车底板横梁变成扭力箱，这样增加了接触面积，大大改进了钢板的刚性并能有效地分散撞击时地撞击力，如图 1-45 所示。

（2）中部下车身。FR 车辆中部下车身和 FF 车辆结构基本一致，只是 FR 车辆因为变

23

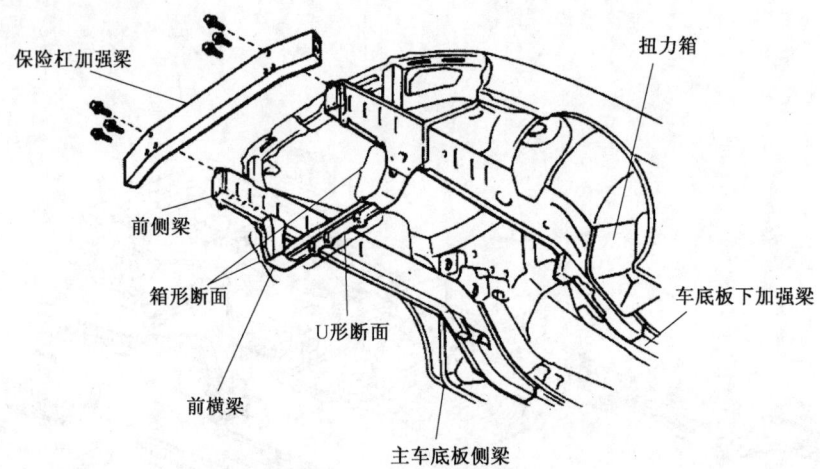

图 1-45　FR 车辆前侧下车身(新型结构)

速器纵向放置,并且有传动轴传递动力至后方,故需要较大的车底拱起空间。因此,FR 车辆不能提供像 FF 车辆一样大的腿部活动空间。综上原因,FR 车身结构一般适用于大中型具有较大车身的轿车上。

(3) 后侧下车身。后侧下车身包含后车底板侧梁、后车底板横梁、后车底板,如图 1-46 所示。后车底板侧梁给后车身提供足够强度,同时后悬架亦安装于此处。

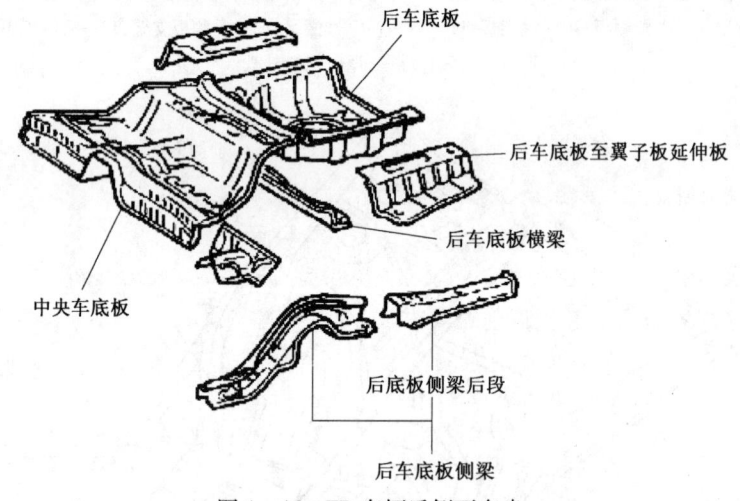

图 1-46　FR 车辆后侧下车身

当燃油箱固定于后椅背后面(脊背式),后车底板侧梁后段的设计必须容易折损,以保证在发生后部碰撞时,撞击力可有效地由行李厢空间吸收。另外后车底板侧梁后段和后底板侧梁是分开的,以提高车身维修时的更换作业效率。

车身底部的后侧梁从后排座下边延伸到接近后桥,在那里形成一个大的上弯结构并延伸到后底板,此结构像前侧梁一样可以吸收后端碰撞时的能量。

当燃油箱固定于车底板下侧(悬浮式),后车底板侧梁后半部具有强韧且不易弯曲的特性,但在弯角区域(向上弯曲)设计成较容易折损,如此当发生后方碰撞时可保护燃油箱,如图 1-47 所示。

任务1 轿车车身结构认识

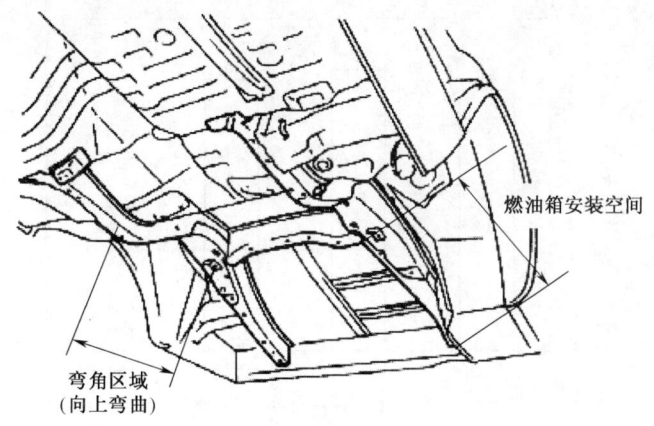

图1-47 悬浮式钢板结构

FR车辆的边车身以及外部覆盖件与FF车辆类似，此处不再叙述。

（七）现代承载式轿车车身抗撞性

1. 车身抗撞性的由来

汽车碰撞通常分为正面碰撞、侧面碰撞、后面碰撞，还有滚翻和撞行人的情况等。在交通事故中，发生不同形式碰撞的比例和人员死亡率是不同的。如图1-48和图1-49所示，正面碰撞事故约占总数的67%，但由于设计上对此已采取了很多成功的措施，因此导致人员死亡数只占碰撞事故死亡总人数的31%。侧面碰撞事故占总数的28%，但由于侧撞中对乘员的保护更困难，因此人员死亡率较高，占事故死亡总人数的34%。有时事故发生后汽车会滚翻，虽然发生这种情况的概率较低，但死亡率很高占事故死亡总人数的33%，其中多数是由于乘员被甩出乘客舱造成的。后面碰撞事故发生的比例很小，而且通常是低速碰撞，死亡比例也很低，颈部的鞭梢性伤害是经常出现的伤害形式。

与乘员相比，行人在交通事故中也常受到伤害。过去，汽车被动安全研究中的乘员保护一直是核心内容，而行人安全技术却发展较慢。现在，这个问题已经引起了普遍的重视。

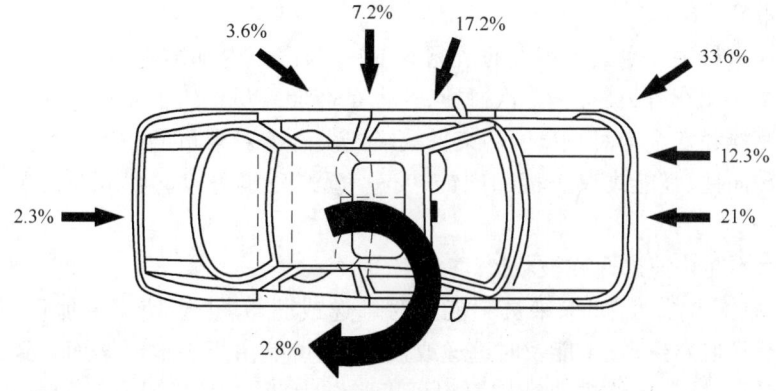

图1-48 不同碰撞形式发生的比例

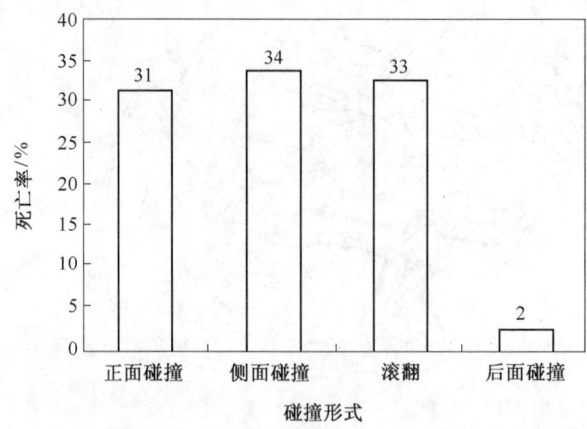

图 1-49 不同碰撞形式的人员死亡率

汽车安全性分为主动安全性和被动安全性。汽车主动安全性指汽车所具有的减少交通事故发生概率的能力,其研究内容包括汽车操纵稳定性、制动性、灯光系统和驾驶员视野性能等;汽车被动安全性指汽车所具有的在交通事故中保护乘员免受伤害的能力,其研究内容包括车身抗撞性(Crashworthiness)、乘员约束系统性能以及转向系统防伤性能等。

"抗撞性"这个词首先出现于 20 世纪 50 年代早期的美国航空工业,用于描述某一结构在碰撞中保护乘员的能力。在车身上,这种对乘员的保护能力主要是车身结构提供的,因此车身抗撞性是汽车车身结构性能的主要内容之一。

2. 乘员伤害的原因与车身抗撞性的定义

在各种汽车碰撞事故中,造成乘员伤害的原因主要可以归结为:①生存空间丧失;②二次碰撞;③碰撞后不能快速逃逸与被救援;④碰撞火灾。以下分别简要说明。

1) 生存空间丧失

汽车碰撞事故中,由于乘员舱外部结构的侵入或乘员舱的变形,会导致乘员生存空间的丧失,使乘员受到挤压或撞击。比较典型的情况有:在正面碰撞中,方向盘将乘员挤在座椅靠背上;在侧面碰撞中,受撞击后侵入乘员舱的侧门直接撞击乘员;在滚翻事故中,车顶结构被严重挤压变形使乘员头部受到挤压等。另外,在正面碰撞和滚翻事故中,如果有车门打开,乘员的生存空间就被破坏了,这也是导致乘员受伤害的原因。

2) 二次碰撞

碰撞中,在乘员生存空间未丧失的情况下,乘员与汽车内部结构(包括安全带和安全气囊)的碰撞或被抛出车外,被称为二次碰撞,这也是造成乘员伤害的主要原因。在车身设计中,主要通过座椅和安全带对乘员的约束来减轻二次碰撞对乘员的伤害。通过内部吸能装置,如吸能式转向柱、吸能式仪表板和内饰、安全气囊等,也可以起到减轻二次碰撞对乘员伤害的作用。

3) 碰撞后不能快速逃逸或被救援

汽车发生碰撞事故后,如果乘员不能及时逃逸或获救,也会使伤害加重。例如,碰撞后,如果乘员有失血发生,且不能及时逃逸或被救,就可能由于失血过多而导致死亡。碰撞后不能快速逃逸或被救援的主要结构原因可以归结为两类,一类是乘员的逃逸空间丧失,如驾驶员被挤住或被安全带卡住;另一类是碰撞后乘员逃逸或被救援时车门难以打开。

4) 碰撞火灾

如果碰撞后燃油系统发生泄漏，就可能导致火灾，这也会造成对乘员的伤害。

5) 车身抗撞性的定义

车身抗撞性是指车身结构在碰撞过程中保证乘员免受伤害和碰撞之后安全逃逸的能力。

3. 承载式轿车车身抗撞性良好的特征

在纵向碰撞事故中，车身各不同部位的刚性对其安全性的影响如图1-50所示，图中是四种不同的方案，剖面线部分表示刚性结构，无剖面线部分表示弹性结构。这是在理想的状态下，没有任何偏斜角度而碰撞的情况，从图中可以看出，第4种方案在车身前部和后部均为弹性结构而中部为刚性结构的情况下，能保护乘员安全。第4种方案，可以利用车身的前、后部有效地吸收撞击能量，而中间车室要坚固可靠，确保乘员的有效生存空间。这里包括了两个方面，一是汽车的前、后部结构，尤其是前部结构要尽可能地吸收撞击能量，使作用于乘员上的力和加速度降到规定的范围内；二是控制受压各部件的变形形式，防止有关部件或总成等刚性部件侵入驾驶室。

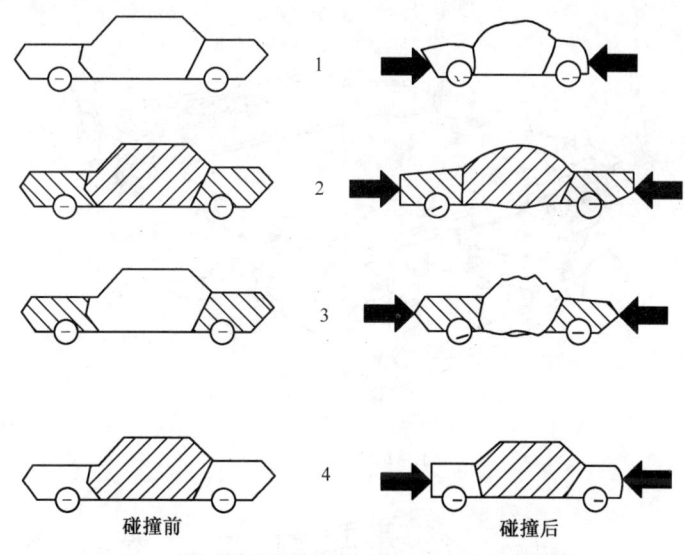

图1-50 车身不同部位刚性对安全性的影响

所以具备良好车身抗撞性的承载式轿车车身前、中、后三部分刚度是分级的，中部乘客室刚度最高，前部发动机室、后部行李箱室，具有较大的韧性。一般汽车正面碰撞试验（50km/h），前部压缩30%~40%，而中部仅收缩1%~2%。为了实现车身前部和后部具有比较低的刚度，在车身前部和后部应设计碰撞吸能区。

碰撞吸能区是承载式车身中特意做得比较薄弱的区域，以便在碰撞中溃缩。碰撞吸能区因为被设计成按照预定的方式溃缩，所以对连带损坏有一些控制作用，并使乘客室更加安全。

如图1-51所示，箭头表明了在承载式车身中能量是如何分散开的。吸能区是用于在高速碰撞中减缓乘客室冲击的前后部段。厚重的箱形立柱和车门梁件用来避免在侧面碰撞中乘客室被侵入变形。

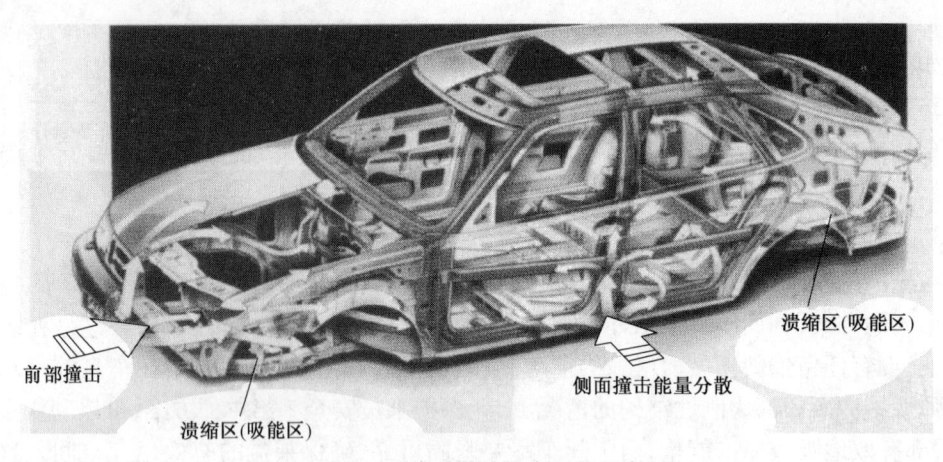

图 1-51 现代承载式轿车吸能示意图

吸能区(图1-52)的特征主要表现形式为：截面能突然变窄、弯曲，梁上有孔洞(非安装孔)、折皱的设计等。维修时，吸能区不能被加强，不能被分割，最好整体更换。

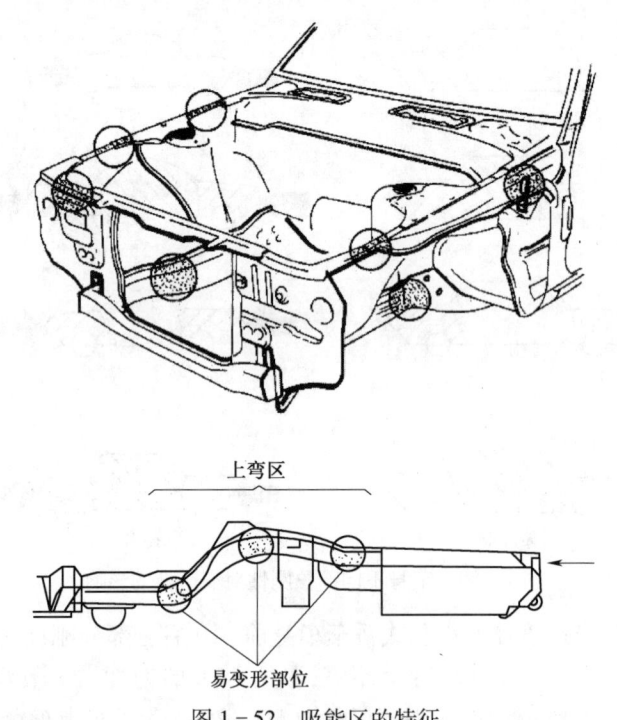

图 1-52 吸能区的特征

4. 承载式轿车车身与非承载式车身安全性的区别

承载式车身没有单独的车架，车身结构件与覆盖件都采用焊接的形式连接在一起，这种设计有助于在发生碰撞事故时保护车内的乘员。

承载式车身与非承载式车身的安全性意义是有区别的，非承载式车身用重型低碳钢制成的车架依靠其弧度和刚度抵抗、减弱和限制碰撞损伤，从而起到保护车内乘员的作用，碰撞损伤也常局限于碰撞部位周围；而承载式车身依靠全车身的构件和覆盖件整体承受碰撞力，其刚性较大的构件可以将碰撞力传递和分散到车身的各个部位，再由各个部位分别吸收撞击能量。这种结构可能会引起远离碰撞点的车身部件发生损伤变形，因此，在进行承载式车身的检查和修复作业时，要特别注意整个车身总体结构尺寸的变化和各个主要部件的连接状况。

5. 整车碰撞性试验

整车碰撞试验是对汽车被动安全性的综合评价，不仅可用于评价碰撞过程中的乘员保护，而且可用于评价车身结构的抗撞性。

整车碰撞试验，按照碰撞形式可分为正面碰撞、侧面碰撞、后面碰撞和滚翻等。

用于整车被动安全性检验或认证的试验，一般都有相关的技术规范；而开发性质的整车碰撞试验，则可根据试验目的自主组织，但一般也都参照相应技术规范规定的试验方法。以下简单介绍欧洲、美国和我国规定的一些整车碰撞试验方法。

1）正面碰撞试验

正面碰撞试验有多种形式，按照碰撞对象可分为与壁障的碰撞和与实车的碰撞。对于与壁障的正面碰撞，按照碰撞角度可分为汽车与垂直于汽车行驶方向壁障的碰撞和汽车与壁障的角度碰撞。通常碰撞角度是指壁障平面与垂直于汽车行驶方向的平面的夹角，因此，汽车与垂直于汽车行驶方向壁障的碰撞也可称为0°角碰撞。图1-53(a)、图1-53(b)，分别为汽车与刚性固定壁障的0°和30°角碰撞的示意图。按照汽车正面与壁障的重叠率，可分为100%重叠率的碰撞和偏置碰撞。通常重叠侧为驾驶员侧，但各国试验重叠的侧面也会不同。按照壁障刚度的不同，可分为与刚性壁障的碰撞和与可变性壁障的碰撞。不同技术规范规定的可变性壁障的刚度特性是不同的。图1-53(c)为汽车与可变性壁障40%偏置碰撞的示意图。对于汽车与汽车的碰撞试验，也有不同重叠率或碰撞角度之分。

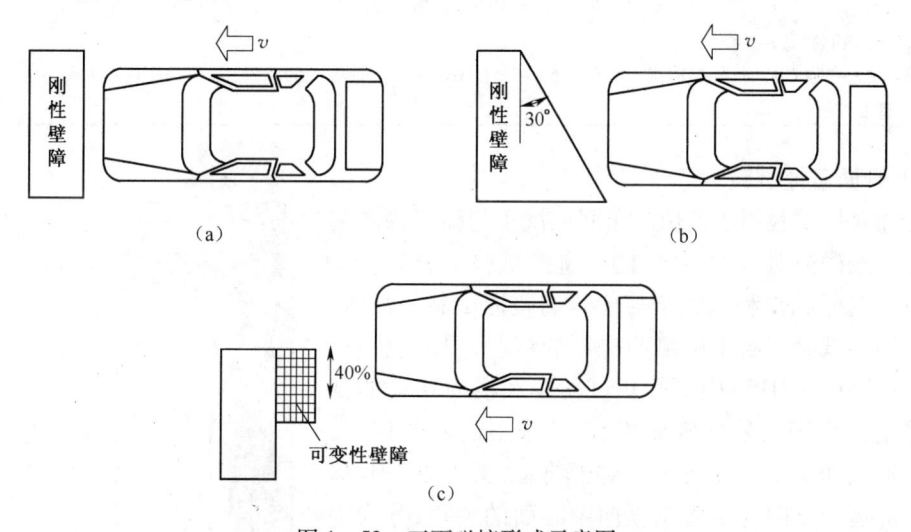

图1-53 正面碰撞形式示意图
(a)汽车与刚性固定壁障的0°角碰撞；(b)汽车与刚性固定壁障的30°角碰撞；
(c)汽车与可变性壁障40%偏置碰撞。

各国的被动安全法规和新车评价规程(New Car Assessment Program,NCAP)都规定了正面碰撞的试验方法，而且试验方法之间有时会存在较大差别，如表1-4所列。

表1-4 欧洲、美国和中国正面碰撞试验方法的对比

碰撞形式		技术规范名称	碰撞车速/(km·h^{-1})	试验车质量
对刚性固定壁障0°角100%重叠率正面碰撞	美国	FWVSS 208	48.3	③
		FWVSS 301	48.3	③
		US-NCAP	56.3	③
	欧洲	ECE R34	48.3~53.1	①
		ECE R33	50±2	①
	中国	GB 11551—2003 CMVDR 294	50_{-2}^{0}	②
		C-NCAP	50_{0}^{+1}	⑤
对刚性固定壁障30°角正面碰撞	美国	FWVSS 208	48.3	③
		FWVSS 301	48.3	③
对可变性固定壁障0°角40%重叠率正面碰撞	欧洲	ECE R94	56	②
		EuroNCAP	64±1	④
	中国	C-NCAP	50_{0}^{+1}	⑥

注：FMVSS——Federal Motor Vehicle Safety Standards,美国联邦机动车安全法规；
ECE——Economic Commission for Europe,联合国欧洲经济委员会汽车法规；
CMVDR——China Motor Vehicle Design Rule,关于正面碰撞乘员保护的设计规则。
①表示整备质量；
②表示整备质量+前排外侧座椅上两个第50百分位HybridⅢ男性假人的质量；
③表示整备质量+额定行李质量+前排外侧座椅上两个第50百分位HybridⅢ男性假人的质量；
④表示整备质量+36kg行李质量+前排外侧座椅上两个第50百分位HybridⅢ男性假人的质量；
⑤表示整备质量+前排座椅上两个第50百分位HybridⅢ男性假人的质量+第二排座椅最右侧一个第5百分位HybridⅢ女性假人的质量；
⑥表示整备质量+前排外侧座椅上两个第50百分位HybridⅢ男性假人的质量+第二排座椅最左侧一个第5百分位HybridⅢ女性假人的质量

2) 侧面碰撞试验

侧面碰撞试验用于模仿汽车间或汽车与障碍物的侧面碰撞。按碰撞对象的不同,侧面碰撞试验可分为实车间的侧面碰撞试验和试验车与壁障的碰撞试验。目前,经常采用的试验车与壁障侧面碰撞的试验,主要包括移动可变性壁障(MDB)撞击静止试验车和横向移动的试验车撞击柱形障碍物。EuroNCAP是采用后者的代表,其碰撞形式如图1-54所示。对于前者,又可以按照移动壁障的运动方向与试验车纵向中心面的夹角,分为垂直碰撞和角度碰撞；但是它们都要求撞击试验车时,移动壁障的纵向中心面与试验车的纵向中心面垂直。在侧面碰撞试验中,采用移动壁障与试验车侧面垂直碰撞形式的比较多,如图1-55(a)所示。美国FMVSS 214规定的侧面碰撞试验是移动壁障与静止试验车侧面角度碰撞试

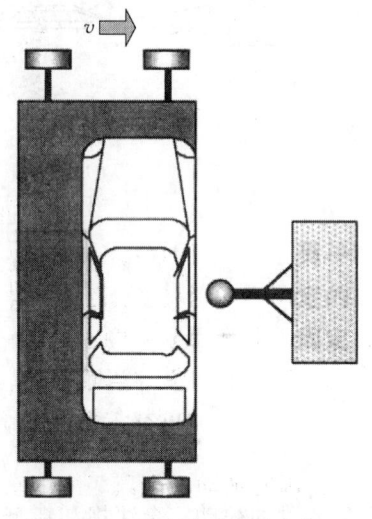

图1-54 横向移动试验车侧面撞击柱形障碍物

验的代表,它要求移动壁障的运动方向与试验车纵向中心面的夹角为63°,如图1-55(b)所示。

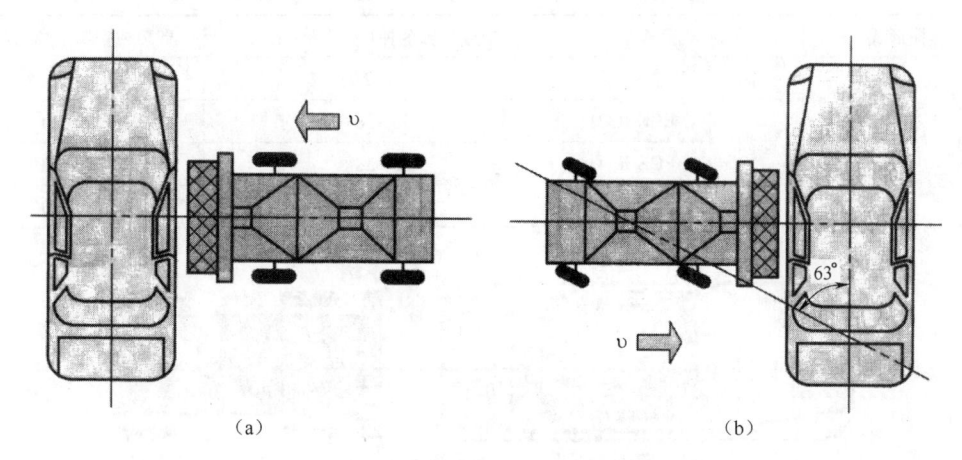

图1-55 移动壁障与静止试验车侧面碰撞
(a)垂直碰撞；(b)角度碰撞。

不同技术规范规定的用于侧面碰撞试验的移动可变性壁障的几何尺寸、质量、壁障刚度特性等是不同的,表1-5列出了对MDB质量的要求。

各国NCAP、被动安全性法规和标准中规定的侧面碰撞试验是不同的,如表1-5所列。

表1-5 欧洲、美国和中国侧面碰撞试验方法的对比

碰撞形式	技术规范名称		MBD车速/(km·h^{-1})	MBD质量/kg
移动刚性壁障与静止试验车侧面垂直碰撞	美国	FWVSS 208	32.2	1800
		FWVSS 301	48.3	1800
移动可变性壁障与静止试验车侧面垂直碰撞	欧洲	ECE R95	50±1	950±20
		EuroNCAP	50±1	950±20
	中国	GB 20071	50±1	950±20
		C-NCAP	50^{+1}_{0}	950±20
移动可变性壁障与静止试验车侧面角度碰撞	美国	FWVSS 214	53.9	1367.6
		US-NCAP	61.9	1367.6
横向移动试验车侧面撞击刚性柱形障碍物	欧洲	EuroNCAP	试验车横向运动速度：29±10.5	—

3) 后面碰撞试验

由于后面碰撞事故中乘员伤害的程度较轻,而由燃油系统泄漏引起的火灾却会引起严重的乘员伤害,因此各国相关规范中规定的后面碰撞试验多用作考核碰撞中燃油系统完整性。这样的技术规范包括美国的FMVSS 301、欧洲的ECE R34和我国2006年开始实施的GB 20072。另外,欧洲的ECE R32规定了M1类汽车后面碰撞试验时对乘员舱结构抗撞性的要求。如表1-6所列是各国被动安全法规规定的后面碰撞试验方法的部分要求。

以上技术规范规定的后面碰撞试验方法有两种,分别是移动壁障后部撞击试验和摆锤后部撞击试验。在试验中,静止的试验车被一个以一定速度移动的刚性壁障或摆锤从后面

撞击。如图1-56所示，为移动刚性壁障从后面撞击静止试验车试验的示意图。

表1-6 欧洲、美国和中国后面碰撞试验方法的对比

碰撞形式	技术规范名称		壁障或摆锤的速度/(km·h^{-1})	壁障或摆锤的质量/kg
移动刚性壁障或摆锤与静止试验车后面垂直碰撞	美国	FWVSS 301	32.2	1800
	欧洲	ECE R32	35~38	1100±20
		ECE R34	35~38	1100±20
	中国	GB 20072	50±2	1100±20

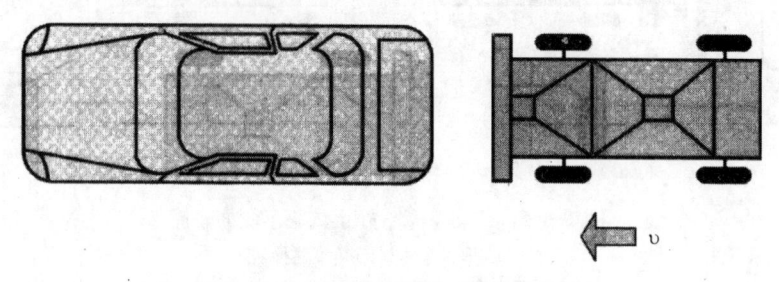

图1-56 后面移动刚性壁障撞击试验

4）滚翻试验

滚翻事故的再现比较困难，虽然试验方法很多，但是已成文的法规很少。目前，只有美国FMVSS 208中规定了滚翻的台车试验方法，美国的SAE J2114也规定了这种方法。这种试验方法重复性好且容易进行，因而很多国家都把这个试验作为翻车试验的一个规定项目。

FMVSS 208中的台车滚翻试验规定，试验车被放置在一个与水平面成23°角的平台上，平台下缘有一高100mm且与平台垂直的凸缘，凸缘长度要足以挡住与其相靠的轮胎，如图1-57所示。试验时，平台沿垂直于汽车纵轴的水平方向以48.3km/h的速度匀速平移一段时间后，在不大于0.915m的距离内急剧减速为零（减速度至少为20g，持续时间至少为0.04s），使试验车滚翻。

图1-57 美国FMVSS 208台车滚翻试验

5）低速碰撞试验

美国CFR 581和欧洲ECE R42都从汽车前、后端碰撞保护的角度，定义了汽车的低速碰撞试验。其中，ECE R42中分别定义了纵向碰撞试验和角度碰撞试验。在纵向碰撞试验中，质量等于被撞试验车整备质量的移动刚性壁障，以4km/h的速度分别从前面和后面撞击静止的试验车，要求碰撞时壁障表面与汽车纵向中心面垂直。在角度碰撞试验中，移动

刚性壁障以2.5km/h的速度分别从前面和后面撞击静止的试验车,要求碰撞时壁障表面与汽车纵向中心面成60°角。

在企业进行产品开发时,也经常使用速度为15km/h的移动刚性壁障进行低速碰撞试验。

6) 行人保护试验

欧共体的行人保护法规于1998年开始生效。该法规规定的试验方法使用代替行人下肢和头部的冲击锤撞击汽车的前保险杠、发动机舱盖的前端和上表面,主要试验包括腿部模块与保险杠的碰撞试验,大腿模块与发动机舱盖前端的碰撞试验,头部模块与发动机舱盖上表面的碰撞试验,如图1-58所示。另外,EuroNCAP中也规定了行人保护试验。

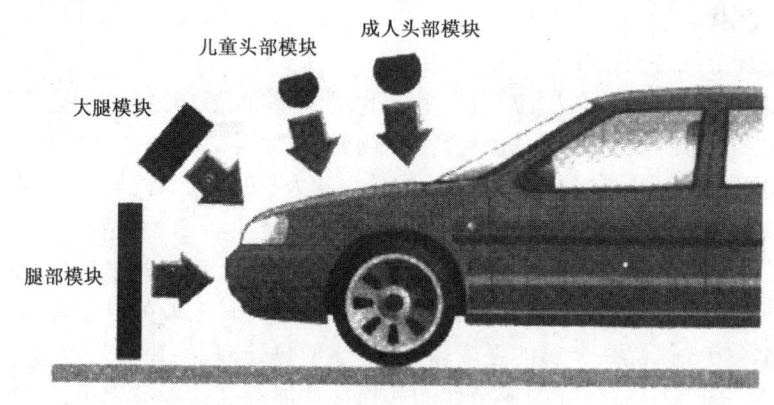

图1-58 行人保护的试验方法

（八）车身板件常用材料

1. 车身用钢板

汽车制造使用的钢材主要以钢板材为主,所用板材的厚度根据车身不同部位强度的需要可不同。其中,车身外部板件常使用0.5~1.2mm厚的板材,车架等车身结构件多使用2~5mm厚的板材。某些重型车辆的车架使用厚度达8mm的钢板。

车身使用的钢板根据制造方法可以分为冷轧钢板和热轧钢板两类,由于制造过程不同,两类钢板在力学性能上存在很大的差异。

热轧钢板是将钢锭加温至800℃以上的高温情况下轧延后制成的钢板,厚度较大,车用热轧板通常在1.5~8mm之间。热轧板的表面质量不是很好,其冷加工性能与冷轧板相比要稍差一些,常使用在外观不需要很美观的部分,主要用于车身上较厚板件的制作,如车架、骨架和梁等构件。

冷轧钢板是热轧钢板再经酸洗处理后在常温下轧延变薄,并进行表面调质处理后的钢板。由于冷轧钢板是在常温下轧制而成,所以它的厚度精度高,表面质量优越,抗拉强度和冷加工性能均较热轧钢板要优良,所以大都使用在汽车车身、机械零件、电器等表面需要平滑美观的构件上,在悬架周围特别容易受到腐蚀的部位,通常采用经过表面处理的冷轧钢板作为防锈钢板。

车身常用的钢板除少数结构件为中碳钢外,绝大多数的钢板为低碳钢。普通低碳钢含碳量低，材质较软，便于冷加工，可以很安全地进行焊接和热收缩，加热对其强度也不会产生很大的影响；但其抗拉强度比较低，容易变形，而且重量大，不利于降低车辆的总体质量。因此现代汽车上还采用了很多高强度钢材来制造车身上需要承受载荷的部件，既提高了车身的总体强度，又有效地降低了车身的总重量。但高强度钢在进行矫正操作时有许多需要注意的地方，如不能过度加热等，因为加热会对其强度造成严重的影响。因此，在进行车身矫正时要熟悉所加工的材料的特性，采取合理的方法才能达到良好的维修效果。

另外，为了提高车身总体的抗腐蚀性能，现代车辆上还广泛采用表面处理钢板（主要是镀锌板）等防腐性能优越的材料，用于车身上容易发生腐蚀的地方，这些材料在进行维修操作时也有许多需要注意的地方。

1）高强度钢板

强度可以理解为材料抵抗破坏的能力，刚度则是材料抵抗变形的能力。在材料力学上，材料的强度以其抗拉强度（拉伸应力）来表示，即材料单位面积能够承受的最大的力（单位为 MPa），达到抗拉强度极限时，材料会完全破裂；刚度用材料的屈服强度（屈服应力）表示，即材料产生永久变形时单位面积上所受的最小的力（单位为 MPa），达到屈服强度时，材料会产生永久的变形。

但屈服强度和抗拉强度均很高的钢材其加工性能很差，而且焊接强度很低，因此过去这种钢材在汽车车身上的应用不是很多。近年来，由于材料工业的不断发展，人们可以通过许多金属加工方法来提高金属的强度，包括金属的热处理、冷轧工艺和给金属加入合金成分等，制造出了很多具有较好的成型性能和焊接性能的高强度薄钢板，并很快被应用于车身制造上。

高强度钢泛指机械强度高于普通低碳钢的各种类型钢材，并非特指某一种材料，有人认为抗拉强度超过 340MPa 的称为高强度钢板。高强度钢的特点是具有高于普通低碳钢板几倍甚至十几倍的抗拉强度，但其质量并没有因此而增加。现代汽车制造追求车身总体质量轻量化，车身总体强度提高以增加安全性，同时还要兼顾防腐性能，因此高强度钢板作为理想材料得到了较为广泛的应用。如图 1-59 所示为某车型车身使用高强度钢板的情况。

然而，高强度钢板的应用也给车身的维修带来了一定的困难。当高强度钢材料受到撞击产生变形时，由于其强度和硬度非常高，因此通过简单的矫正工艺很难使其恢复原状。在进行普通低碳钢板的矫正时，往往采用加热的方法使金属软化以便于整形操作，或进行热收缩、释放拉伸应力和焊接等操作。而使用高强度钢材以后，这种加热则需要严格的控制，有些钢材甚至不能使用加热的方法矫正，否则会严重影响构件的强度，给车身造成结构上的伤害。因此，在对高强度钢进行矫正时需要采用科学合理的方法，通过机械拉伸有控制地加热甚至采用局部或整体更换等方法进行修复。

目前，汽车车身上用到的高强度钢板主要有固溶强化型钢板、烘烤硬化型钢板、组织强化型钢板等几种，下面分别介绍。

（1）固溶强化型高强度钢板（IF）。固溶强化型钢板为铁（Fe）混合碳（C）、硅（Si）、锰（Mn）和磷（P）（或 Fe 混合 C 和 P）的合金，其抗拉强度为 340~440MPa，属深拉型，多用于车身内外覆盖件。

一般情况下，通过添加 C、Si、Mn、P 等可使铁素体基体硬化，但用于深冲时主要是添加 P，其中加 P 低碳钢强度高且拉深性好，因此应用广泛，这种钢也称为回磷钢。

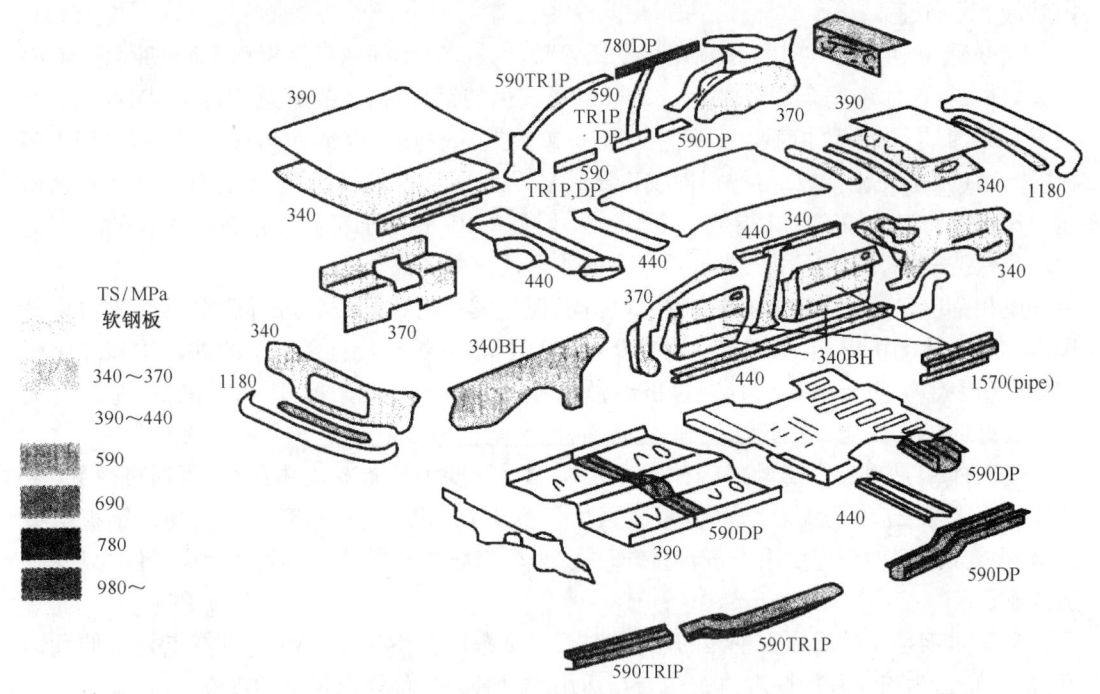

图 1-59 某车型车身使用高强度钢板的情况

此种高强度钢板加热的温度不得超过 350℃,加热的时间也不得超过 3min。焊接时应采用气体保护焊,不能使用氧乙炔焊和电弧焊等高热量的焊接方式。

(2) 烘烤硬化型高强度钢板(BH)。烘烤硬化型钢板在轧制成型时质软,而在涂漆烘烤(相当于 170℃保温 20min 的热处理)时硬化。这种钢板是使适量固溶碳残留于钢板中,利用涂漆烘烤时的热量将压制成型时引入的位错用固溶碳固定,以提高屈服度的钢板。由于烘烤硬化量随压制成型时的变形量而变化,且在低变形区域较大,因此烘烤硬化型钢板适宜用于四门两盖等加工度低的部件。

此种钢板硬化前柔软容易冲压成型,硬化后,由于硬度增加,抵抗凹陷的能力也随之增强。

现在,有的车型已使用 440MPa 级 BH 型高强度钢板。

(3) 组织强化型高强度钢板。利用低温转变相的组织强化型钢,即从软质铁素体母相中分散出微细珠光体、贝氏体和马氏体等低温度变态相成为双相或多相组织,使钢板强化。根据构成微观组织的相结构不同,其特性有很大的变化,所得强度在 440~1470MPa 的较大范围内。

双相钢(DP)主要由铁素体(软相)和马氏体(硬相)构成,马氏体最多为 20%。由于在和马氏体相邻的铁素体内存在可动位错,因此即使在相同抗拉强度下屈服强度也低,也就是具有低的屈强比,因此加工时弹性回复量小,成型性好。

DP 钢板的商业化开发已近 30 年,包括热轧、冷轧、电镀和热镀锌产品。随着马氏体含量的增加 DP 钢板的强度线性增加,强度范围为 500~1200MPa。

DP 钢一般用于需高强度、高的抗碰撞吸能性且成型要求也较严格的汽车零件,如轮、保险杠、悬架系统及其加强件等。随着钢种性能和成型技术的进步,DP 钢也被用在汽车的内外板等零件上。

相变诱导塑性钢（TRIP）是利用相变诱发塑性效应开发的超延性钢板，是一种主要组织是铁素体、贝氏体和残余含量在 5%～15%的奥氏体的钢板，强度范围为 600～800MPa。

TRIP 钢是十多年才商业化开发的钢种，包括热轧、冷轧、电镀和热镀锌产品。TRIP 钢板的 n 值（加工硬化指数，与加工性成正比）高，凸肚成型性好，深冲性能也优。同 DP 钢相比，TRIP 钢的起始加工硬化指数小于 DP 钢，但是 TRIP 钢的加工硬化指数在很长的应变范围内仍保持较高，特别适用于要求具有高的胀形情况的产品。

复相钢（CP）同 TRIP 钢的冷却模式相同，但是需要对化学成分进行调整以形成强化马氏体和贝氏体的析出相，强度范围为 800～1000MPa。其组织特点是细小的铁素体和高比例的硬相（马氏体、贝氏体），而且通过析出强化进一步强化，含有 Nb、Ti 等元素，具有高的吸能性和好的扩孔性能，特别适用于车门防撞杆、保险杠和 B 立柱等安全零件的制造。

马氏体钢是通过高温的奥氏体组织快速淬火转变为板条马氏体组织，可通过热轧、冷轧连续退火或成型后退火实现，其最高强度可达 1500MPa，是目前商业化高强度钢板中强度级别最高的钢种。主要用于成型要求不高的车门防撞杆等零件，代替管状零件，减少制造成本。

贝氏体钢是以贝氏体为主体的热轧钢板，强度范围在 440～880MPa，其特点是延伸翻边性好，这是因为该钢种的微观组织均匀。适用于对翻边条件要求苛刻的零件。

为满足汽车增强部件的要求，开发了利用贝氏体或回火马氏体的强度级别为 980～1470MPa 级的超高强度冷轧钢板。超高强度钢板的弯曲成型性与显微组织的均匀性有很大关系。保险杠等加强部件主要通过弯曲成型加工而成，必须确保弯曲成型性能。

2) 表面处理钢板

表面处理钢板即在普通钢板表面进行处理以提高其耐腐蚀的能力，常用于车身上容易发生腐蚀的部位，如悬架周围、车门的门槛下部、油箱和排气系统等。

(1) 镀锌板。车身最常用的表面处理钢板是镀锌板，将锌覆于钢板表面的方法有电镀（原理如图 1-60 所示）和热浸涂两种。采用热浸涂的方法涂覆的锌层比较厚，虽然锌层与钢板的附着性略差，但防腐能力很好；采用电镀的方法镀锌，镀层薄，表面质量良好，车身板件常用镀锌板制造。

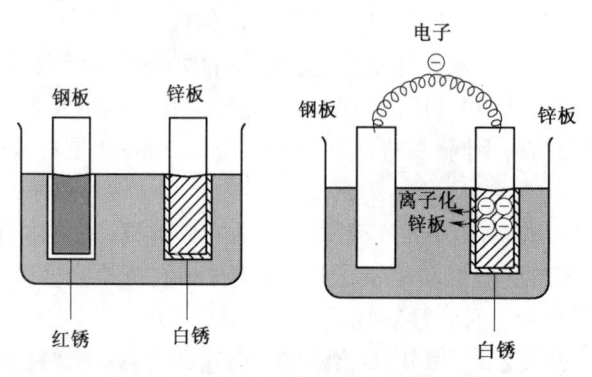

图 1-60 电镀法制造镀锌板的原理图

镀锌板可分为单面处理、双面处理和 2/3 面处理等几种。单面处理的镀锌板即只有一面有镀层，另一面是普通钢材。双面处理即两面都有镀层，其中一面镀层薄一些，只有一层,如图1-61(a)所示;而另一面镀层厚一些,有两层,如图1-61(b)所示。不同表面处理的板材在使用上有所差异,一般来讲,有镀层的或镀层厚的一面应朝向内,因为里面无法进行防腐处理,只能依靠板材自身的防腐能力;而没有镀层或镀层薄的一面应朝向外,可以在其上进行涂装操作,增强其防腐能力。

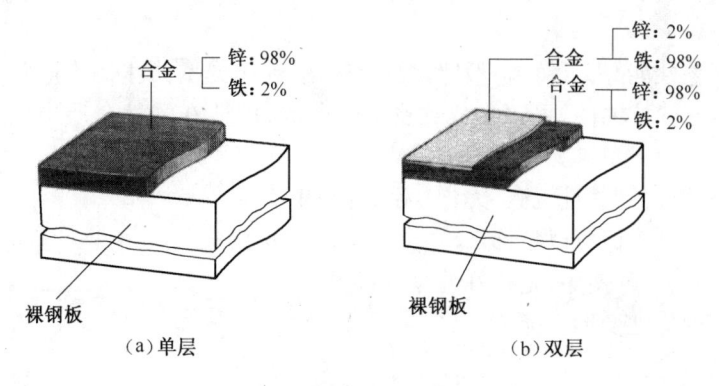

图1-61 镀锌板的单层和多层处理

镀锌板依靠表面活性较强的金属锌作为保护层,锌先产生氧化物而保护内部的钢板,因此在进行车身维修时应尽量保持镀锌层完好,不得将锌层磨去,尤其是用于内部的锌层,由于无法再次进行防腐处理,因此必须保证完好。

需要注意的是,镀锌钢板用于涂装的一面由于锌层与普通原子灰和中涂漆或面漆等的黏附能力非常差,涂布在其上的涂料在很短的时间内就会脱落,因此在镀锌板表面进行原子灰刮涂时应先用环氧底漆进行喷涂,这样既可以保护锌层,提高防腐能力,又可以提高板材与原子灰的黏附能力。若要在锌层上直接刮涂原子灰应选用合金原子灰,只有合金原子灰才具备与锌层的黏附能力,普通原子灰和外层涂料对锌层均没有黏附力。

镀锌板在进行焊接操作时要注意,高温会使锌层汽化,汽化的锌具有较强的毒性,因此在对锌板进行焊接时需要做好防护工作,在通风良好的环境下进行。如确有必要,允许将焊接点周围的镀锌层刮去或磨去,但影响面一定要小。

(2) 镀锡钢板。镀锡钢板是在冷轧钢板表面被覆一层锡铅合金,俗称"马口铁"。由于锡和铅都为软金属,因此其覆层具有良好的润滑性,有利于冲压成型,其焊接性能也非常好。这种软金属的覆层与底材的附着力很强,不会产生剥落,耐蚀性也很好,常用于汽车的油箱等。

(3) 镀铝钢板。镀铝钢板在高温下的耐腐蚀能力非常强。车辆行驶时底盘上受到飞溅泥水和排放废气等的影响,使排气管等排气系统的零部件快速腐蚀。在这样的条件下,使用镀铝钢板比一般的镀锌钢板更加稳定耐用,且价格比不锈钢要便宜许多,因此被广泛使用于排气管等排气系统上。

(4) 不锈钢。不锈钢主要是由铁、铬及含量不同的碳元素合金而成的,此外,还含有少量的锰(Mn)、磷(P)、硫(S)、硅(Si)、镍(Ni)、钼(Mo)、铜(Cu)、铝(Al)、氮(N)等重要合金元素。作为合金钢,不锈钢在各种腐蚀环境(无论是大气还是强氧化性液体或气体)下,都具有一定的抗腐蚀能力并保持着一定的力学性能。不锈钢的强度可以比普通钢高50%,高强度质量比及其非凡的抗腐蚀能力,使得不锈钢广泛地用于机械加工及冷成型车身零件。

2. 铝合金

1) 铝合金的基本特性

(1) 铝合金的密度小,仅为钢铁材料的 1/3 左右,纯铝的密度为 2.68g/cm³。

(2) 强度高,延性、塑性好,且可以通过热处理改变其力学性能,并具有良好的低温性能。

(3) 加工工艺性能好,可铸造、锻造、焊接、轧制、冲压成型,类同于钢。

(4) 具有良好的抗蚀性,可以生成致密的氧化膜,即使在酸性介质中也具有良好的耐蚀性。

(5) 具有高的弹性,并且无磁、无毒、无火花放电。

(6) 易于涂装且表面可以精饰。

(7) 可以回收,循环使用,是很好的绿色材料。

(8) 具有高的弹性变形性能。

2) 铝合金的分类

汽车用铝材皆以铝合金的形式出现,主要类型为传统铝合金和泡沫铝合金。传统铝合金根据合金元素的含量和加工工艺性能特征可分为铸造铝合金和变形铝合金。

(1) 铸造铝合金。铸造铝合金是指那些通过铸造成型可直接制成零件而使用的合金,但使用之前需经过机械加工。铸造铝合金主要用于制造壳体类零件(离合器壳体、变速箱壳体、后桥壳、转向器壳体等)和发动机部件以及保险杠、轮辋、发动机框架、制动钳、制动盘等非发动机部件。

(2) 变形铝合金。变形铝合金又可称为加工铝合金,必须先铸成锭然后热轧成带坯或用双辊式连续铸轧机制成带坯,再冷轧成板、带、箔,也可以用铸造锭挤压成管、棒、型材或锻压成锻件,用户用这些半成品材料制成各种各样的零部件。变形铝合金主要用于制造保险杠、发动机罩、车门、行李箱盖等车身面板和车身框架、座椅骨架、车厢底板等结构件。

(3) 泡沫铝合金。泡沫铝材是一种在金属基体中分布有无数气泡的多孔材料,它可以通过去除夹在铝中的其他物质来获得,如烧结、电镀、铸态渗流法等;也可以在熔融态的铝中产生气泡来制造,如发泡法和气泡法等。这种材料的质量更轻、强重比更高,并具有高的吸能特性、高的阻尼特性和吸振特性。将泡沫铝填充于两个高强度外板之间制成的三明治板材,在用于车身顶盖板时,可提高刚度、轻量化并改善保温性能;用在保险杠、纵梁和一些支柱零件上时,可以增加撞击吸能的能力,在轻量化的同时,提高了撞击安全性。因此,泡沫铝材也是特殊的轻量化材料。

3) 铝合金按合金元素的分类

铝合金是根据日本的 JISH4000 标准来划分的,从 1000 系到 7000 系进行的分类(表 1-7)。

用于汽车车身板的铝合金主要有 Al-Cu-Mg 系列(2000 系)、Al-Mg 系列(5000 系)、Al-Mg-Si 系列(6000 系)以及铝基复合材料。

Al-Cu-Mg 系(2000 系列)铝合金。2000 系列铝合金具有良好的锻造性、高的强度、良好的焊接性能,可热处理强化等特点,但它的抗腐蚀性比其他铝合金差。2000 系列铝合金中,2036 合金已广泛用于生产车身板。

表1-7 铝合金的种类和特性

类型	合金	主要合金成分	抗拉强度/MPa	特性	用途
非热处理型合金	1000系	Fe、Si、Cu（铁、硅、铜）（99%为铝，即纯铝）	50~200	导电性佳，但强度弱	日用品、散热片、罩盖、铭牌、包装、建材、印制板、电线、装饰品、反射板
	3000系	Mn（锰）	100~300	改善了纯铝的强度	日用品、散热片、罐、建材、彩铝
	4000系	Si（硅）	—	因为加入硅，所以抗磨损性佳	活塞、气缸盖、热交换器、焊条、建材
	5000系	Mg（镁）	100~400	所有非热处理型合金中，强度最强，且焊接性及耐腐蚀性都很好	建材、车辆、船舶、照相机、扣钉、低温油箱、压力容器
热处理型合金	2000系	Cu、Mg（铜、镁）	300~500	强度像钢一样	飞机、气缸盖、活塞、电位器、油压部件
	6000系	Mn、Si（锰、硅）	150~400	强度强、耐腐蚀性佳且具有抗压性	建材、车辆、家具、船舶、家电、照相机、电线、网球拍
	7000系	Zn、Mn（锌、锰）	350~700	强度最强	飞机、车辆、船舶、散热片、垒球棒

2036-T4合金板广泛用于轿车车身外板，如车顶、底板等，取代钢板时，可使外覆盖件减轻55%~60%。

Al-Mg系（5000系列）铝合金。5182-O合金板特别适合于要求用延展方法成型的零部件，有好的冲压成形性能，适合于制造汽车车身内板，使用部位可以在车顶、行李箱盖、底板、空气过滤器和车门等处。

Al-Mg-Si系（6000系列）铝合金。6009-T4合金板材可成型为汽车覆盖件，成型性能与5182-O合金板相近。使用部位包括车顶、行李箱盖、车门、侧围板、挡泥板等处。6010-T4的成型性能与2036-T4相似，能提供更高的强度，它的使用部位如车顶、行李箱盖、挡泥板等处。

铝基复合材料。金属基复合材料（MMC）是20世纪60年代诞生的一种材料，它是在连续的金属基体上分布着其他金属或陶瓷等增强体的一种物质。这种材料综合了基体金属和增强体的性能，因而具有单一材料难以达到的优良性能。铝基复合材料质量轻，比强度和比模量高，抗热疲劳性能好，耐磨性好，是金属基复合材料中应用最为广泛的一种。

日本住友轻金属工业公司与美国雷诺尔兹铝制品公司共同开发出了一种代号为SG112-T4A的车身铝合金复合材料板材，硬度比普通铝板高1.5倍，同时也具有良好的冲压加工性。

二、设备、工具和材料准备

（1）承载式轿车车身1辆。

(2) 非承载式轿车车身1辆。
(3) 举升机及必要的拆装工具。
(4) 与车辆对应的车身修理手册。

三、轿车车身结构认识步骤

1. 非承载式轿车车身结构认识
(1) 写出该非承载式车身的结构特征。
(2) 查找车身修理手册,写出所有板件的名称。
(3) 查看各板件之间的连接关系。
(4) 指出该车车身板件材料的类型。
2. 承载式轿车车身结构认识
(1) 写出与非承载式车身相比,该结构有何不同。
(2) 查找车身修理手册,写出所有板件的名称。
(3) 指出所有车身结构件和车身覆盖件。
(4) 查看各板件之间的连接关系。
(5) 指出该车身防碰撞的措施有哪些。
(6) 指出该车身在发生追尾碰撞事故中保护燃油箱的措施有哪些。
(7) 指出该车车身板件材料的类型。

四、技能考核表

轿车车身结构认识技能考核表如表1-8所列。

表1-8 轿车车身结构认识技能考核表

序号	考核内容	配分	评分标准	考核记录	扣分	得分
1	分别指出考核两车型承载类型	10	判断正确得10分,否则扣10分			
2	指出承载式轿车所有板件的名称	40	指错一个板件扣2分			
3	指出主要板件之间的连接关系	20	指错一处板件扣4分			
4	指出承载式轿车所有的碰撞吸能区	30	指错一处、少指一处都扣5分			
	教师签字				年 月 日	

课后复习题

1. 名词术语解释

空气阻力系数(风阻系数)、非承载式车身、承载式车身、整体式车身、车身覆盖件、车身结构件、车身本体、副车架、车身抗撞性、吸能区、热轧钢板、冷轧钢板、高强度钢板、镀锌板。

2. 选择题

(1) 后顶盖侧板总成位于(　　)。
　A. 车身前部　　　　B. 车身底部　　　　C. 顶盖　　　　D. 车身后部

(2) 传统车身结构中,采用下面何种零件来调整和紧固车身和车架零部件,防止摩擦发出尖叫声?(　　)
　A. 铆钉和螺丝　　B. 螺栓和装饰件　　C. 铆钉和橡胶垫圈　　D. 螺栓和橡胶垫圈

(3) 汽车车身面积最大的板件是(　　)。
　A. 发动机罩　　　B. 车门　　　　　C. 顶盖　　　　　D. 后备箱盖

(4) 壳体式车身肯定是(　　)车身?
　A. 非承载式　　　B. 半承载式　　　C. 承载式

(5) 汽车车身的哪一部分用来吸收碰撞时的冲击?(　　)
　A. 乘客车厢　　　B. 凹陷区　　　　C. 防撞吸能区　　D. 发动机组

(6) 整体式车身的强度来自(　　)。
　A. 部件的重量　　　　　　　　　　B. 部件的刚度和厚度
　C. 部件的形状和设计　　　　　　　D. 包括 A、B、C 三项

(7) 下面哪些不是无架式整体车身的优点?(　　)
　A. 增加乘坐室的安全性　　　　　　B. 使碰撞损坏局限在某些部件上
　C. 较高的燃油效率　　　　　　　　D. 减少汽车总质量

(8) 非承载式车身承载面高的原因是(　　)。
　A. 车轮大　　　　　　　　　　　　B. 车厢高
　C. 底盘与车身间有钢板弹簧　　　　D. 底盘和车身间有车架

(9) 承载式车身维修困难的原因(　　)。
　A. 车身构件较多　　　　　　　　　B. 车身构件尺寸小
　C. 车身参数多　　　　　　　　　　D. 车身整体尺寸变形较复杂

(10) 车身的(　　)刚性最大。
　A. 前部　　　　　B. 中部　　　　　C. 后部　　　　　D. 上部

(11) 下列哪项不是整体式车辆结构的优点?(　　)
　A. 乘客舱安全性增大　　　　　　　B. 车辆自重降低
　C. 较高的燃油效率　　　　　　　　D. 部件的碰撞损伤局部化

(12) 技师甲对承载式车辆所做的损伤分析要比传统的车架式车辆要彻底。技师乙说传统的车架式车辆需要更彻底的检查。谁正确?(　　)
　A. 技师甲　　　　　　　　　　　　B. 技师乙
　C. 技师甲和乙都对　　　　　　　　D. 技师甲和乙都不对

(13) 技师甲在修理后车身段时会检查后轮定位,技师乙说这样做不是必须的,谁正确?(　　)
　A. 技师甲　　　　　　　　　　　　B. 技师乙
　C. 技师甲和乙都对　　　　　　　　D. 技师甲和乙都不对

(14) 请选择图示中"A"部件的名称。(　　)

41

A. 车底板横梁 B. 前车底板
C. 前车底板下加强梁 D. 主车底板侧梁

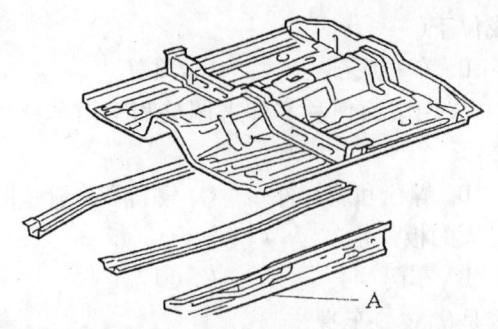

（15）请选择图示中"A"部件的名称。（ ）
A. 后车底板侧梁后段 B. 后车底板侧梁
C. 后底板 D. 后车底板加强梁

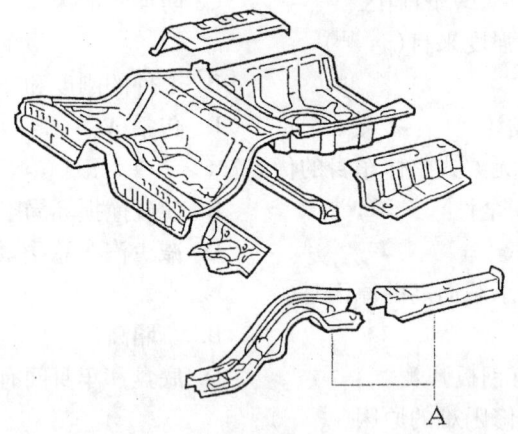

（16）如果一个外力施加在下图所示的雷门结构上，该结构将如何变形？（ ）

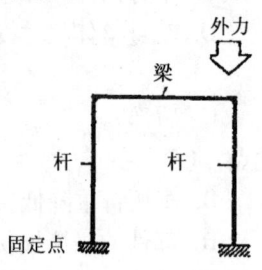

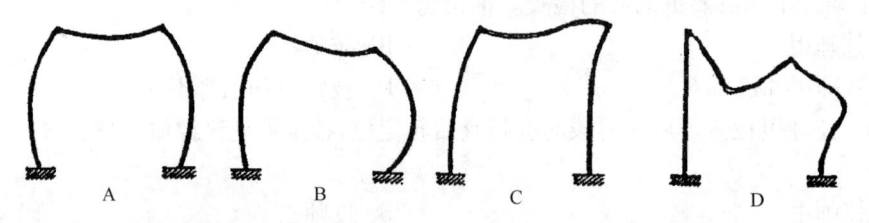

（17）后侧梁上的撞击吸收区域的作用是什么？（ ）
A. 减轻对后悬架的损伤 B. 减轻对燃油箱的损伤

C. 减轻对行李厢的损伤　　　　　　　D. 碰撞发生时,增加减速度

(18) 下列关于FF整体式车身的叙述,哪一项是错误的?（　　）

A. 车辆总质量增加

B. FF型车辆的前轴负重比FR型车辆的大

C. 当发生正面碰撞时,车辆更易受损

D. 由于没有后轮驱动的组件,所以腿部空间更大

(19) 以下哪种发动机的支撑方式最安静?（　　）

A. 直接固定式　　　B. 中间梁式　　　C. 副车架式　　　D. 横梁式

(20) 下列关于整体式车身的特征的叙述,哪一项是错误的?（　　）

A. 整体式车身很轻,但其一体式的构造使它具备足够的强度可以抗弯曲和扭曲

B. 整体式车身是由冲压成各种形状的薄钢板点焊在一起组合而成的

C. 因为广泛使用了薄钢板,所以修理车身时有必要采取措施防生锈

D. 整体式车身由不同种类的钢板组合在一起,一旦受损,在修理中不需要额外的工时

(21) 下列关于"碰撞冲击力吸收"的叙述,哪一项是错误的?（　　）

A. 车辆前部有应力集中区　　　　　　B. 车辆后部有应力集中区

C. 车辆中部有应力集中区

D. 前侧梁和后车底板侧梁的凸起,目的是使其更加坚固,以吸收碰撞冲击力

(22) 下图中"A"处表示前侧梁的褶皱区域,请在以下表述其作用的选项中选择正确的一项。（　　）

A. 改善外观　　　B. 增加抗拉强度　　　C. 保护其他零件　　　D. 吸收冲击能量

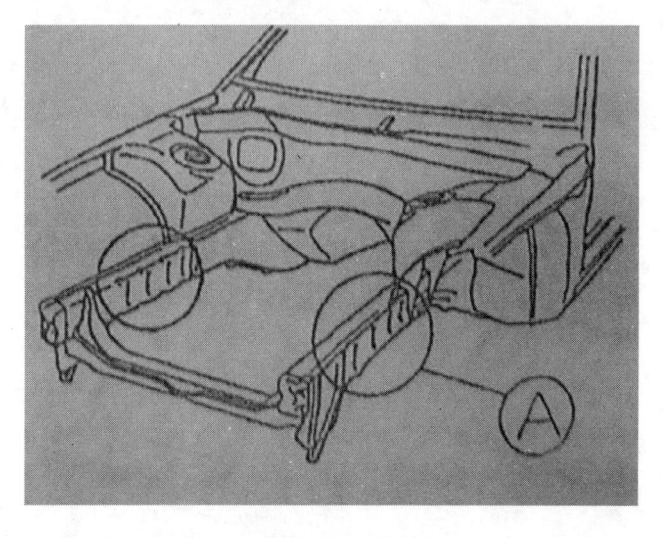

3. 判断题

(1) 整体式车身结构采用飞机的制造模式,我们称为应力薄壳结构。（　　）

(2) 现在常见的两种车身结构是车架式车身和整体式车身。（　　）

(3) 车架式车身在碰撞时,大量的能量被车架吸收。（　　）

(4) 整体式车身中,碰撞引起的振动大部分被车身壳体吸收掉。（　　）

(5) 现在轿车车身用钢板普遍采用低碳钢冷轧钢板。（　　）

（6）在以后的几年里高强度钢板、铝合金材和非金属等材料在车身中的比例将增加。
（　　）
（7）热轧钢板的表面精度比冷轧钢板高。（　　）
（8）高抗拉强度钢板必须更换，不能修理。（　　）
（9）非承载式轿车有尺寸较大的车架。（　　）
（10）承载式车身由于结构件尺寸比车架小，所以在碰撞后易产生永久性变形。
（　　）
（11）与非承载式车身相比，承载式车身乘客室噪声较大。（　　）

4. 思考题

（1）怎样判断轿车是承载式车身还是非承载式车身？如果是承载式车身一般有哪些结构件和覆盖件，分别又是如何连接的？

（2）承载式车身的防撞吸能区的作用是什么？位于车身的什么部位？其结构特点是什么？

任务2 汽车保险杠的拆装与调整

【学习目标】
1. 知道汽车保险杆的作用、类型与结构
2. 能够拆卸、安装与调整保险杠
3. 能够列出更换保险杆吸能器时应遵循的注意事项
4. 熟悉车身零件的常用安装方法
5. 能够初步掌握常用拆装工具的使用技能

一、汽车保险杠介绍

汽车保险杠的主要功能是当车辆前后端与其他物体相撞时对车身进行保护。另外，保险杠还作为车身外部装饰件，起到美化轿车外形的作用。

轿车保险杠基本上都安装于车辆的前、后侧梁上，在车辆发生碰撞事故时，碰撞点的冲击能量可以被保险杠分别传递给两侧的侧梁，从而分散了撞击力，对减少车身的变形具有一定的作用。现代轿车的保险杠结构可以分为两层，内部衬板由高强度钢制造，主要用于分散碰撞力和抵抗车身变形；外部面板由吸能效果良好的工程塑料制成，在发生碰撞时可以发生较大的变形来吸收碰撞能量，对车身起到保护作用。另外，这种变形吸收碰撞能量的设计还有利于减轻被撞人或物的伤害程度，也更容易制造得与车身线条相融合，因此得到广泛应用。

保险杠可以分为普通型和吸能型两类，普通型保险杠的结构简单、质量轻；而吸能型保险杠的安全保护性能好，且与车身造型协调性好，因此吸能型保险杠多应用于高级轿车。

（一）普通型保险杠

普通型保险杠也称为刚性保险杠，常以 2mm 厚的钢板冲压成型，外表面镀铬或喷涂进行美化，通过支撑柱安装在车身框架上。刚性保险杠的所谓刚性仅相对于吸能型保险杠而言，因为碰撞时保险杠要首先变形来吸收碰撞能量，所以杠身并不能被制造得十分坚固。很多刚性保险杠出于安全性考虑，在钢制支架外侧还设计有合成树脂材料制成的保险杠面罩，如图2-1所示。

（二）吸能型保险杠

吸能型保险杠的设计结构在发生碰撞时吸收碰撞能量的能力比较强一些，可以有效地降低碰撞时车身的变形量。吸能型保险杠按照其吸收能量的方式，分为以下几种类型。

1. 橡胶吸能型保险杠

这种吸能型保险杠结构最简单，如图2-2(a)所示，它与普通保险杠的不同之处在于钢支架与面罩之间夹有多孔橡胶块，三者之间的连接及断面如图2-2(b)所示。汽车碰撞时，多孔橡胶块起缓冲、吸收冲击能量的作用。

图2-1 普通保险杠

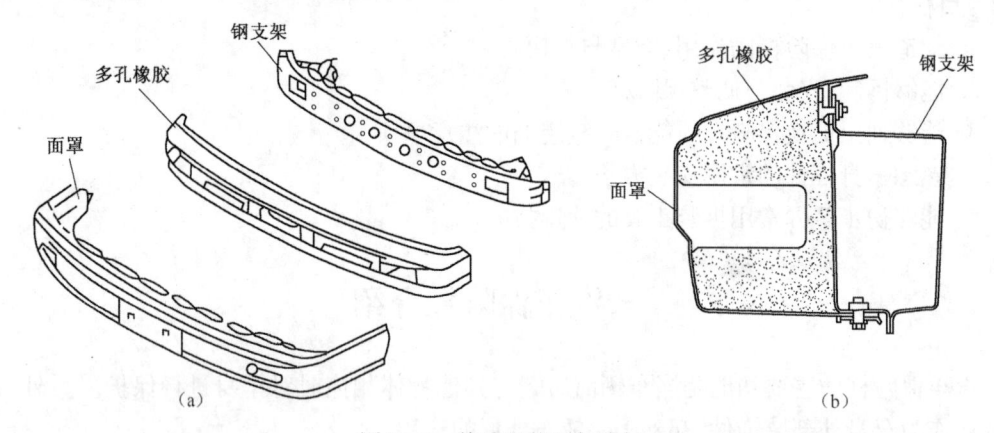

图2-2 橡胶吸能型保险杠
(a)橡胶吸能型保险杠的整体结构；(b)钢支架、面罩与多孔橡胶块之间的断面图。

2. 吸能单元保险杠

这种吸能型保险杠的特点是在保险杠挡杆的后端装有吸能装置(吸能单元)吸收碰撞时的动能。现代轿车采用的压溃箱形式的吸能单元如图2-3所示。

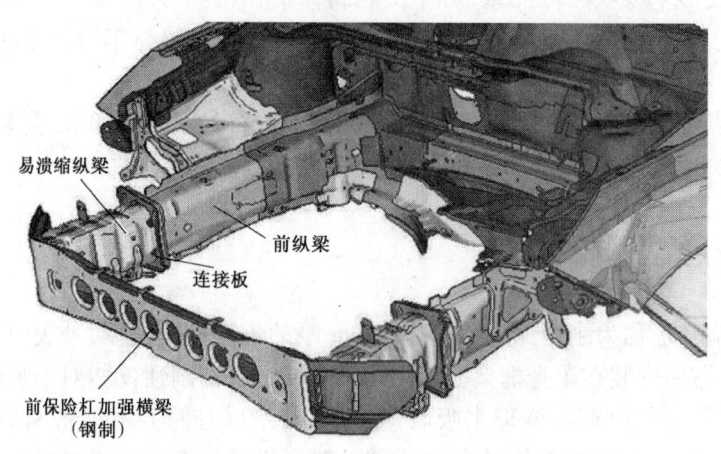

图2-3 现代轿车保险杠的吸能装置采用压溃箱的形式

二、车身零件的拆装基础

(一) 车身零件的安装方法

1. 螺栓螺母安装

常用螺栓如图2-4所示,在车身中螺栓螺母安装主要用于受重力作用和作用力影响的部位,螺栓直径、强度和紧固扭矩值取决于零件的重量和承受作用力的大小。

在车身中用螺栓安装的外部零件如图2-5所示,发动机罩、前翼子板、前后门和行李箱盖是外部零件,而且受损率较高。

图2-4 螺栓、螺钉

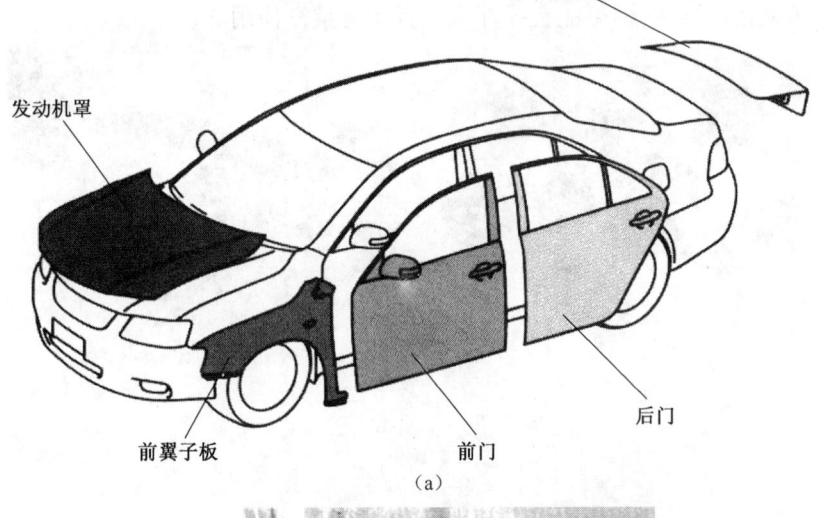

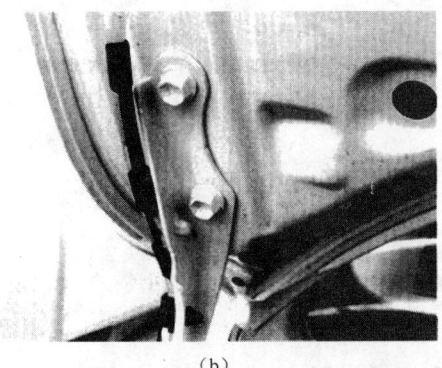

(a)

(b)

图2-5 车身中用螺栓安装的外部零件
(a)车身中用螺栓安装的外部零件的位置;(b)发动机罩安装螺栓。

2. 螺钉安装

常用螺钉如图 2-6 所示,主要用于连接车身中不会受到较大作用力的部位,如内部/外部树脂零件和开关等。

注意: 自攻螺钉尖锐锋利,因此使用错误的自攻螺钉可能会损坏材料或线束。

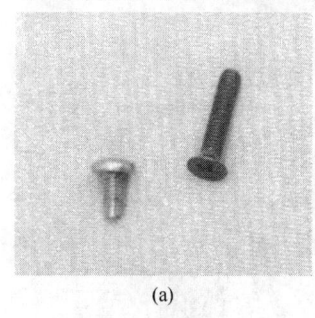

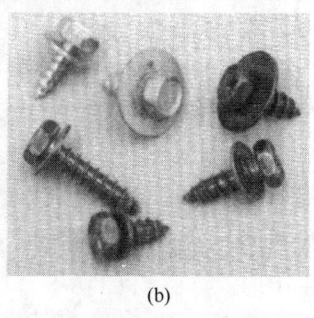

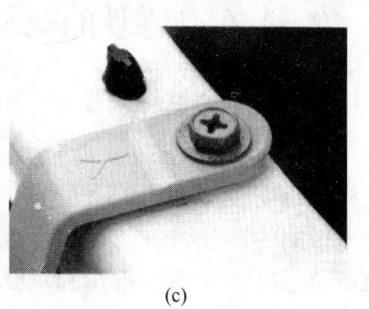

图 2-6 螺钉

(a)螺钉;(b)、(c)自攻螺钉。

3. 卡子安装

卡子如图 2-7 所示,用于不受作用力且注重外观的部位。卡子类型多样,拆卸和安装方法各异。卡子的常用拆装工具如图 2-8 所示。

注意: 如果强行拆下,则可能会损坏卡子且不能重复使用。

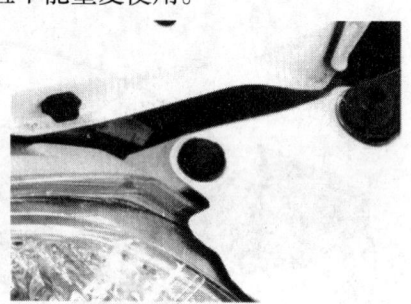

图 2-7 卡子

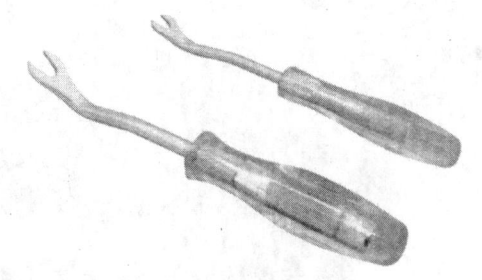

图 2-8 卡子专用拆装工具

(二)常用拆装工具

常用手动工具是汽车机械技师和车身技师都要用到的通用工具,其中包括扳手、旋具、钳子以及其他的工具。手动工具可用于拆卸零件、翼子板、车门和部分总成。

任务 2　汽车保险杠的拆装与调整

手动工具是人们身体的一种延续，它们能帮助人完成单纯用双手无法完成的任务。如果知道如何为工作选择正确的工具，就能在更短的时间内更高质量地完成工作。丰富的手动工具知识是一名技师经验丰富的标志。没有正确的工具，即使是最好的车身技师也不能做到优质的车身修理。

在购买工具时，要选择有声望的制造商生产的高质量工具。保证更长的使用寿命和最少的故障。绝不要购买廉价的劣质工具。廉价工具会降低工作的效率，因为它们太沉、太笨拙，而且更易断裂。一分钱一分货，好的工具能辅助技师在短时间内收回成本。

1. 扳手

对汽车车身技师而言，一套完整的各种类型扳手是必不可少的。各种各样的车身零部件、附件以及修理厂设备，都使用普通的螺栓螺母。紧固件既可能是英制件，还可能是公制件。一名装备良好的汽车车身技师应同时具有公制和英制的不同大小和样式的扳手，如图2-9所示。

扳手的字意是"扭转"，是用以扭转或握持螺栓头部和螺母的工具。

钳口的宽度决定了扳手尺寸，如图2-10所示，扳手的尺寸是所紧固的螺母或螺栓的尺寸，即钳口的尺寸。

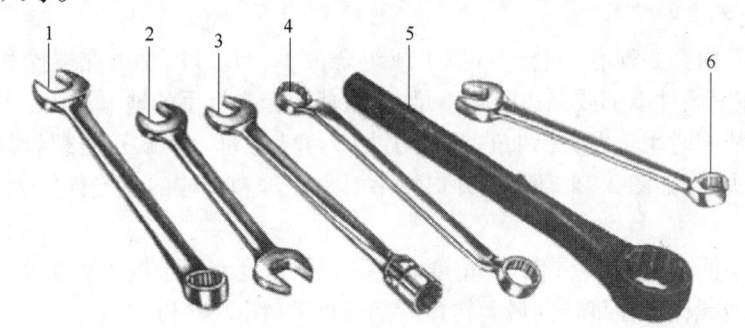

图 2-9　各种类型的扳手
1—组合式；2—开口式；3—挠性头式；4—套头式；5—重型套头式；6—联管节螺母扳手。

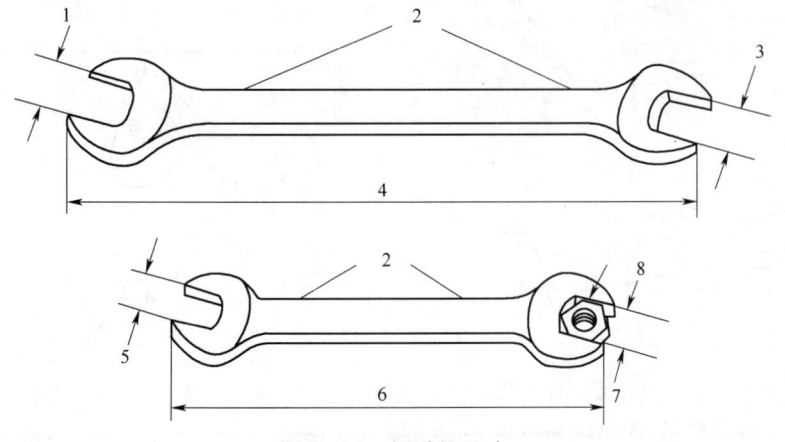

图 2-10　扳手的尺寸
1—11/6 in[①] 开口；2—扳手尺寸；3—5/8 in 开口；4—7 in 长度；5—12mm 开口；6—5 in 长度；7—14mm 螺母；8—14mm 开口。

---

① 1in＝25.4mm。

扳手的尺寸越大,臂的长度也越长。加大的长度使使用者能够以更大的杠杆力来旋转大尺寸的螺母或螺栓。

另外,公制和英制尺寸的扳手是不能互换的,用正确尺寸的扳手可避免磨圆螺母边角,如图2-11所示。

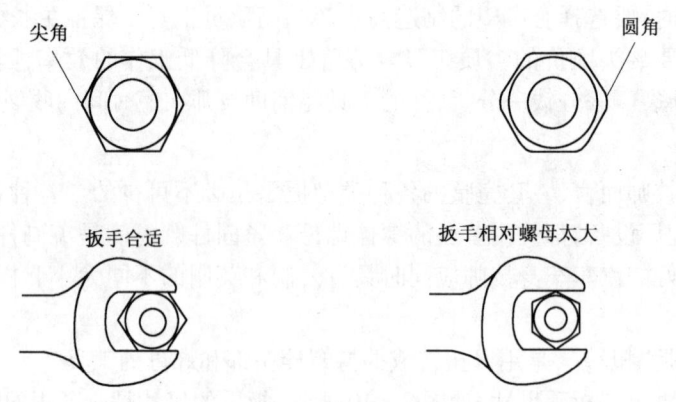

图2-11 用正确尺寸的扳手可避免磨圆螺母边角

1) 开口扳手

每个工具箱内都必须有一套开口扳手或组合扳手。开口扳手可在螺栓和螺母旁边滑入和滑出,能在紧固件上部或一边间隙不足、无法使用套头扳手的地方使用。

开口扳手能同时用于方头(四角)或六方头(六角)螺母。其缺点是螺母只有两个侧面被扳手的钳口夹紧,如图2-12所示,开口扳手滑离螺母和螺栓的可能性较大,经常磨圆螺母和伤到手。

在开口扳手两端常成15°~80°的角度。这一偏斜角度有利于扳手转动处于凹处或狭小空间内的螺母或螺栓。在每转到最大转角后翻转扳手(图2-13)。

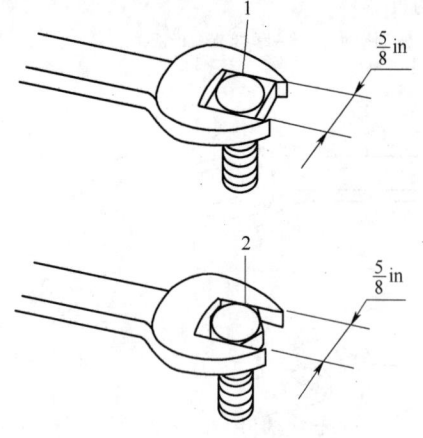

图2-12 开口扳头只夹紧紧固件的两个面
1—方头螺栓;2—六方头螺栓。

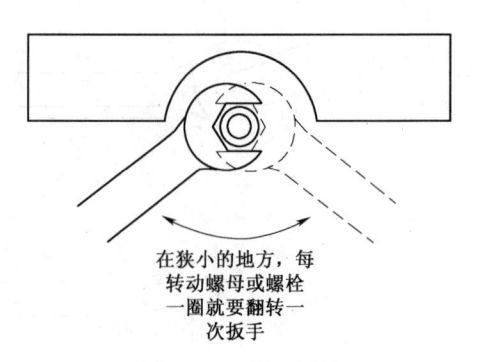

图2-13 斜口扳手

2) 套头扳手

如图2-14所示,展示了各种尺寸的、多方的和偏置的套头扳手。套头扳手的端部是封闭的,而不是开口的,以便能够更好地施力。扳手的钳口将螺母或螺栓环绕起来,接触紧固件的每个面(图 2-15)。

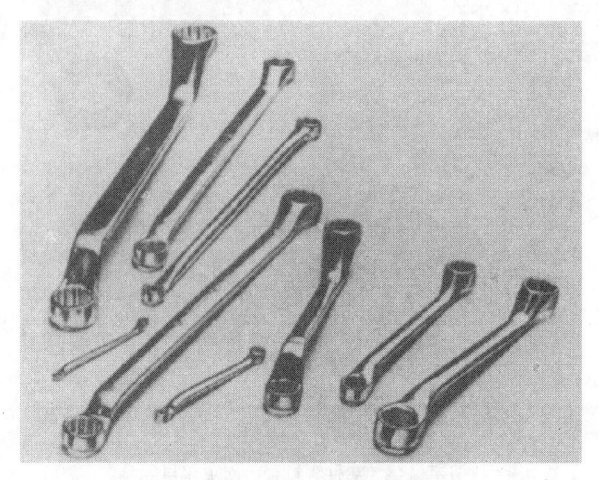

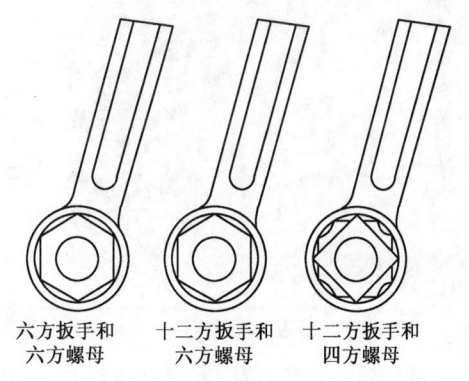

图 2-14 套头扳手

图 2-15 六方和十二方扳手环绕螺母

六方扳手和六方螺母　十二方扳手和六方螺母　十二方扳手和四方螺母

套头扳手使用最安全,可以施加更大的力而不会打滑或将螺栓或螺母头磨圆。许多套头扳手的手柄是偏置的,给出手的握持空间。套头扳手两端的尺寸通常是不同的。

套头扳手也有其局限性。它必须使钳口有能环绕并套上螺母或螺栓头的足够空隙。套头扳手也必须能在每一次拉动后,离开螺母或螺栓头,转到新的位置。

套头扳手是六方、八方或十二方的(图 2-15)。六方扳手效力最大,它与六角螺母完全贴合,将力全部施加在六个边和面上。十二方扳手也夹着六个面,但不能压住六角螺母的整个表面,这样就有较大的打滑可能。十二方扳手的优点是扳手能在十二个不同位置上抓牢螺母。在有限的空间内,多出的结合面扩大了扳手的转动范围。八方套头扳手很少使用,因为它只能与方头螺母相配。

套头扳手的手柄常偏置 10°~60°(图 2-16),这使得它易于接触到凹陷处的紧固件。

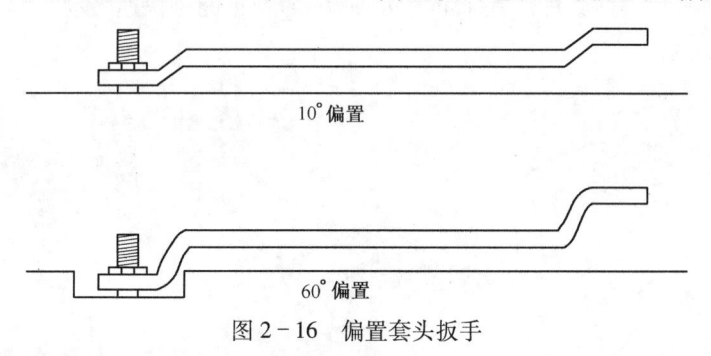

图 2-16 偏置套头扳手

3) 组合扳手

组合扳手一端为开口钳口,另一端为套头钳口,两头的尺寸相同(图 2-17)。每一个车身修理技师应有两套扳手,一套用于紧固,一套用于转动。组合扳手是第二套扳手的最优选择,它既可以与开口扳手又可以与套头扳手配套使用。组合扳手有六、八或十二方套头,带或不带偏置的开口钳口和手柄。

4) 活动扳手

活动扳手有一固定钳口和一个可动钳口(图 2-18)。扳手开口靠旋转与下部钳口的齿相啮合的调整螺钉进行调整。钳口间开口可从完全闭合到最大张开宽度。车身修理工具箱中应有一套活动扳手。

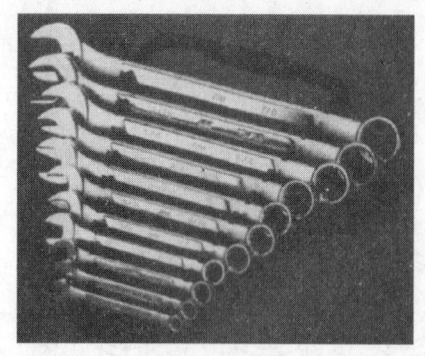

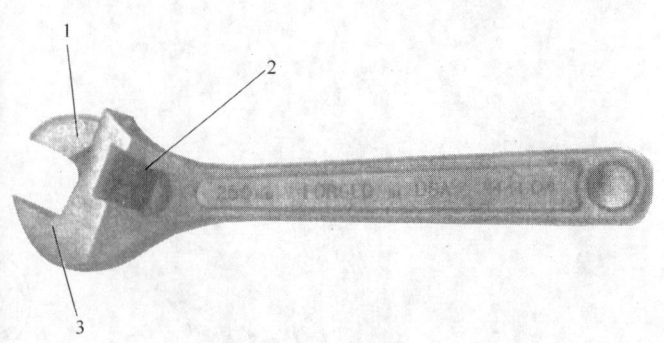

图 2-17 组合扳手

图 2-18 活动扳手
1—活动钳口；2—蜗杆螺钉；3—固定钳口。

除了能配合不同尺寸的螺母和螺栓头的优点外，活动扳手还有与开口扳手相同的优点和缺点。它可能会在用力绕螺母或螺栓头时打滑。它仅在两个面上施力，而且它比套头扳手更易滑脱。

随着使用磨损的日益增大，活动扳手的夹持力会降低。钳口会随着力的施加而渐渐松开，并从螺母或螺栓上滑脱。所以，当能使用合适的套头或开口扳手时，就不应使用活动扳手。当必须使用时，用它起固定作用而不是转动。将蜗杆螺钉拧紧，并握紧扳手，拉动手柄，让力施加在固定钳口上(图 2-19)。

5）内六角扳手

内六角扳手是一种六边形扳手。用来拆装带轮、齿轮、后视镜和手柄上的紧固螺钉。每个工具箱中都应有一套内六角扳手(图 2-20)。内六角套筒也用于拆卸大的紧固螺钉(图 2-21)。内六角套筒套件用起来非常方便，因为棘轮能够快速转动工具。

按图示方向用力

扳动活动扳手，让力作用在固定钳口上

图 2-19 活动扳手的使用

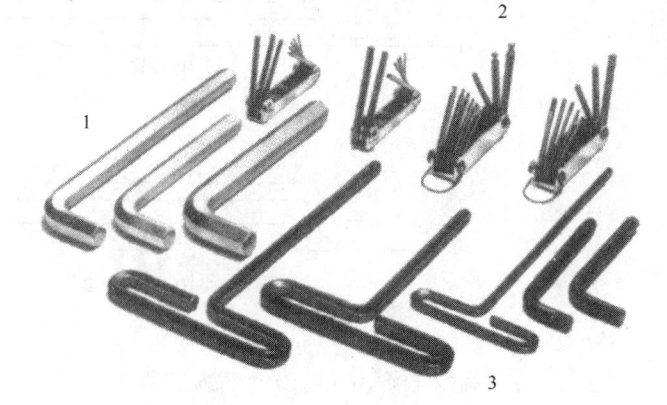

图 2-20 成套内六角扳手
1—L形内六角扳手；2—折合扳手套件；3—下形内六角扳手。

6）内梅花头紧固件

内梅花头紧固件是一种六角紧固件，它更易于抓牢和转动而不打滑，又称为星形紧固件。

在许多汽车上,内梅花头紧固件用在行李架、前照灯和尾灯总成、后视镜固定件、门锁撞板、座椅安全带和外部装饰件上。常用内梅花头扳手或旋具如图 2-22 所示。

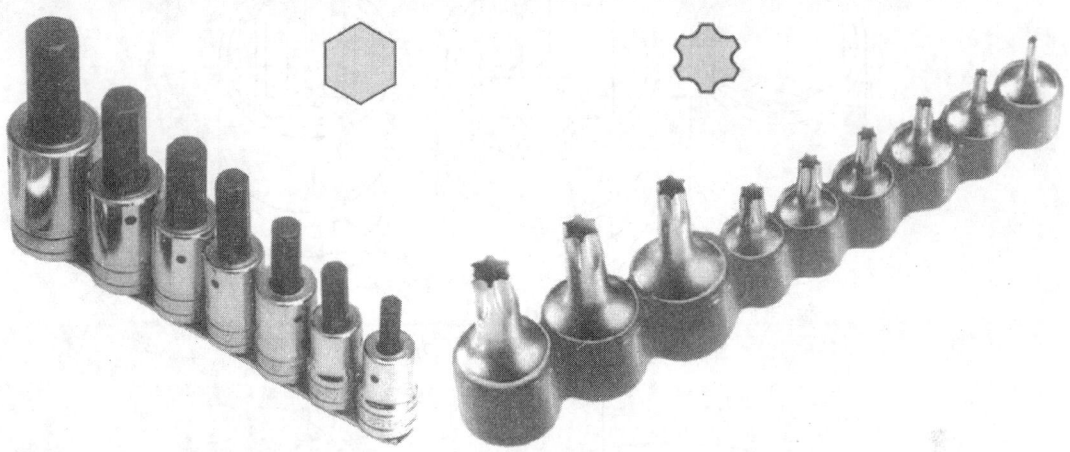

图 2-21　内六角套筒套件及其头部形状　　　图 2-22　内梅花头套筒头部的形状

7) 套筒扳手

在许多情况下使用套筒扳手比开口或套头扳手更快、更简易,而且有些操作一定要用它。车身修理技师应有几套套筒扳手。

长套筒较长,用于完全套在双头螺柱上。旋转套筒在驱动端和套筒本体间有一个万向节。冲击套筒更厚且壳体加硬,以适用于气动冲击扳手。冲击套筒通常是黑色的。传统套筒和非冲击套筒通常是镀铬的。

基本的套筒扳手套件包括一个手柄和一些圆筒形套筒。套筒用在给定尺寸的螺母或扳手上(图 2-23)。套筒内部的形状类似套头扳手。套筒分为六方、八方、十二方(图 2-24)。

套筒的一端是封闭的,在封闭端有一方孔,可容纳套筒手柄上的方形驱动块,如图 2-25 所示。套筒驱动尺寸与手柄驱动块上方孔的边长相同,确保它有足够的强度,在承受过大的力矩时不会断裂。

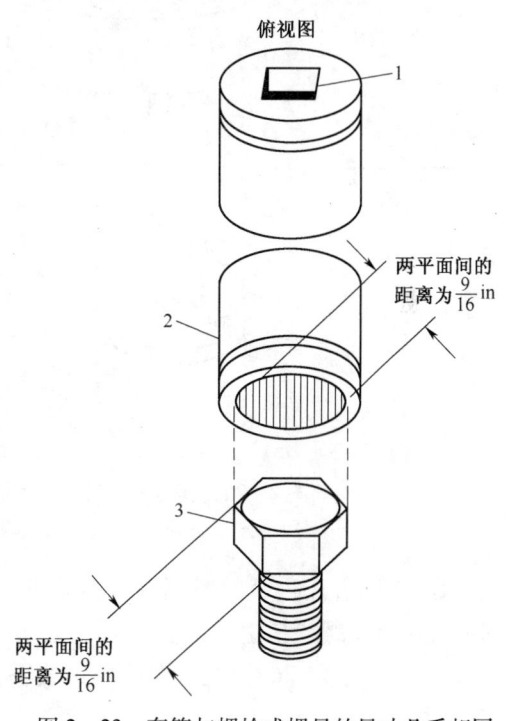

图 2-23　套筒与螺栓或螺母的尺寸几乎相同
1—1/2in 方形驱动孔;2—9/16in 套筒;
3—9/16in 六角头螺栓。

套筒扳手附件扩大了套筒扳手的用途。常见几种附件有棘轮手柄、旋转器、棘轮转接器、中继杆、滑动式 T 形手柄、快速手柄、驱动转接器、延长杆。

手柄有几种不同的形式。一种是中继杆式或动力杆式(图 2-26④)。以 90°握持时,其

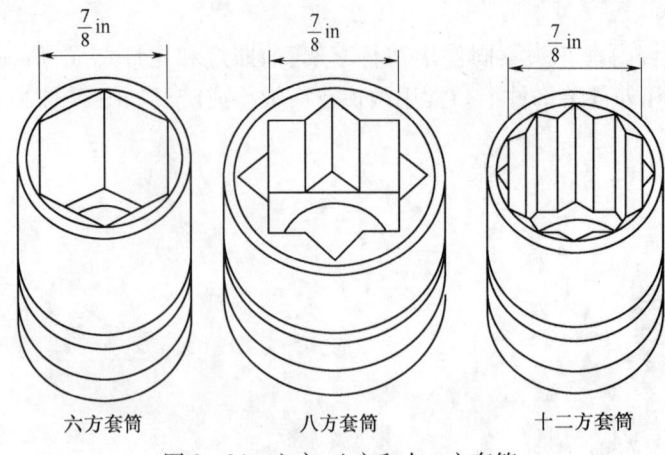

图 2-24　六方、八方和十二方套筒

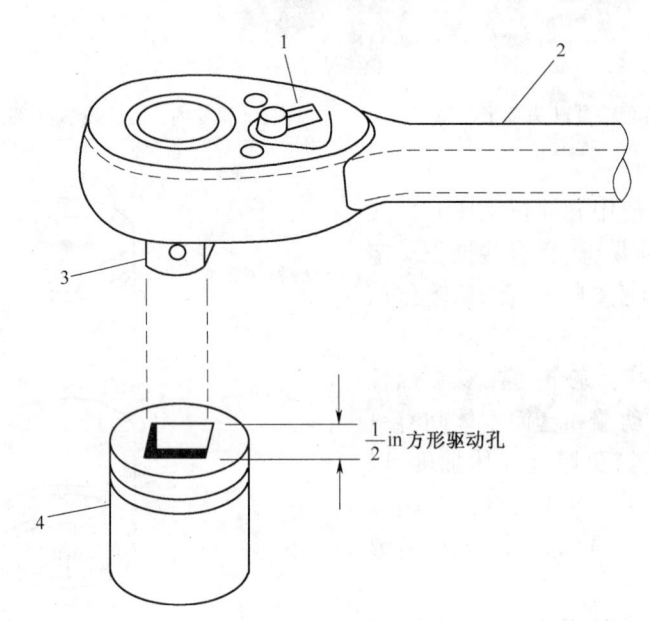

图 2-25　套筒驱动尺寸与手柄驱动块上方孔的边长相同
1—棘轮换向杆；2—手柄；3—1/2in 方形驱动块；4—5/8in 套筒，1/2in 驱动孔。

特长手柄可提供松开过紧的紧固件所需要的力矩。螺栓松开后，将手柄转回与套筒成一线，用手将螺母或螺栓快速拆下。

快速手柄(图2-26⑥)是一个曲柄钻式手柄，它可以快速拧出螺母或螺栓。手柄转动需要有足够空间。

棘轮手柄(图2-27)可能是最常用到的手柄。不需要将套筒从紧固件上取下，就可用棘轮手柄一次完成拆卸或上紧。一个换向杆使棘轮机构在一个方向打滑，在另一个方向转动套筒。旋转方向可用拨动换向杆位置来改变。

有些棘轮手柄配有快速松开的按钮，用以松开装在手柄上的套筒。棘轮手柄不仅配有挠性头而且也配有偏置的或弯曲的手柄，帮助进入受阻碍区域内。

滑动式T形手柄(图2-28)是另一种手柄，用于空间有限的部位。T形手柄与长的延

任务 2　汽车保险杠的拆装与调整

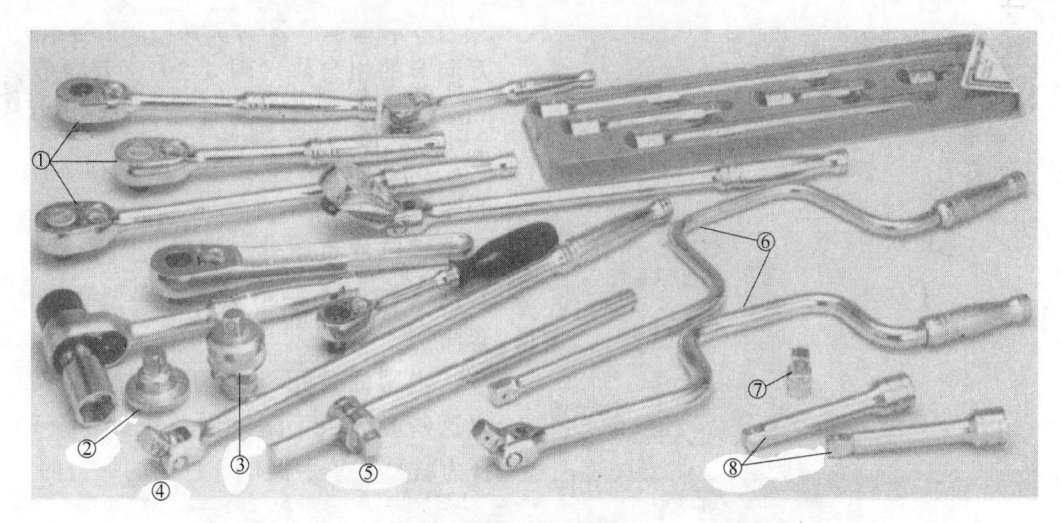

图 2-26　套筒扳手附件
①—棘轮扳手；②—旋转器；③—棘轮转接器；④—中继杆；⑤—滑动式 T 形手柄；
⑥—快速手柄；⑦—驱动转接器；⑧—延长杆。

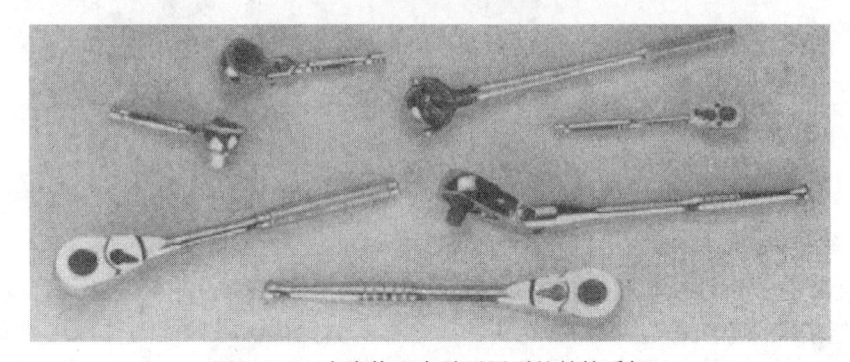

图 2-27　车身修理中需要用到的棘轮手柄

长杆相似,只是其上端孔中插有滑杆,滑杆可以位于中间位置,供双手抓握。推拉力量帮助松开过紧的紧固件,同时减少了滑动的可能性。滑杆也可以滑到一侧,作为中继杆使用。

大多数的套筒扳手套件也包含有延长杆和万向节。延长杆可以到达无延长杆进不去的位置。万向节(图 2-29)能使手柄在与紧固件成一定角度的情况下工作。用万向节转接器可使套筒扳手绕过障碍物到达紧固件。

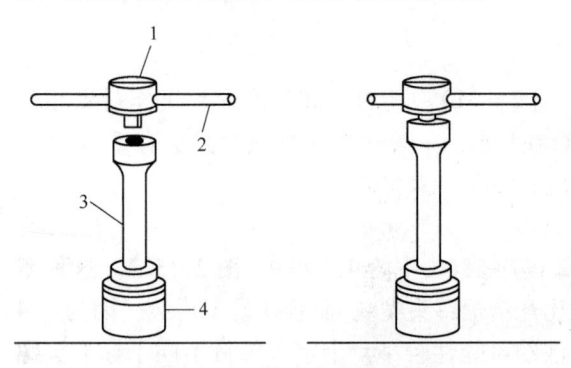

图 2-28　滑动式 T 形手柄
1—T 形手柄；2—滑杆；3—延长杆；4—套筒。

图 2-29　万向节

55

典型的螺钉旋具附件组如图2-30所示,包含三个专用套筒。螺钉旋具附件也可配合于套筒扳手使用。

当紧固件用常规的螺钉旋具不能松开时,用这些套筒扳手附件则能非常容易的做到。这种杠杆力就是棘轮手柄松开过紧的螺钉的力量。

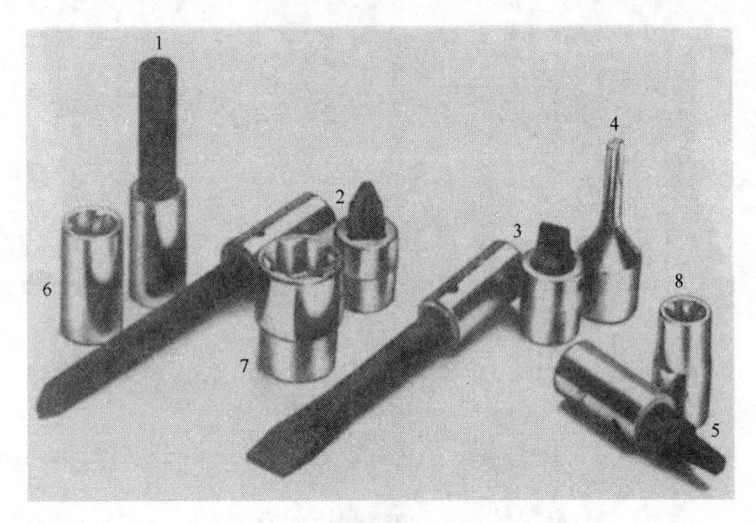

图2-30 典型的螺钉旋具附件组
1—内六角旋具;2—十字头旋具;3——字头旋具;4—离合器式旋具;5—内梅花头旋具;
6—三翼套筒;7—双方套筒;8—内梅花头套筒。

2. 螺钉旋具

汽车上的许多种螺纹紧固件是用螺钉旋具转动的。有些紧固件很常见,如自攻钣金件螺钉。其他紧固件不太普遍,如内梅花头和离合器式紧固件。每种紧固件都需要专用的旋具。装备精良的技师应备有每类旋具中几种尺寸的旋具。

所有的螺钉旋具,不管用于哪种紧固件,有几点是共通的。螺钉旋具的尺寸由柄杆或刀口的长度来决定。手柄的尺寸也是重要的。手柄直径越大,握持得越好,在转动时产生的力矩就越大。

注意:不能把旋具用做錾子、冲孔器或撬杆。旋具的设计不能承受弯曲力。滥用旋具,端头将会被磨损、变圆,易于从紧固件中滑出,它的效用将被削弱,而且有缺陷的工具将是危险的工具。

1) 标准头旋具(一字起)

头部为一字槽的螺钉配用标准头旋具(图2-31)。其刀口和长度应与工作对象相匹配。刀口宽度和厚度应与螺钉头部完全贴合在一起。一套好的标准头旋具应有5~7个旋具,从小号旋具到大号旋具,应配有多种尺寸。

2) 十字头旋具

十字头旋具的刀口有4个尖齿能插入到十字螺钉头中的4个槽中(图2-32)。这种型式的紧固件在汽车上是经常使用的,它不仅比开槽螺钉头美观,而且还易于拆装。因为有4个表面包围旋具的顶端,所以旋具滑出紧固件的可能性较小。十字头螺钉不同于标准头螺钉,它可用自动工具拧紧,这就是十字头螺钉在当代汽车中普遍应用的首要原因。

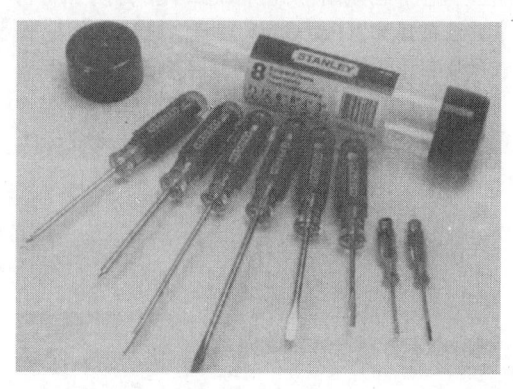

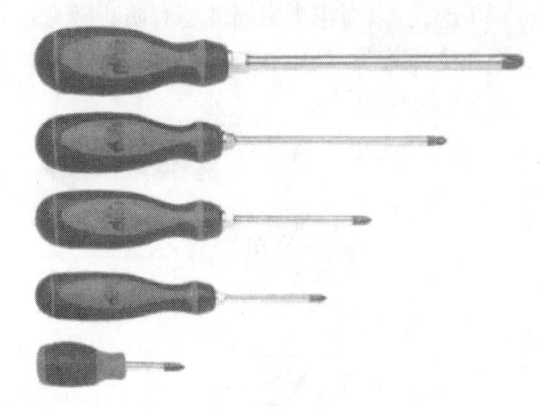

图2-31 工具箱中应配备多种尺寸的标准头旋具

图2-32 一套好的十字头旋具

十字头旋具有一个缺点:刀头的尖齿容易变圆。与标准头旋具不同,磨损后的十字头无法再磨尖,也就是必须报废换新的。

3) 专用旋具

许多专用紧固件已经取代了一字或十字头螺钉。这些新品种紧固件改进了从旋具到紧固件的力矩传递,减少打滑,减少工作失误,有些还有防止随意拆卸的功能。图2-33中展示了一套专用旋具头和配套驱动手柄。这些旋具刀头的大多数在汽车修理中是很有用的。例如磁性旋具和刀头组件能在工作中很方便地保持住小螺钉。三种常用的专用旋具是离合器式旋具、波兹德弗旋具及内梅花头旋具。

(1) 离合器式旋具。这种旋具有两种形式:老式G型和新式的A型。G型离合器式旋具顶端(图2-34)有一沙漏形轮廓,它与螺钉顶端相同形状的凹槽相配合。通用汽车公司的汽车经常使用这种形式的紧固件,以形成较大的正啮合和较小滑动。

图2-33 专用旋具头和配套驱动手柄

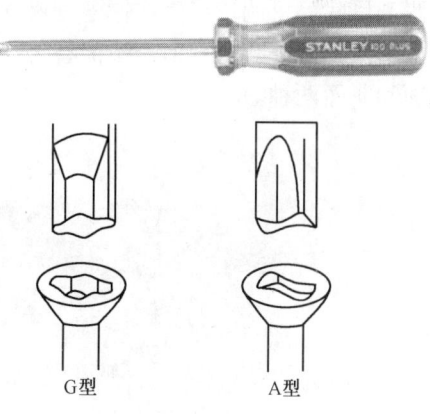

图2-34 离合器式旋具

(2) 波兹德弗旋具。这种旋具与十字头旋具相似,但其顶端较扁平且钝(图2-35),其方顶端夹住螺钉头,滑动可能性小于普通十字头旋具。这种旋具因打滑较小,所以刀头磨损较小,旋具寿命较长。

(3) 内梅花头旋具。内梅花头紧固件的应用正日益普及。它应用于很多行业,其中就包括汽车行业。许多美国制造的汽车使用星形的内梅花头紧固件固定前照灯总成、后视镜和行李架。内梅花头旋具有一个强有力的顶端,六齿的顶端不仅能提供较大的旋转力而且可减少滑动,内梅花头紧固件还有防止随意拆卸的功能。内梅花头紧固件的普及使当今车身修理技师需要有一套内梅花头旋具(图2-36)。

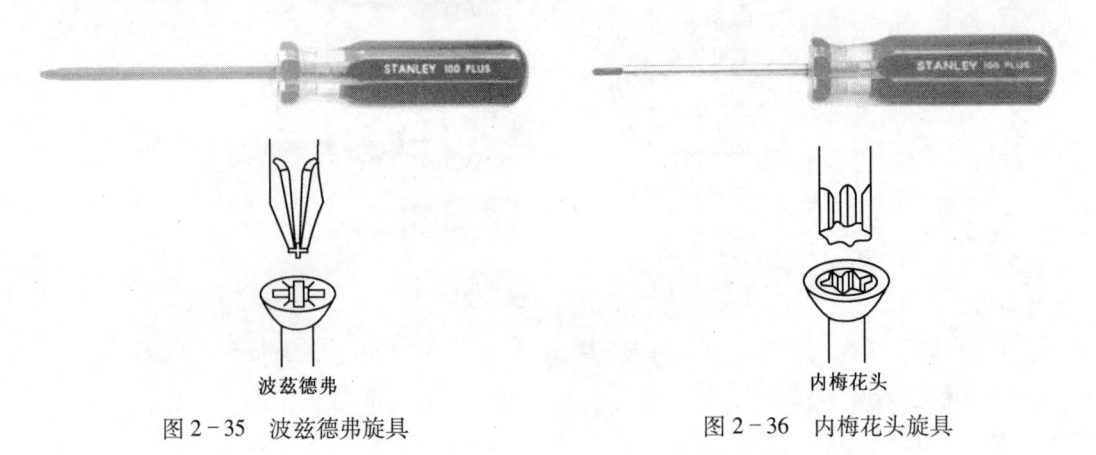

图2-35 波兹德弗旋具

图2-36 内梅花头旋具

3. 钳子

钳子是一种在对金属丝、卡子和销子进行操作时能够完全握持工件的工具。车身修理技师必须拥有几种类型的钳子,包括用于普通零件和钢丝的标准钳,用于小零件的尖嘴钳和用于重型工件(包括弯曲钣金件)的大型可调钳子。

(1) 组合钳(鱼嘴钳)。组合钳(图2-37)是最常见的钳子。其钳口既有平的也有弯曲的表面,用于握持平或圆的工件。组合钳也称为滑动支点钳,有两个张开的钳口,一个钳口可以通过装在另一个钳口上的销钉上移或下移,来改变开口的大小。滑动支点组合钳在工作中常用于夹紧固定住零件。

(2) 可调钳。可调钳通常称为管锁(图2-38),有一个多位滑动支点,即允许有多种钳口张开尺寸。可调钳用于抓握各种尺寸的工件。这种钳手柄较长,能提供充分的转动杠杆力,具有强大的夹持力,但是不能替代扳手,这会损伤螺母和螺栓的头部。可调钳的钳口有平面和曲面两种。

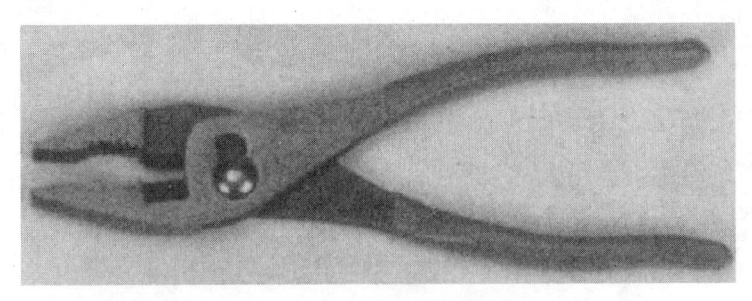

图2-37 滑动支点组合钳

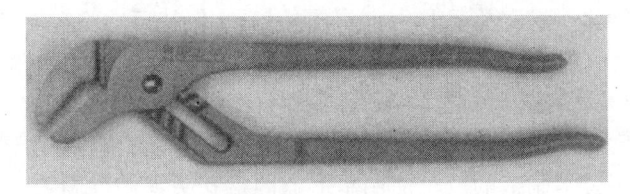

图2-38 可调钳

（3）尖嘴钳。每位汽车车身修理技师应至少有一把 6in 或 8in 的尖嘴钳。尖嘴钳有个长的锥形钳口（图 2-39），它是夹持小零件或是伸入到狭窄空间的必不可少的工具。许多尖嘴钳还能作切线器和导线剥皮器用。另外，用它进行电气作业非常方便。尖嘴钳的钳口有的制成 90°弯角，能在障碍物后边或周围进行操作。

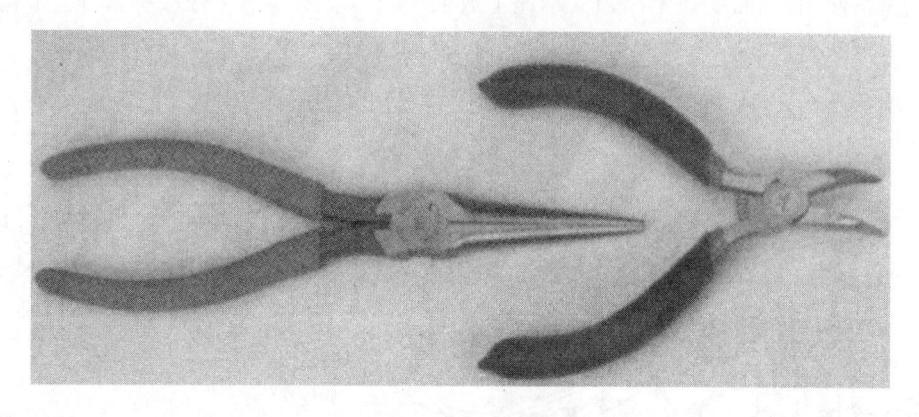

图 2-39 尖嘴钳

三、设备、工具和材料准备

（1）带保险杠的承载式轿车车身 2 辆。
（2）移动式千斤顶。
（3）各种扳手。
（4）对应车型的车身修理手册。
（5）安全防护用品：工作帽、工作服、安全鞋、棉手套、护耳器。

四、汽车保险杠拆装的技术要求

（1）调整好保险杠的位置度，使其到翼子板和前格栅的距离相等，顶部间隙必须平齐。
（2）所有螺栓按规定扭矩拧紧。

五、汽车保险杠拆装调整步骤

如果不确定保险杠的固定方式和零部件拆卸的顺序，请参考具体厂商和车型的维修信息。常见保险杠的基本拆装步骤如下：

1. 前保险杠的拆卸

（1）将汽车置于平坦的地面上并制动。
（2）撑起发动机罩。
（3）拔掉前部所有灯的线束。
（4）有些保险杠拆除前，必须先拆卸下前照灯清洗器软管等部件。图 2-40 为某汽车前保险杠的装配连接图。

(5) 按照装配连接图拆卸前保险杠上、下边固定螺栓;有些车保险杠重量很大,拆卸最后一个固定螺栓前,都需要将保险杠支撑在移动式千斤顶上。

(6) 当拆下最后的紧固件时,应找个助手将保险杠固定在千斤顶上。如果保险杠要被修理或重新使用,则需要在千斤顶支承座上放上一块木块或厚泡沫橡胶垫,以防损坏漆面。

(7) 最后将保险杠和千斤顶从汽车车身上移开。

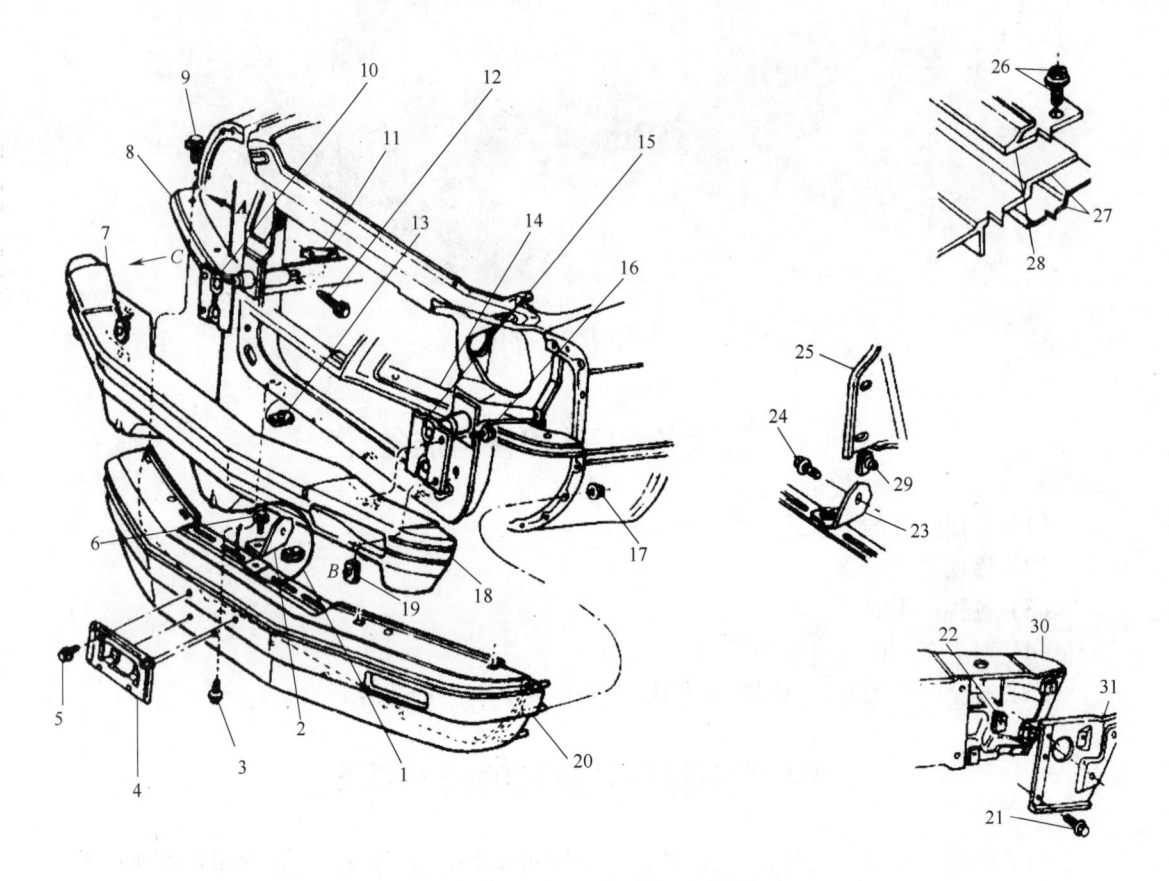

图 2-40 典型汽车前保险杠的连接方法

1、7、13、17、19、22、29—螺母;2—保险杠盖支架;3—螺钉;4—牌照;5—铆钉;6、12、16、21、24—螺栓;8、14、28—格栅板口;9、26—螺钉与垫圈组件;10、15—隔离器和托架组件;11—J型螺母;18、30—保险杠组件;20—保险杠面罩组件;23—保险杠盖支撑;25—发动机罩锁支架;27—前盖组件;31—保险杠端拉条。

2. 前保险杠的安装

前保险杠的安装顺序,与拆卸顺序大致相反。只是用螺栓将保险杠固定后,必须对其进行调整。使其到翼子板和前格栅的距离相等,顶部间隙应均匀一致。如图 2-41 所示,列出了几类车型特定间隙的测量点,可供选择测量部位时参考。不符合技术要求时应调整装配螺栓,装配托架允许保险杠作上、下、左、右及进、出量的调整。必要时也可在保险杠和装配托架之间加设垫片,以调整保险杠的位置度,最后将所有螺栓按规定扭矩拧紧。

后保险杠的拆装与调整与前保险杠类似,此处不再赘述。

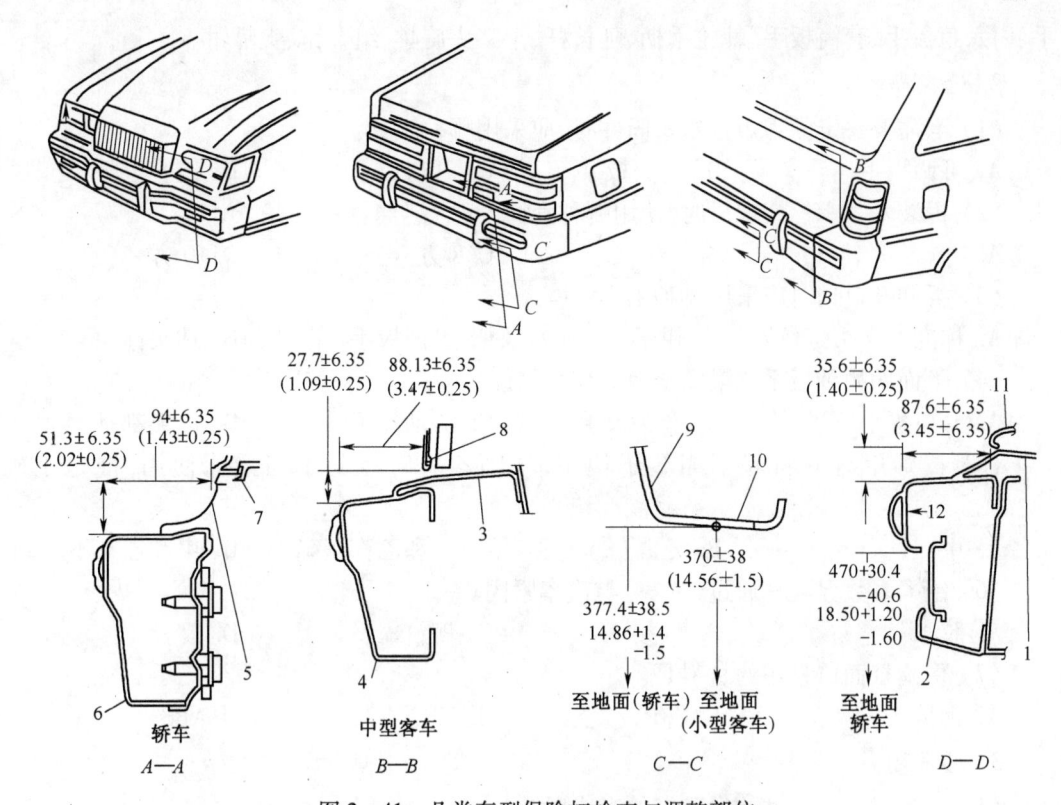

图 2-41 几类车型保险杠检查与调整部位

1—前保险杠挡板；2—防雾灯；3、5—后保险杠挡板；4、6、9—后保险杠；7—后灯透镜；8—后灯透镜升降门；10—U 型拉槽；11—装饰条；12—前保险杠。

六、技能考核表

汽车保险杠拆装技能考核表如表 2-1 所列。

表 2-1 汽车保险杠拆装技能考核表

序号	考核内容	配分	评分标准	考核记录	扣分	得分
1	描述所拆装保险杠的类型和特点	20	类型不正确扣 10 分；特点描述错误一次扣 5 分			
2	拆装汽车的前后保险杠	80	拆装使用工具不当每次扣 5 分；拆装不规范每次扣 5 分；安装不到位，每个扣 10 分			
	教师签字				年 月 日	

课后复习题

1. 名词术语解释

普通型保险杠、吸能保险杠、单元吸能保险杠、开口扳手、套头扳手、组合扳手、活动扳手、内六角扳手、套筒扳手、棘轮手柄、延长杆、十字头旋具、组合钳、尖嘴钳。

2. 选择题

(1) 当需要一定的力矩拧松紧固件时,应采用哪种工具?(　　)

　A. 可调扳手　　　　B. 套头扳手　　　C. 开口扳手　　　D. 组合扳手

(2) 拆装六角螺栓或螺母时,使用哪种套筒?(　　)

　A. 4方　　　　　　B. 6方　　　　　　C. 8方　　　　　　D. 10方

(3) 拆卸开口销时应采用哪种工具?(　　)

　A. 标准一字头螺丝刀　B. 钳子　　　　　C. 可调扳手　　　D. 球头锤

(4) 下面的哪种扳手能最安全地抓住紧固件?(　　)

　A. 开口扳手　　　　B. 套头扳手　　　C. 活动扳手　　　D. 以上都是

(5) 技师甲有时将起子当錾子使用,技师乙有时将起子当撬棒使用,谁是正确的?(　　)

　A. 甲　　　　　　　B. 乙　　　　　　C. 甲和乙都正确　D. 甲和乙都不正确

(6) 绝大多数保险杠通过(　　)与汽车紧固。

　A. 胶水　　　　　　B. 焊接　　　　　C. 铆钉　　　　　D. 螺栓

(7) 保险杠面罩常用的材料是(　　)。

　A. 钢板　　　　　　B. FRP　　　　　　C. PP　　　　　　D. ABS

3. 思考题

(1) 请描述一个典型的保险杠的组成以及各部件的作用。

(2) 发生碰撞时,不同类型的保险杠是怎样吸收碰撞能量的?

任务 3 发动机罩、前翼子板、行李箱盖的拆装与调整

【学习目标】

1. 能够拆卸、安装发动机罩
2. 能够进行发动机罩与铰链、发动机罩高度以及发动机罩锁扣的调整
3. 能够拆卸、安装与调整前翼子板
4. 能够拆卸、安装与调整行李箱盖

一、设备、工具和材料准备

(1) 两厢式和三厢式承载式轿车车身各一辆。
(2) 常用拆装工具。
(3) 对应车型的车身修理手册。
(4) 安全防护用品：工作帽、工作服、安全鞋、棉手套、护耳器。

二、车身覆盖件调整的技术要求

车身装上外部板件后，要确保部件之间的间隙均匀。如图 3-1 所示，所有板件周围的间隙必须符合规范，所有板件的表面应彼此平齐。

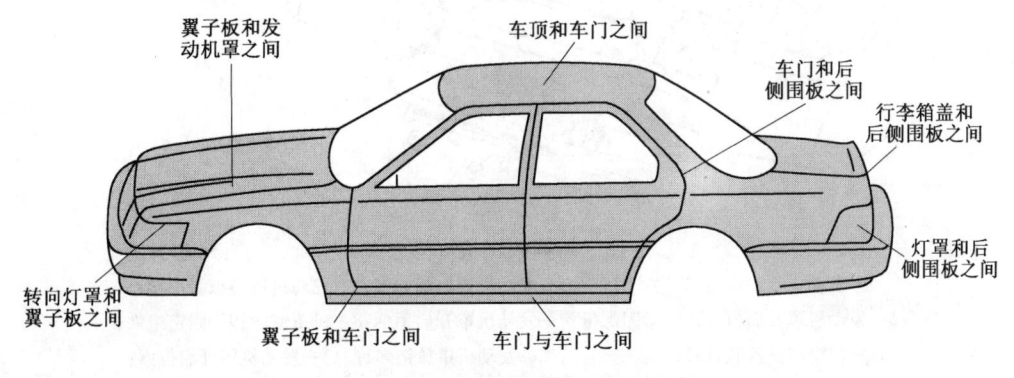

图 3-1 车身外部板件之间的间隙

三、子任务1：发动机罩的拆卸、安装与调整

发动机罩位于发动机舱两侧翼子板之间，用于保护发动机免受灰尘和湿气侵袭，也能吸收发动机噪声。发动机罩通常由冷轧板材制成，现代车辆上也用铝制、玻璃纤维和塑料罩。

典型的发动机罩（图3-2）由一块外板和内板构成，内外板外部边缘通过点焊连接，内外板的结合面用粘结剂粘接到一起。一个枢轴或闩眼固定在发动机罩前缘的下面，发动机罩关闭时起到锁止作用。在大多数车辆上，这个锁扣安装在散热器支架上。

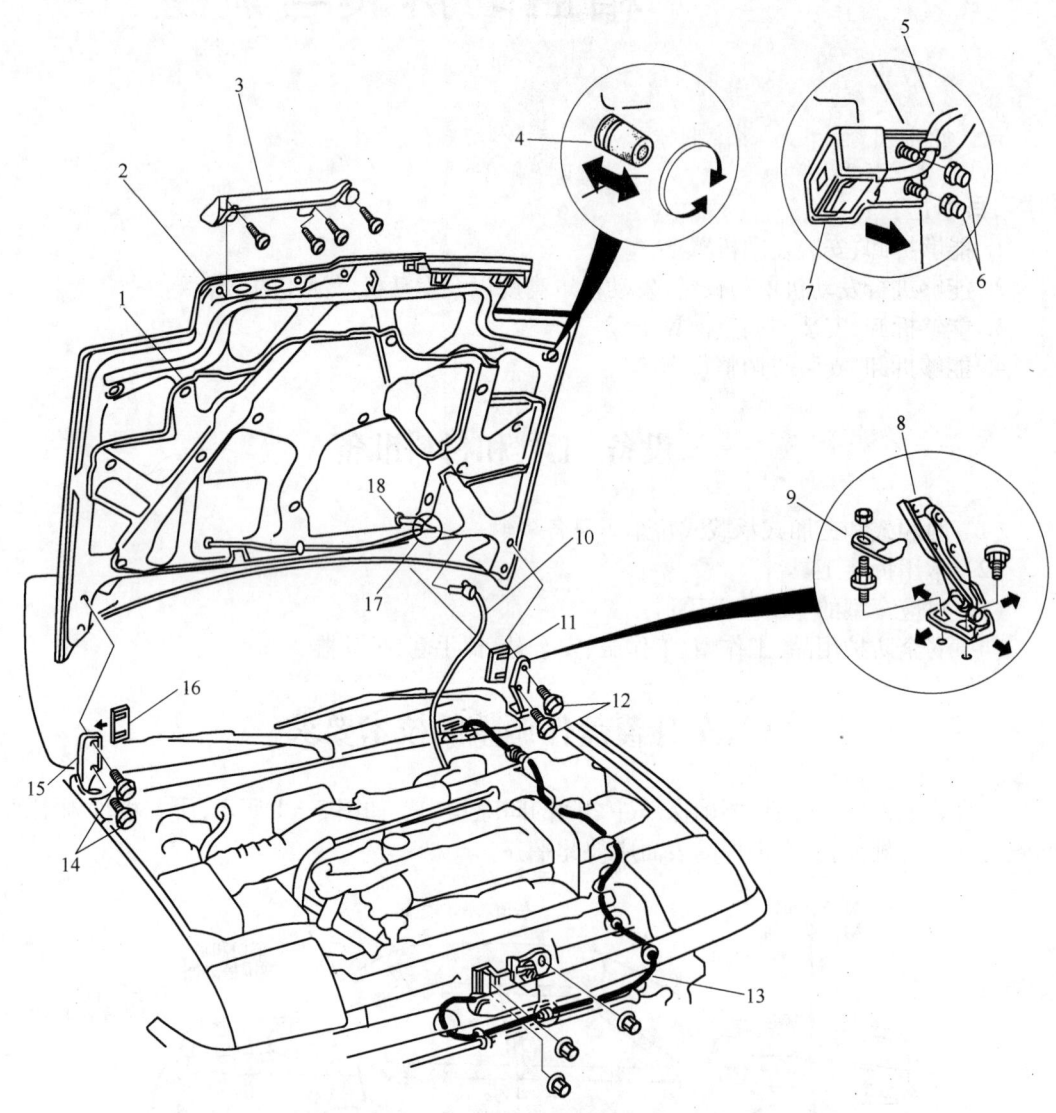

图3-2 发动机罩构造

1—发动机罩消声层；2—发动机罩；3—发动机罩边缘护条；4—发动机罩边缘缓冲垫；
5—发动机罩开启拉索；6—紧固螺母；7—发动机罩开启手柄；8—机罩铰链；9—固定组件；
10—风窗清洗液软管；11—铰链垫片；12—发动机罩铰链螺杆；13—发动机罩开启拉索；
14—发动机罩铰链螺杆；15—发动机罩铰链；16—铰链垫片；17—Y形接头；18—风窗清洗液喷嘴。

任务 3 发动机罩、前翼子板、行李箱盖的拆装与调整

当从驾驶室内拉动操纵缆索时,枢轴或闩眼从锁扣上脱开。发动机罩装备安全锁扣,如果锁扣突然与闩眼脱开,安全锁扣可防止发动机罩开启。发动机罩用两个铰链安装在前围板或挡泥板内裙上。当发动机罩开启时,铰链利用弹簧或扭杆维持发动机罩向上开启。有些发动机罩利用分离连杆开启。许多发动机罩内侧涂有降噪层,降噪层由人造纤维制成,有助于减少发动机噪声,也隔绝发动机罩板与发动机舱内的高温。发动机罩配备许多嵌条、车标、进气口、装饰条等。

双板结构发动机罩的变形很难校正。当发动机罩必须予以更换时,原厂件、修复件配件或同类同品质件皆可。除了明显的费用优势外,同时装有铰链、嵌条和闩眼的旧发动机罩还可作为总成使用。

1. 发动机罩的拆卸与安装

(1) 开启发动机罩并用发动机罩支撑杆撑住。
(2) 将前风窗玻璃的清洗器喷嘴及软管线束拆离发动机盖。
(3) 拆除发动机罩铰链螺栓。在修理工作中,如果发动机罩损坏不严重并可继续使用,则将铰链的位置做好标记。将铰链侧面接触发动机罩的位置周围划出定位标志,有时还需要将铰链在车身上的安装位置做上标记。在重新安装时,可以利用这些标记大致调整铰链和发动机罩。另外,为了避免发动机罩滑落损伤其他零部件,应找个助手固定住发动机罩。

注意:拆卸发动机罩螺栓时,一定要牢牢地支撑住发动机罩。

(4) 按拆卸的相反顺序装上新的或修好的发动机罩。同样在安装螺栓时,应找个助手帮助固定住发动机罩。装上铰链和发动机罩之间的螺栓,但不完全拧紧它们,以调整发动机罩的位置。

2. 发动机罩的调整

如图 3-3 所示,显示了一个定位不当的发动机罩。为了使发动机罩与翼子板和盖板相对正,应使发动机罩作上下、前后方向的移动调整。发动机罩应与翼子板边对边的对正,其间隙约为 4mm。发动机罩的前边应与翼子板的前边对齐,其后边与盖板间应有足够的间隙,以便于清洗盖板。

一般汽车发动机罩的铰链上开了槽孔,允许铰链在盖板或翼子板上升降,并允许发动机罩在铰链上前后移动。发动机罩的前部由发动机罩锁扣固定在适当位置。发动机罩锁扣使发动机罩的前部固定并与两侧的翼子板对正。为了对正,通常在锁扣上开有槽孔。

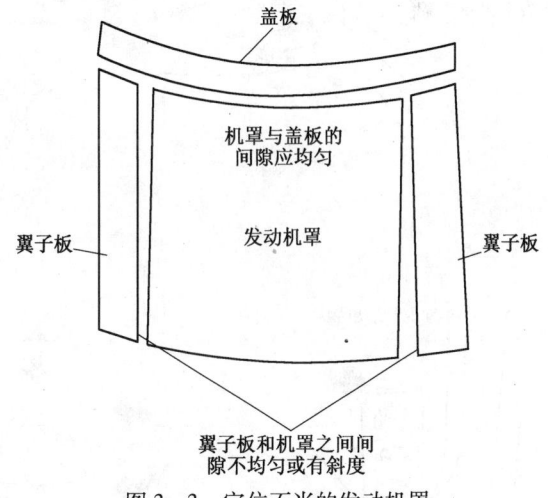

图 3-3 定位不当的发动机罩

1) 发动机罩铰链的调节

将发动机罩固定到铰链上的螺栓稍微松开一些,然后关上发动机罩,用手移动发动机

罩,直到所有侧面周围的间隙相等。

调整好后,小心地把发动机罩提升到足够高度,以便另一个人能拧紧螺栓。

发动机罩的前部必须与翼子板的前部对齐,发动机罩和盖板之间应有足够的间隙,使发动机罩提升时不会磨蹭盖板。

如果不能将翼子板和发动机罩之间的间隙调整正确,则可能是翼子板位置不正确。

2) 发动机罩高度的调整

稍微松开铰链至翼子板或盖板的固定螺栓,然后慢慢地关闭发动机罩,并根据需要升高或降低发动机罩的后部。当发动机罩的后部与翼子板和盖板成水平时,慢慢地提升发动机罩并且拧紧螺栓。

一旦发动机罩的后部调节到正确高度时,必须调节缓冲垫。有些车辆只有两个缓冲垫,位于每个前角部位。后部的缓冲垫必须调节到能轻轻地抵着发动机罩,这样可以消除发动机罩的移动和振动。前部缓冲垫控制发动机罩前部的高度。转动缓冲垫,直至发动机罩的前部与翼子板的顶部齐平。调整完后,一定要重新拧紧在缓冲垫上的锁紧螺钉。

需要记住,在铰链、可调缓冲垫和发动机罩锁扣处对发动机罩进行调整。可以向上下、两侧和前后调整发动机罩,使发动机罩在垂直和水平方向上与翼子板和前围板对齐。发动机罩的调整工作如图3-4所示。调整发动机罩的基本方法,如图3-5所示。

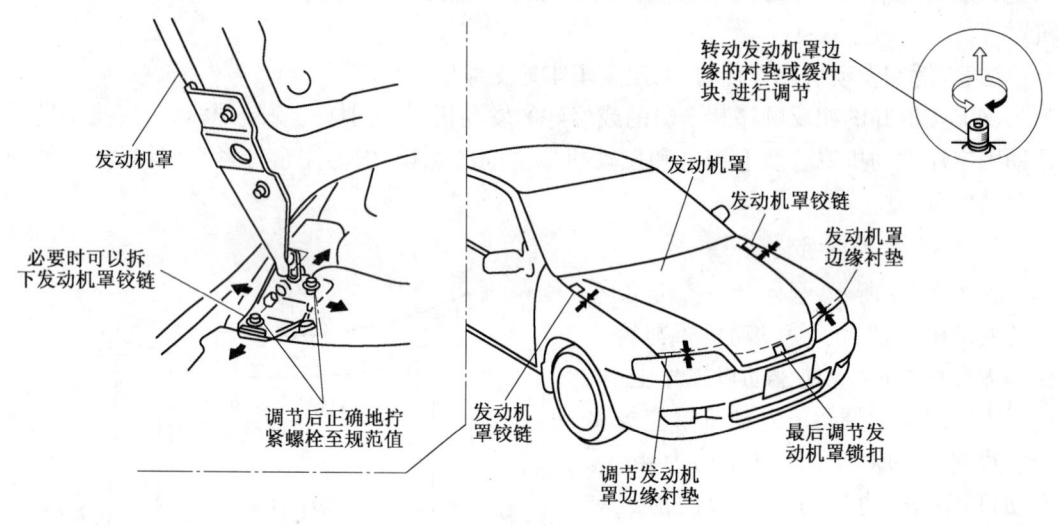

图3-4 调整发动机罩

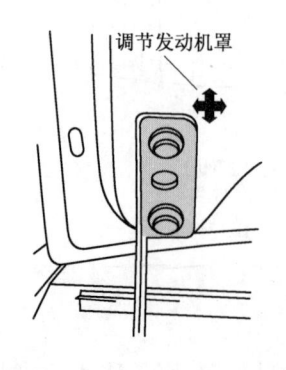

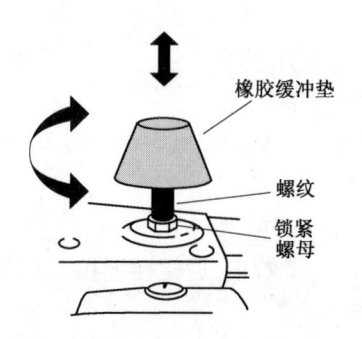

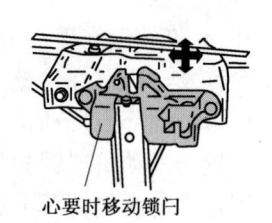

图3-5 调整发动机罩的基本方法

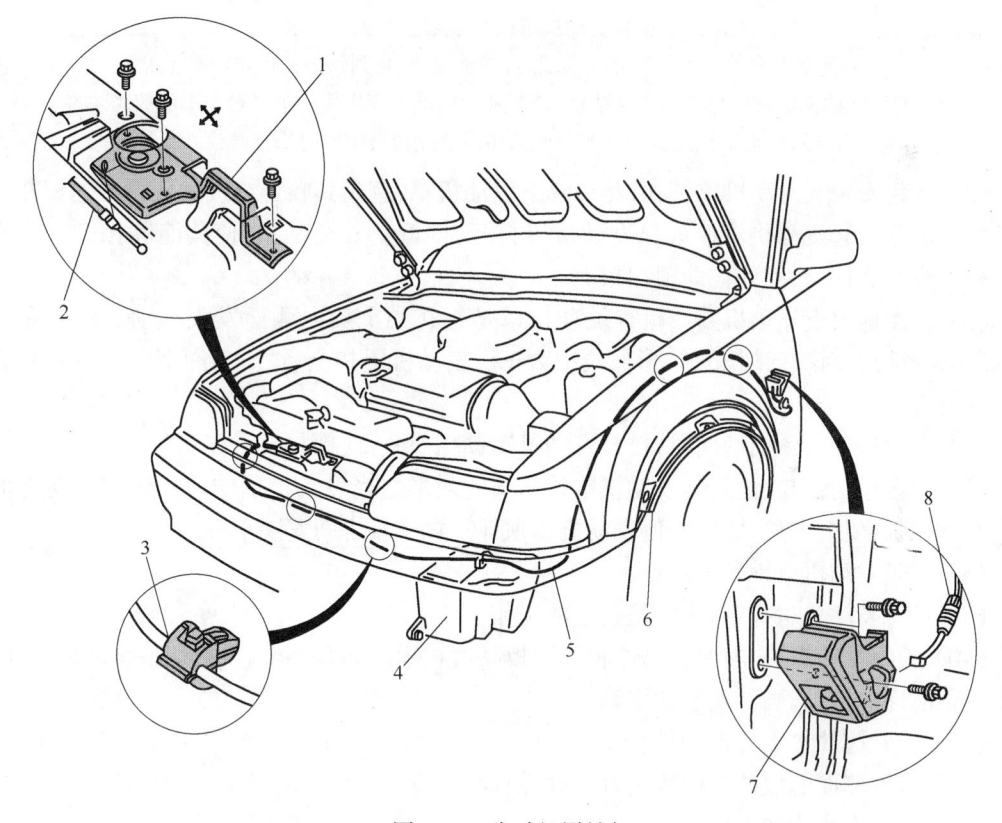

3）发动机罩锁扣的调整

发动机罩锁扣的主要零部件如图3-6所示，该机构用来锁住发动机罩，发动机罩开启机构通常在锁扣和乘客舱内的开启手柄之间使用一个长的钢拉索，它可能会在严重碰撞中损坏。拉索发动机罩开启装置包括四个主要组成部件：①发动机罩开启手柄，在乘客舱内，扳动它可以将拉索从发动机罩锁扣中向外拉。通常安装在乘客舱左下侧，在仪表板下面。②发动机罩开启拉索是一根在塑料壳体内部滑动的钢缆。一端与开启手柄相连，另一端与发动机罩锁扣相连。③金属臂，发动机罩锁扣中有一个固定住发动机罩锁闩的金属臂。当发动机罩关闭时，弹簧压金属臂锁住发动机罩锁闩；拉动拉索时，金属臂松开锁闩，发动机罩就可以打开了。④发动机罩锁闩，其固定在发动机罩上，当发动机罩关闭时与发动机罩锁扣卡合，如图3-7(a)所示。

图3-6 发动机罩锁扣

1—发动机罩锁闩；2—发动机罩开启拉索；3—卡夹；4—清洗器水壶；5—开启拉索；6—翼子板内板；7—发动机罩开启手柄；8—开启拉索。

拆下发动机罩锁扣时，根据需要将它的位置画上标记。拆下它的固定螺栓，然后断开所有拉线。利用锁扣支座上的槽可以进行上下和侧向调整。

发动机罩经过高度和横向的调整以后，要试验发动机罩是否能正确的锁定。如果发动机罩与锁扣需猛烈地撞击才能扣上，应提升锁扣。当锁住时，如果发动机罩不接触前缓冲器，应降低锁扣。调节发动机罩的锁扣要求如图3-7所示，具体步骤如下：

（1）从散热器固定框上拆下发动机罩锁扣组件并降下发动机罩。

（2）检查发动机罩周围的所有间隙是否调整均匀。

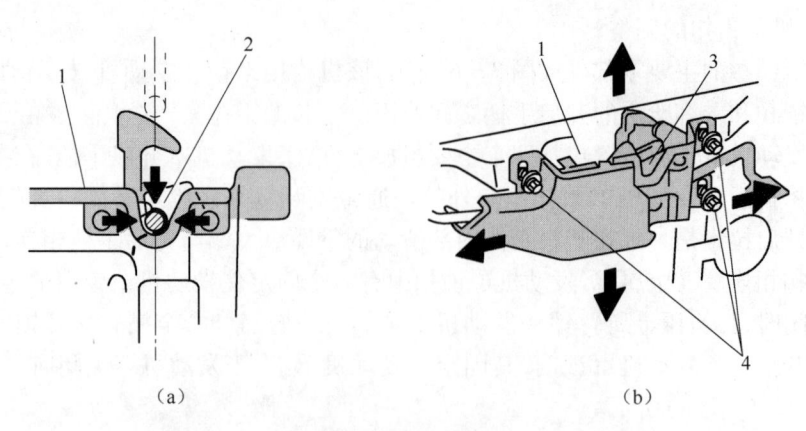

图 3-7 调整发动机罩或行李箱盖的锁扣要求
(a) 调整完发动机罩的对齐和高度后,调整锁扣,直到锁闩在锁扣中对正;
(b) 当发动机罩锁扣与锁闩完全结合时,在发动机罩上应作用一个轻轻向下的拉力。
1—发动机罩锁闩;2—锁扣;3—锁扣接合点;4—调节时松开螺栓。

(3) 重新安装上发动机罩锁扣,然后降下发动机罩,直到其咬合或接触到第一道锁扣。

(4) 试着抬起发动机罩。如果发动机罩打开,则调整安全锁扣,使其能够扣上。有时可以移动或弯曲挂钩,直到辅助锁扣扣上。

(5) 慢慢地放下发动机罩。检查发动机罩是否在锁上后向侧面发生移动。固定在发动机罩上的锁门应该在锁扣的 U 形部位中对正。发动机罩扣上后,应与周围的金属板平齐并且安装紧固。

(6) 在保持安装紧固的同时,松开发动机罩锁扣一些,使锁扣可以移动。

(7) 左右移动锁扣,使其与发动机罩锁扣吊钩对准。当发动机罩的前部作用了向上的压力时,根据需要上下移动锁扣,使发动机罩顶部和翼子板之间安装平齐。

(8) 拧紧发动机罩锁扣连接件。

(9) 打开发动机罩,然后重新检查它的工作。

(10) 关闭发动机罩,确保它仍然和翼子板高度相同。如有必要,再次调整缓冲垫,消除发动机罩前部的松动,确保安装紧固。

(11) 拧紧缓冲垫上的连接件。

(12) 查看侧面的缓冲垫位置是否正确并且状态良好。

(13) 确定安全锁扣工作正常。

发动机罩锁扣的调整决定了发动机罩锁门与锁扣机械装置接合的质量。基本上在发动机罩对正且调整到正确高度的情况下,调整锁扣正常关闭时应一边慢慢地放下发动机罩,一边查看锁闩是否自动在锁扣中对正。当锁扣接合后,发动机罩不应左右偏转。如果发动机罩在关闭后向一旁偏移,则应根据需要左右移动锁扣。

发动机罩还应轻轻地压在橡胶缓冲垫上,这可以防止发动机罩上下跳振。记住,如果必须猛地用力放下发动机罩才能接合锁扣,那么则需要升高锁扣;如果发动机罩在锁上后上下移动,则要降低锁扣。

调整完后,拧紧锁扣螺栓。确保锁扣能正常地打开发动机罩。另外,一定要查看汽车维修手册中的具体发动机罩调整程序。

四、子任务 2：前翼子板的拆卸、安装与调整

1. 前翼子板的拆卸与安装

翼子板用螺栓连接到散热器支架、发动机室内部的挡泥板件以及门后和汽车底下的盖板上。

（1）找到并拆下所有将翼子板固定到车身上的螺栓，如图 3-8 所示，并拆下装在翼子板上的灯的所有线束。

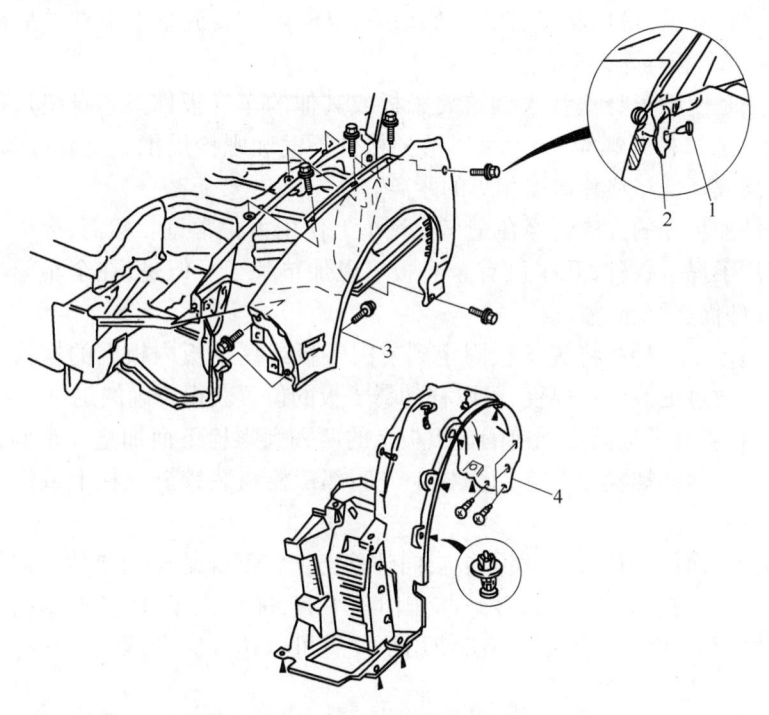

图 3-8 前翼子板的连接图
1—夹子；2—密封条；3—前翼子板；4—翼子板内板。

如果旧的翼子板有厂家安装的垫片或隔垫，则在分解时记下它们的位置。如果没有严重的车身或车架损坏，那么将翼子板垫片重新装回原位会有助于在维修后更快地重新对齐翼子板。

（2）在所有螺栓都拆下的情况下，小心地抬出翼子板。将所有必需的零件（装饰件、车身卡夹等）从旧的翼子板转移到新的翼子板上。

在修理过程中，通常要将翼子板送到表面整修工位进行安装前的喷漆处理。在喷漆处理期间，翼子板的所有末端、拐角、边缘，还有后部都应打磨、上底漆和喷漆。翼子板表面通常要在其装到汽车上以前进行喷漆。当翼子板被螺栓固定到汽车上后，这些区域将很难或不可能进行喷漆了。

（3）按拆卸的相反顺序装上更换的翼子板。如果车门或前围板未受损伤，那么在安装翼子板时，将它们的边缘包上防护胶。安装翼子板时，用手拧上所有的翼子板螺栓，但不要拧紧它们。将螺栓保持足够松的状态，以便进行调整。

2. 前翼子板的调整

翼子板上的螺栓被松开后,可以移动翼子板进行调整。

从车门后部开始调整和拧紧翼子板螺栓,然后是车门顶部。将翼子板到车门之间的间隙以及翼子板和发动机罩之间的间隙调整正确,然后朝着汽车前部,拧紧翼子板螺栓。

在螺栓上移动翼子板,使它与其他车身部件正确地对准。前后移动翼子板,直到翼子板、车门和前围板获得正确的间隙。还要内外调整翼子板,使其与车门平齐并与发动机罩平行。只有在翼子板已经对准后才能拧紧固定螺栓。

必须确定翼子板的曲率与前门边缘的形状匹配。有时,在翼子板的中后部安装一个固定螺栓。当曲率正确后,可以将其拧紧。如果不这样,则需要调整上下部的后部安装孔的位置(上下),使翼子板与车门匹配。

另一种方法是使用车身垫片来调整翼子板或其他的车身板件。车身垫片是一片薄薄的U形金属片。通过松开螺栓,垫片可以滑到板件下面和螺栓周围。重新拧紧后,被连接的板件位置升高或降低与垫片厚度相等的距离。

将车身板件加垫片的方法曾经在全车架汽车上使用得很常见。然而,今天普遍的承载式车身结构使用了焊接板件,几乎没有车身板可以加垫片了。但是,在全车架货车和顶级轿车上,车身板件仍然要加垫片。

翼子板加垫片是一种在将翼子板固定到前围盖板或翼子板内板上的螺栓下面使用衬垫的调整方法。通过更改垫片厚度,可以移动翼子板的位置获得正确的定位。

有时,可以在将翼子板固定到前围盖板板上的两颗大螺栓下面加垫片来调整翼子板与车门的相对位置。顶部螺栓通常在门立柱上。底部螺栓在装铰链立柱上或汽车下面的门槛上。

将顶部螺栓下面加垫片后,上翼子板会向外移出。将下部螺栓加垫片会向外移出下部分翼子板。如果翼子板偏离得太远并且与车门不平齐,那么汽车行驶时,露出的车门边缘会导致产生风噪声。许多翼子板上不必使用垫片就可以达到完全调整。只有在必需的时候才使用垫片。

这些调整使翼子板、发动机罩和车门被正确定位。翼子板和发动机罩的调整常常必须同时进行,以便获得满意的效果。翼子板和发动机罩之间的间隙应符合工厂规范。调整后,翼子板周围的所有间隙应相等。

五、子任务3:行李箱盖的拆卸、安装与调整

在结构上,行李箱盖与发动机罩非常相似。两个铰链将行李箱盖连接到后部车身板件上,后缘用锁扣固定。

两厢式轿车一般使用的是后背舱门,如图3-9所示,三厢轿车一般使用行李箱盖。

密封条是一根橡胶条,用来防止活动部件(行李箱盖、后背舱盖或车门)和车身之间的连接处渗漏。为了防止漏气和漏水,行李箱盖在关闭时必须均匀地与密封条紧密接触。必须将锁扣调整到使它能够将行李箱盖或后背舱盖紧紧闭合在密封条上。

行李箱盖和后背舱盖通常没有外部或内部把手,而是通过钥匙(对于电动门锁,用的是仪表板开关)和门锁机构进行操纵的。

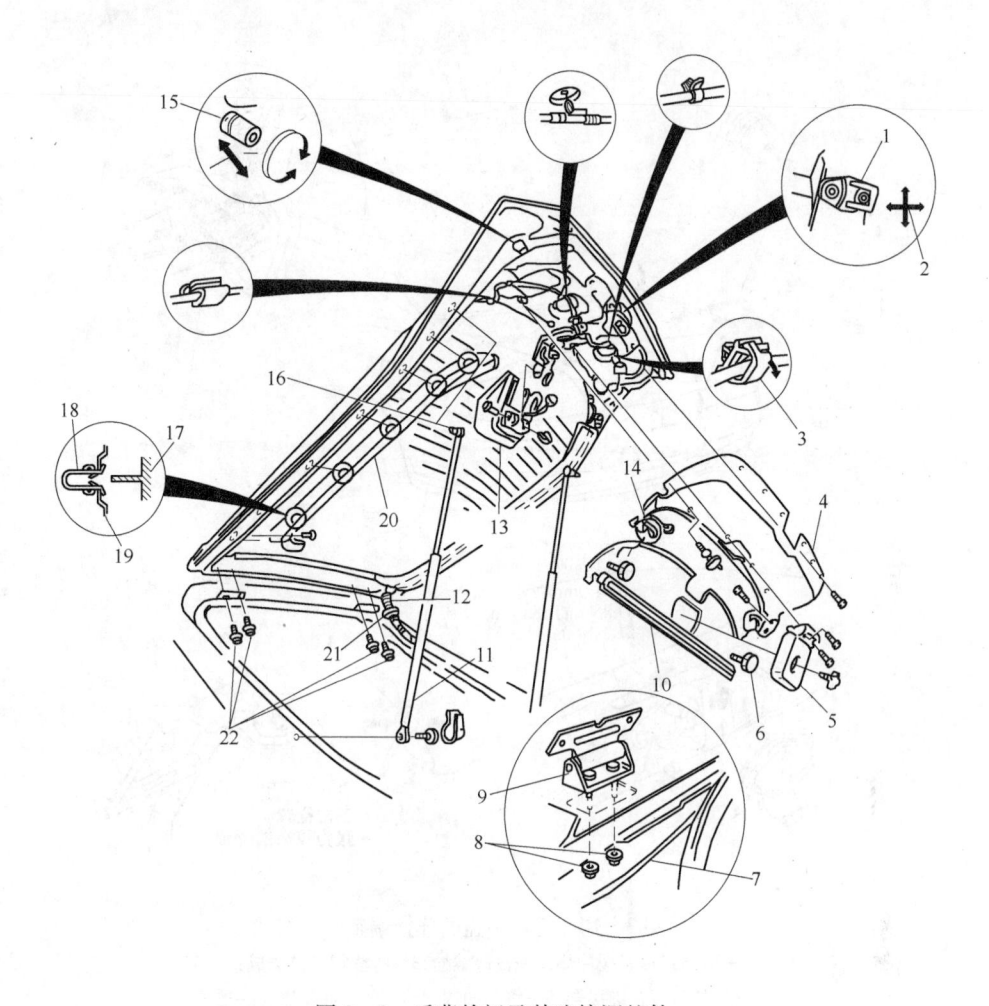

图 3-9 后背舱门及其连接调整件

1—锁扣;2—锁闩调节:通过移动锁扣调节背门与门框的配合;3—夹子;4—背门内衬;5—盖子;
6—固定螺栓;7—车顶内衬;8—铰链固定螺母;9—铰链;10—后护板;11—背门支撑;12—线束拆卸方向;
13—高位制动灯;14—支架;15—背门边缘衬垫:根据需要转动以使背门与车身后部和侧面平齐;
16—支撑杆固定螺栓;17—装饰件;18—夹子;19—背门;20—车架装饰;21—线束管;22—背门固定螺栓。

  锁芯中有一个扣合钥匙的转臂机构,因此可以通过转动钥匙打开锁扣。当钥匙插入车门或行李箱盖时,转臂机构就会接合锁芯,锁芯再将转动传到锁门上。

  行李箱盖扭杆是一根弹簧钢杆,用来帮助升起行李箱盖。它们水平地穿过车身,与固定支架相连。一些扭杆支架有调整槽,在这些槽内移动扭杆就可以改变它们的张力(图3-10)。拆卸这些扭杆时一定要小心,因为它们处于压力之下,会从槽中飞出来。

  许多铰链都是滑入行李箱盖板的箱形部位的。修理时注意不要丢失任何小隔垫或其他零件,将它们在托盘中摆好或放在塑料袋内。

  行李箱盖或后背舱门的拆卸与更换与发动机罩类似,此处不再赘述。行李箱盖或后背舱门的调整如下:

  行李箱盖必须均匀地放置在相邻的板件之间。铰链上的槽孔和行李箱盖上的固定板允许将行李箱盖前后左右移动。

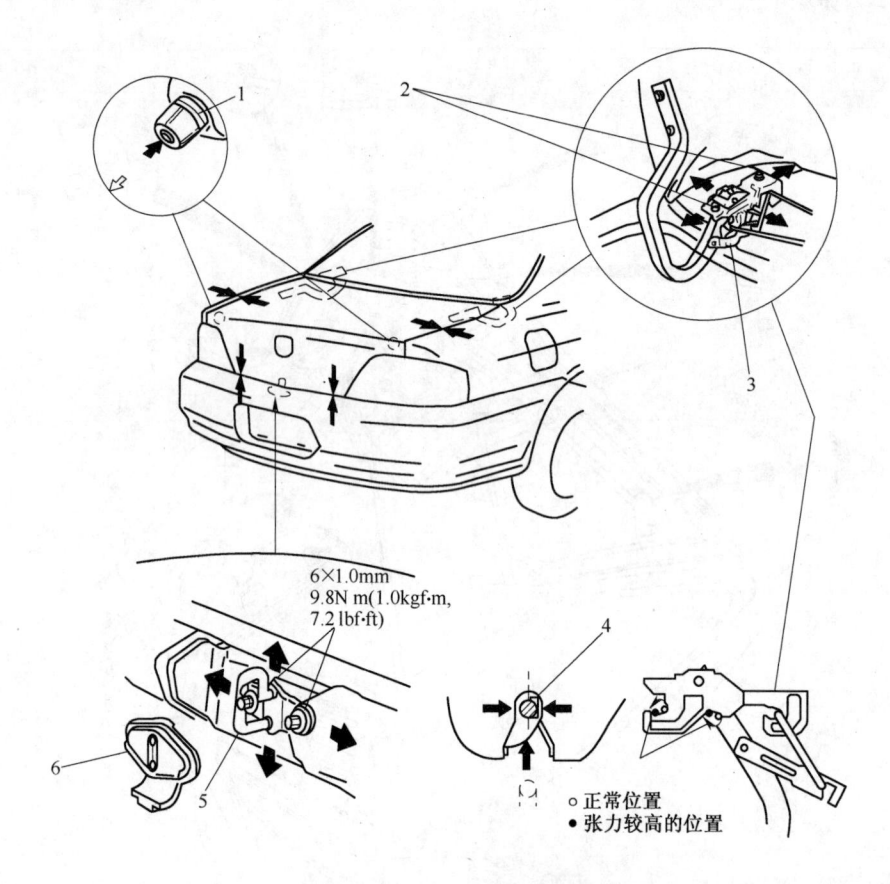

图 3-10 行李箱盖的连接调整件
1—可调式橡胶缓冲垫；2—铰链螺栓；3—行李箱铰链总成；
4—检查锁扣是否正确接合；5—将锁扣调到锁门的中间位置；6—罩盖。

为了前后调整行李箱盖，将两根铰链上的连接件都稍微松开一些。根据需要关闭并调整行李箱盖，然后慢慢地抬起行李箱盖并拧紧连接件。

有时，必须在螺栓和行李箱盖之间使用垫片来升高或降低前缘。如果必须升高前缘，则在铰链和行李箱盖之间的前部螺栓部位增加垫片。为了降低行李箱盖的前缘，在铰链的后部增加垫片。

具有后背舱门的车辆，由于它们的尺寸较大，很难进行调整。在很大程度上，许多这种类型的后背舱门差不多是水平设计的，这样的设计更易于水和沙尘的渗漏。有些型式采用可调节的铰链，而另一些则用焊接的铰链。后背舱门也有的采用充气式车门举升组件，或者在盖的每一个上角都装有弹簧。门的举升支座上的某些余隙也可以利用，以便对后背舱门进行调节。

六、技能考核表

覆盖件拆装与调整技能考核表如表 3-1 所列。

任务3 发动机罩、前翼子板、行李箱盖的拆装与调整

表3-1 覆盖件拆装与调整技能考核表

序号	考核内容	配分	评分标准	考核记录	扣分	得分
1	描述拆装发动机罩的特点	10	描述错误一次扣5分			
2	描述拆装行李箱盖的特点	10	描述错误一次扣5分			
3	前翼子板、行李箱盖、发动机罩的拆装与调整	80	拆装使用工具不当每次扣5分;拆装不规范每次扣5分;安装、调整不到位,每个板件扣10分			
	教师签字				年 月 日	

课后复习题

1. 名词术语解释

发动机罩、行李箱盖、前翼子板、发动机罩开启拉索、发动机罩锁二道锁紧装置。

2. 选择题

(1) 发动机罩两侧有时冲压有两条前后通长的凸起棱线,其主要目的是( )。

A. 引导气流　　B. 加强机罩整体刚度　　C. 美观　　D. 作为管线的通道

(2) 下列叙述中,( )不正确。

A. 发动机罩内外板在周边采用翻边咬合工艺

B. 内板冲压为网格状可以提高整体刚度

C. 内板筋条与外板间填充有机填料

D. 内外板边缘处采用点焊连接

(3) 下列( )不是发动机罩多采用向后开启的原因。

A. 可以用挡风玻璃支撑　　　　　　B. 维修发动机方便

C. 机罩安装调整容易　　　　　　　D. 整体刚性好

(4) 下列( )是最佳配合。

A. 发动机罩采用合页式铰链,支撑采用普通支杆

B. 发动机罩采用合页式铰链,支撑采用气动杆

C. 发动机罩采用臂式铰链,支撑采用气动支杆

D. 发动机罩采用平面连杆式铰链,支撑采用气动支杆

(5) 散热器面罩不具有( )功能。

A. 支撑　　　B. 装饰　　　C. 防护　　　D. 通风

(6) 前翼子板的形状与下列( )无关。

A. 发动机罩的形状及尺寸　　　　　B. 车身的造型

C. 前照灯的形式及布置　　　　　　D. 轮胎的宽度

(7) 技师甲说:我可以一个人拆下发动机罩。技师乙说:拆卸或安装发动机罩时找个帮手更明智。谁正确? ( )

A. 技师甲   B. 技师乙

C. 技师甲和乙都正确   D. 技师甲和乙都不正确

(8) 技师甲说：一定要在拆卸发动机罩之前做好标记。技师乙说：当前部受到严重损坏时，不必这样做。谁正确？（　　）

A. 技师甲   B. 技师乙

C. 技师甲和乙都正确   D. 技师甲和乙都不正确

(9) 技师甲说：在铰链上、可调缓冲垫和发动机罩锁扣处对发动机罩进行调整。技师乙说：在前围板处对发动机罩进行调整。谁正确？（　　）

A. 技师甲   B. 技师乙

C. 技师甲和乙都正确   D. 技师甲和乙都不正确

(10) 汽车的发动机罩可以自由开闭，是因为它通过（　　）与车身相连。

A. 螺栓   B. 铆钉

C. 车门槛板   D. 铰链

3. 思考题

(1) 发动机罩拆卸、安装与调整过程中应注意哪些问题？

(2) 后背舱门一般怎样进行调整？

任务 4　车门及附件的拆装与调整

【学习目标】
1. 知道常见车门的类型与结构形式
2. 熟悉车门常用铰链与限位器的结构与原理
3. 能够拆卸、安装与调整车门
4. 能够拆卸、安装车门的密封条、车门内部装饰板、玻璃升降机构、门锁、车门玻璃等附件

一、轿车车门介绍

车门是汽车上使用次数最多又最不被爱护的部件。在汽车的使用寿命范围以内，它们成千上万次地打开关闭。它们的强度必须足够大，且在汽车受到碰撞时保持关闭以保护驾驶员和乘客不受伤害。

另外，车门必须将水和风噪声密封在外面以保持汽车内部干燥和安静。受到碰撞时，车门往往会损坏。

车门的开度一般在 60°～70°之间，以保证乘员上下车时方便。

（一）车门的分类

根据车门的开闭方式，车门可分为旋转式（又称直开式）车门、滑动式（又称推拉式）车门、飞翼式车门、折叠式车门、外摆式车门。应用最广泛的为旋转式车门。

旋转式车门。顾名思义，旋转式车门在开关门时，车门大致在水平面内绕着某一个轴线旋转。根据铰链布置在车门前端与后端又分为顺开式车门、逆开式车门以及对开式车门。

顺开式车门（图4-1）。

顺开式车门的车门铰链布置在车门前端，车门的开启方向与汽车的前进方向一致，即使在汽车行驶时也可以顺着气流关上车门，比较安全稳妥，而且便于驾驶员倒车，故被广泛采用。但其缺点是减小了入座的通道，特别是在载货汽车的平头驾驶室上。

逆开式车门。逆开式车门的车门铰链布置在车门后部，与顺开式车门正好相反。因此，当汽车行驶中，如果车门发生松开时，迎面气流将会使车门大开，以致破坏汽车的稳定性并易使车门铰链遭到损坏。所以，逆开式车门只是在平头驾驶室为了方便上下车或者有一些特殊需要时才被采用。

对开式车门(图4-2)。对开式车门前车门的铰链布置在车门的前端，而后车门的铰链布置在车门的后端，两门开启时是相对而开的。对开门的后门铰链是紧固在后支柱上的，车门开启时是向后旋转，这种布置便于三排座轿车的中排座椅和后排座椅的乘员上下车。轿车现在较少运用对开门式车门。

推拉式车门。推拉式车门的支撑与滑动主要依靠安装在车门上、中、下的两个导轨及与之配合的滚柱。在开始打开车门时，车门稍向外倾移动后，再向车身后方水平滑动，因此，车门占用面积很小，可以相应增大车内空间。

飞翼式车门(图4-3和图4-4)，大多用于运动车，这是一种车身低、流线型好，为了方便下车而采用的结构型式。飞翼式车门向上方弹起，车门打开后的形态像正在飞翔中的海鸥翅膀，所以称为飞翼式。普通的铰链机构很难承受将车门举起的重量，因此门铰链部位采用封入高压气体的托杆，可利用气体的反弹力轻易地举起车门。开启车门的方法有两种：一种是将铰链装于车顶，车门横向打开的方式；另一种是将铰链装于车门前方，车门向上举起的方式。

图4-1 顺开式

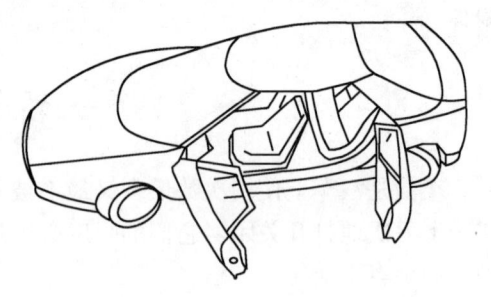

图4-2 对开式

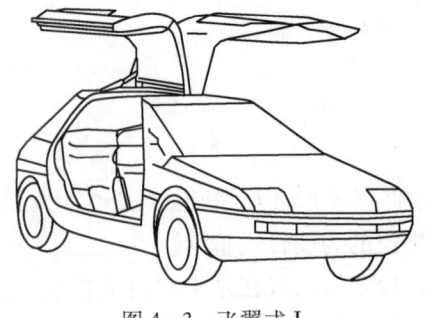

图4-3 飞翼式Ⅰ

图4-4 飞翼式Ⅱ

（二）对车门的基本要求

(1) 车门开、关灵活，运动自如，并不与任何零部件相碰撞。

(2) 车门在关闭时,不允许因振动、碰撞等原因而自行打开。

(3) 车门的开、关应可靠,当轿车侧翻后仍能打开车门。为此,车门应有足够的强度和刚度。

(4) 车门与门框应有良好的密封性,使雨水、灰尘等不能浸入。

(5) 轿车在行驶过程中,车门不允许产生敲击声和噪声。

(三) 车门的结构

车门结构及主要附件如图4-5和图4-6所示。

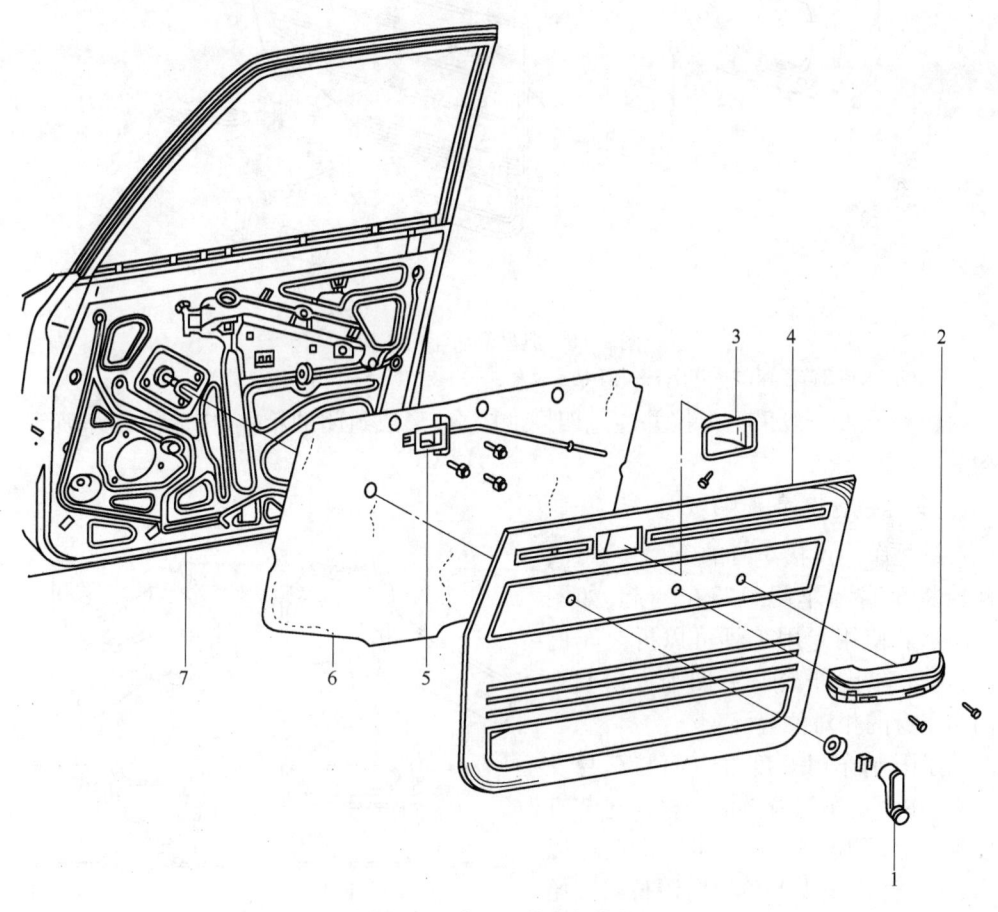

图4-5 典型的前车门结构

1—车门玻璃升降手柄;2—扶手;3—内手柄安装盒;4—内装饰板;5—内手柄;6—维修孔盖板;7—外板。

1. 车门本体

车门本体的骨架部分包括内板、外板、窗框加强板等。

车门外板一般由0.6~0.8mm厚的薄钢板冲压而成(目前也有用铝、玻璃纤维或塑料等材料制成),其形状取决于车身侧围的造型和门框的尺寸,一般为空间曲面。

车门附件大部分装在内板上,所以对强度和刚度的要求较高,重要位置处还会焊上加强板,以提高强度和刚度。

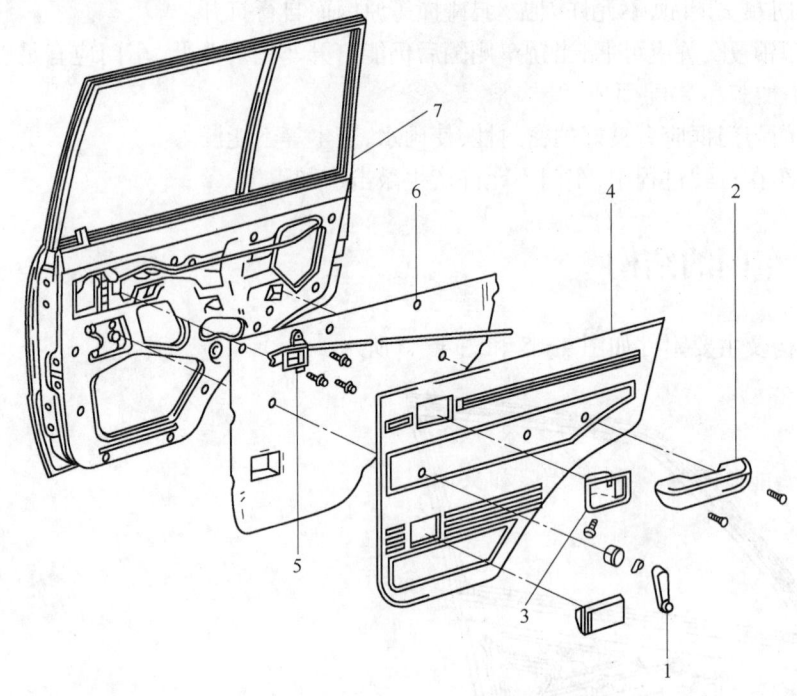

图 4-6 典型的后车门结构

1—车门玻璃升降手柄；2—扶手；3—内手柄安装盒；4—内装饰板；5—内手柄；6—维修孔盖板；7—外板。

内板和外板一般采用焊接并通过四周的咬合，形成封闭的箱体，内装门锁和玻璃升降机构等。

2. 车门铰链与开度限位器

铰链是车门连接车身的重要支撑件，用螺栓将车身与车门组装在一起，如图 4-7 所示。使用专用工具可以拆装车门铰链，也可向上、下、前、后四个方向调整车门与车身的相对位置。

为了限制车门开度过大而与车身发生干涉，在固定车门铰链的门框上还装有开度限位器，如图 4-8 所示。由图可以看出，车门开启至半开位置时限位器开始起作用。当车门进一步开大时，限位器弹片被压缩产生阻尼作用。这样，不仅可以有效抵抗车门开启时的惯性，而且还能使车门在半开至全开行程的任一位置上停留。

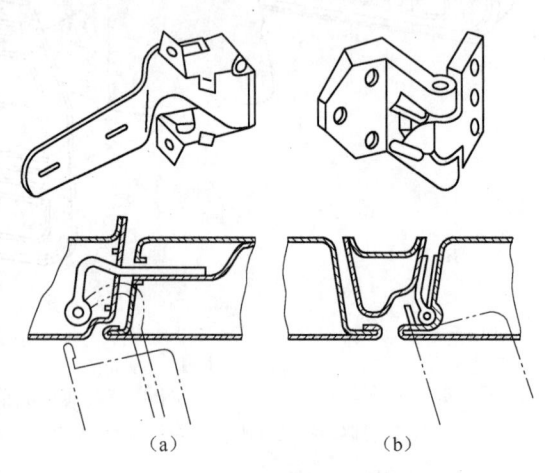

图 4-7 直开式车门铰链
(a) 臂式铰链；(b) 合页式铰链。

3. 车门锁

门锁的种类有很多，机械式门锁中有：舌簧式、钩簧式、卡板式、齿轮齿条式、凸轮式等几种。

在各类机械式门锁中,由于卡板式(又称叉销式)门锁受力平稳、冲击性小,零件多为钢板冲压、加工后装配而成,结构紧凑、生产工艺性、可靠性、耐久性和维修性均好,强度高、定位准,而且锁体部件也可用增强树脂制造,既轻巧,启闭噪声又低,因此可使用于各种类型的汽车,并逐渐取代其他类型的门锁,而占据了车门锁结构的主导地位。

4. 玻璃升降器

玻璃升降器是调节风窗玻璃开度大小的专用部件,其功能是保证车门玻璃平衡升降,门窗玻璃能随时并顺利地开启和关闭;

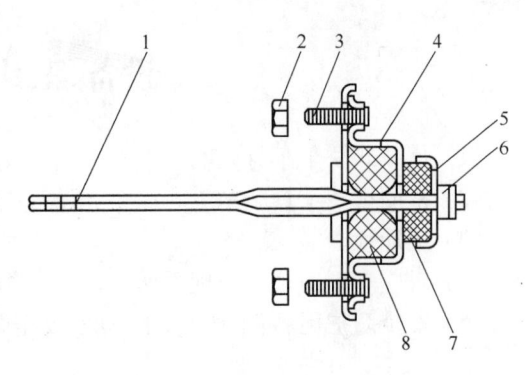

图4-8 车门开度限位器
1—拉杆;2—螺母;3—螺栓;4—外壳;5—挡板;
6—调整装置;7—缓冲块;8—阻尼橡胶块。

当摇手柄不转动时,玻璃应能停在任意位置上,既不能向下滑,也不能随汽车的颠簸而上下跳动;锁上车门后,能防止外人将玻璃降下而进入车内。

(四)车门可调整原理

车门常见的、可调节的紧固件如图4-9所示,是一个装在盒形结构内部的厚钢盘,上有内螺纹,能根据连接螺栓的数目,接受两个或多个螺栓。它放置在点焊到支撑板上的,由金属薄板组成的"盒"中,如图4-10所示。盒比盘大些,因此盘能够在盒中移动,且盒使盘不致从盒中掉落。板件上超尺寸的孔允许板件向任何方向调节。盒盘结构常用于门和门立柱上。

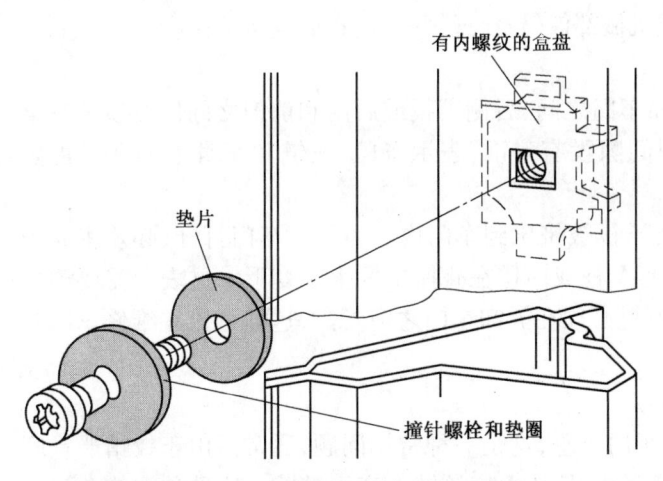

图4-9 盒中的盘允许撞针调节

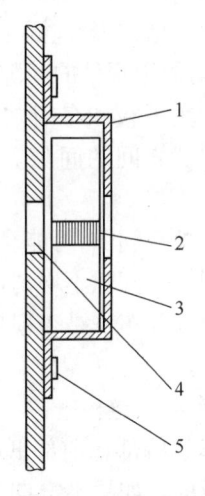

图4-10 盒盘结构横截面
1—金属板盒;2—钢盘上的螺孔;
3—钢盘;4—车门上的大孔;
5—将金属板盒焊到车门内面的焊点。

二、设备、工具和材料准备

(1) 承载式轿车车身2辆。
(2) 常用拆装工具。
(3) 千斤顶。
(4) 对应车型的车身修理手册。
(5) 安全防护用品：工作帽、工作服、安全鞋、棉手套、护耳器。

三、车门及附件拆装调整技术要求

(1) 必须保证车门与车门之间，车门与四周板件之间的所有间隙均匀一致。
(2) 车门锁闩与锁扣能平顺啮合。
(3) 所有螺栓按规定扭矩拧紧。

四、车门及附件拆装与调整步骤

(一) 车门拆卸及门内附件的拆装

1. 车门的检查

拆卸车门以前，检查车门和其相关部件是否工作正常。检查车门总成、车门铰链以及车身上的车门开口。查看车门边缘的所有间隙是否不均匀或不平行。车身间隙不平行表示板件由于结构损坏、固定件移动或机械部件(铰链或锁闩)磨损而发生了错位。

1) 与周围板件的间隙检查

查看翼子板和车门之间、门槛和车门之间、后侧围板或后门和前门之间以及顶盖纵梁和车门顶部之间的间隙。如果发现间隙没有对准，表示车门、铰链和车身上的开口需要维修。

通过检查间隙，可能会发现前翼子板被挤压到车门内。为了使车门打开，必须将翼子板调整回去。间隙不均匀可能是由于A柱或门槛在碰撞中发生了变形。这表示需要测量车门开口以及车身是否损坏。这些问题必须在拆卸车门之前找出，这样可以在维修车门时将其修正。

2) 车门铰链检查

当车门后部比前部低时会导致车门下垂，这是一种常见问题，通常是由于铰销严重磨损而造成的。如果不定期润滑，铰销会磨损，从而使铰链上产生游隙。这种游隙使车门未装铰链的一端下垂。

应设法在铰链位置上下移动车门总成。对于较轻的车门，可以用手试着抬升或下按车门；对于较重的车门，用移动式千斤顶向上移动车门，同时观察铰链。

当铰链的两部分移动，使车门上下活动时，表明车门铰链磨损了。当铰销和铰链体之间的游隙很小或没有时,表明车门铰链是好的。重新安装车门总成以前应更换磨损的车门铰链。

3) 车门工作检查

慢慢地打开和关闭车门以检查锁扣、门锁、铰链的动作以及其他异常(松动零件发出咔嗒声,未润滑的零件发出吱吱声或错位的板件发生粘连)。上下摇动车窗,检查其是否粘连或有其他故障。对于电动车窗,打开点火钥匙,激活所有的电动车窗按钮。如果电动车窗不动,可以在车门分开时对其进行修理。

2. 车门的拆卸

进行更换和许多修理操作时必须拆卸车门,例如车门板的更换或门框的矫正。拆卸典型的车门时,必须拆下两个车门铰链螺栓或起出焊上的铰销,如图4-11所示。

具体步骤如下:

(1) 断开进入门框的线束,然后断开车门铰链。车门外部的一些线束很容易断开,而其他一些线束则需要完全分解车门,如图4-12所示。

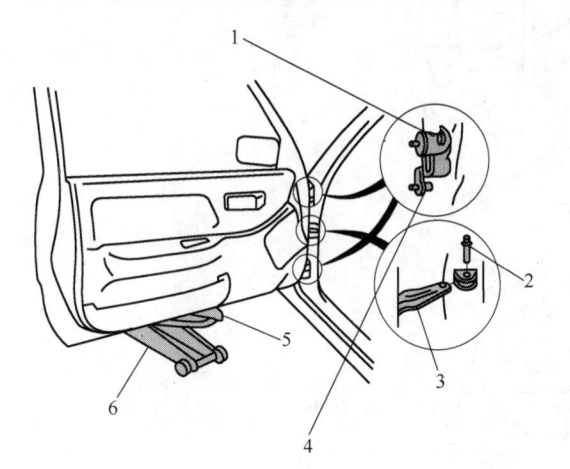

图4-11 车门的拆卸
1—铰链固定螺栓;2—销子;3—车门限位器;
4—车门固定螺栓;5—抹布;6—千斤顶。

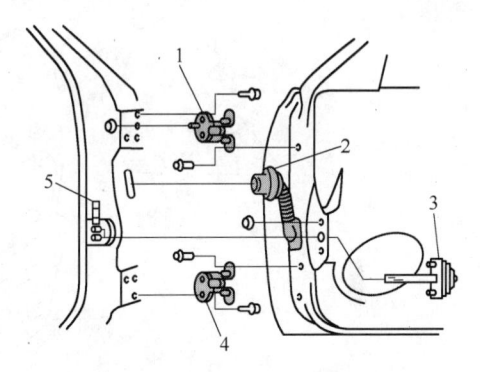

图4-12 车门与车身的连接图
1—上部铰链;2—套管;3—车门限位器;
4—下部铰链;5—销子。

(2) 将车门打开大约一半。将移动式千斤顶放至车门下面。将护罩、抹布、带切口的木块或车门固定工具放到千斤顶支承座上以保护车门的油漆边缘。车门固定工具是一个橡胶的千斤顶支承座衬垫,上面有长长的槽以啮合车门凸缘的底部。将支承座靠近车门中部,将千斤顶升到刚好支承住铰链上的大部分重量,如图4-11所示。

注意:不要过度升起千斤顶,因为液压千斤顶的力量很容易损坏车门。

(3) 拆卸螺栓,当拆卸最后一个螺栓之前,让同事帮助固定住车门,防止其从千斤顶上掉落。然后,两个人可以将车门移动到工作台上或不碍事的地方。通常,将车门板或外板向下放到工作台上。如果车门不必进行重新喷漆,一定要在工作表面包一块毯子以防擦伤漆面。

3. 车门密封条的检查

在拆下车门的情况下,检查橡胶密封条是否老化或损坏。密封条可能被切断或磨损。如果发现了任何小孔、裂口或裂缝,则拆下并更换车门密封条以防空气和水进入乘客舱。

4. 车门内部装饰板的拆卸

为了修理或拆卸车门内部的部件,必须拆下车门内部装饰板和相关部件。拆下固定在肘靠及其他装饰件上的所有螺钉。可能必须拆下一些螺钉上面的小装饰塞。如有不清楚的具体步骤应参考维修手册。车门总成的各种部件如图 4-13 所示。

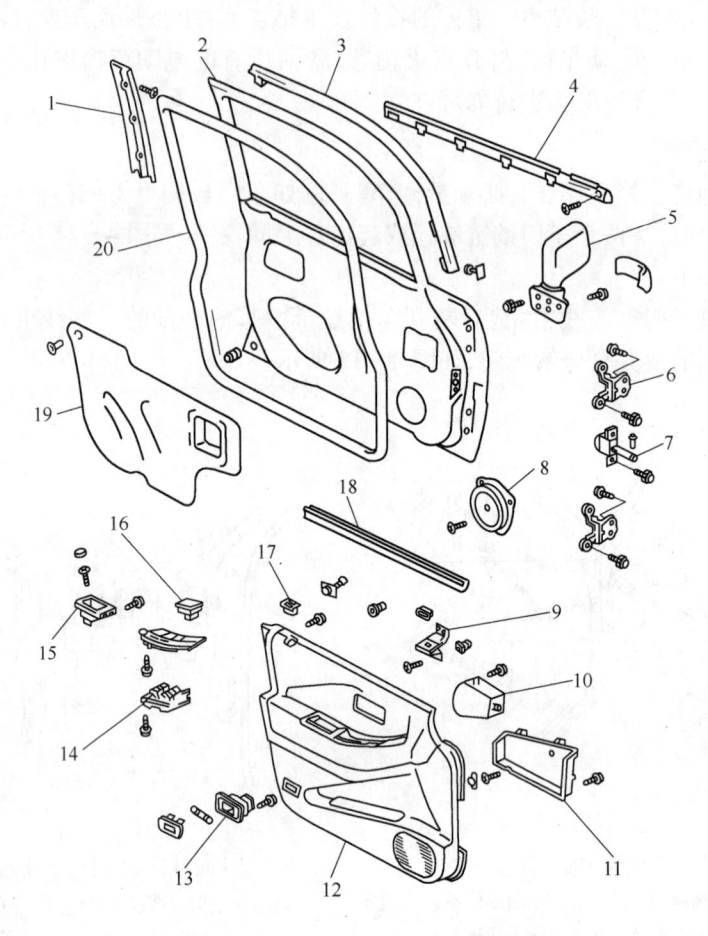

图 4-13 车门总成的各种部件

1—窗框装饰;2—车门;3—外侧密封条;4—外侧嵌条;5—电动后视镜;6—铰链;7—限位器;8—扬声器;9—支架;10—车门保护装置;11—车门储物盒;12—车板;13—迎宾灯;14—电动车窗开关;15—扶手储物盒;16—电动后视镜开关;17—门锁按钮盖;18—内侧嵌条;19—塑料盖;20—内侧密封条。

拆卸步骤如下:

(1) 拆卸车窗摇把和车门把手。它们可能由螺钉或卡夹从后面固定。

(2) 在所有螺栓从车门内部装饰板上拆下后,通常必须取下一系列塑料卡夹。它们安装在装饰板的边界周围。使用一个专门设计用来拆下装饰件上的卡夹的叉状工具,将其在车门和板件之间滑动,起出所有塑料卡夹,这样做不会损坏装饰板。

(3) 抬出车门内部装饰板后,断开所有通往板件的线束,将线束穿过装饰板。

(4) 拆下车门板后,慢慢地剥下车门上的所有纸或塑料材料,这样不会对其造成损坏。剥下后,可以看到固定车窗玻璃升降器的螺栓和螺母了。拆卸车门内装饰板的具体方法和要求如图 4-14 所示。

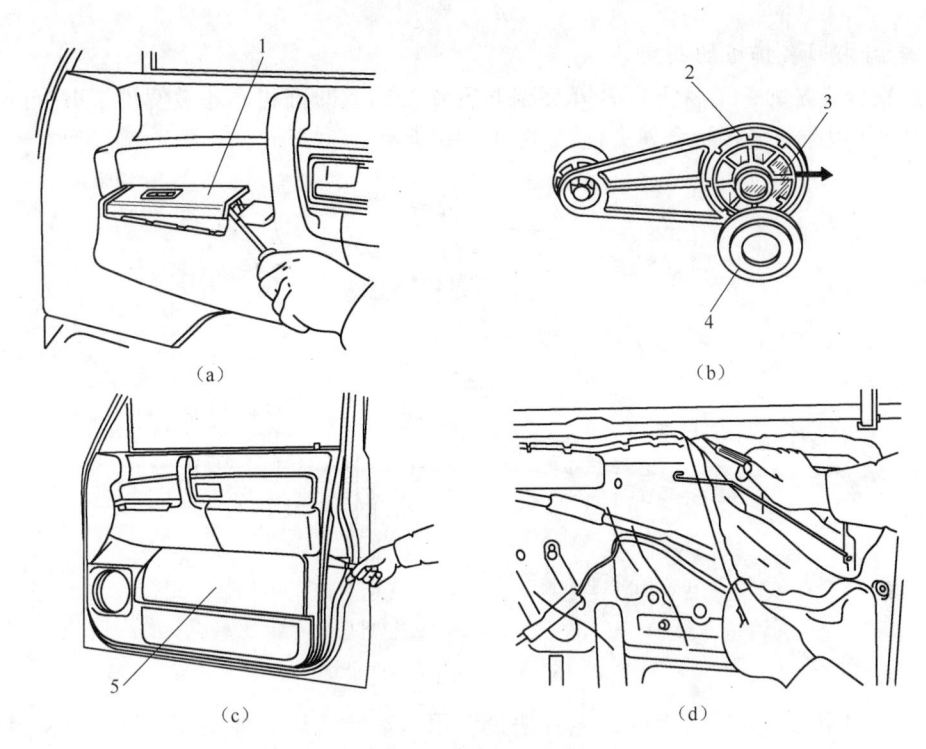

图 4-14 拆卸车门内部装饰板的正确方法
(a) 拆卸内部车门面板时,首先拆下所有卡扣固定的部件,例如图中的车窗开关;
(b) 车门把手可以用卡环或螺钉固定,一个挂钩可以用来拉出卡环;
(c) 拆下装饰板边界周围的所有螺钉后,使用宽些的工具起出卡夹;
(d) 不要试图撕扯车门板下面的防尘罩,它可以防止尘土、噪声和湿气进入乘客舱。
1—电动车窗开关;2—玻璃升降器把手;3—挂钩;4—垫圈;5—车门内部装饰板

5. 车窗玻璃的拆装

如图 4-15 所示,为车窗玻璃与升降器、升降器与车门的装配图。小螺母和螺栓将车窗玻璃升降器和玻璃导轨固定到位。通常,玻璃用螺栓固定到升降器的上臂。还可以使用铆钉将玻璃固定到升降器上。在少数老式汽车上,玻璃可以是用专用粘合剂或环氧树脂固定的。

将车门玻璃固定到车窗升降器上的方法有很多种:螺栓或铆钉固定法,粘合法,窗框导轨法。

螺栓固定法使用配有塑料垫片或橡胶垫片的螺栓或螺母以防与玻璃直接接触。紧固件穿过车窗玻璃上的孔,将其固定到升降导轨或支架上。螺栓插入玻璃或夹到玻璃上,其作用是将升降导轨

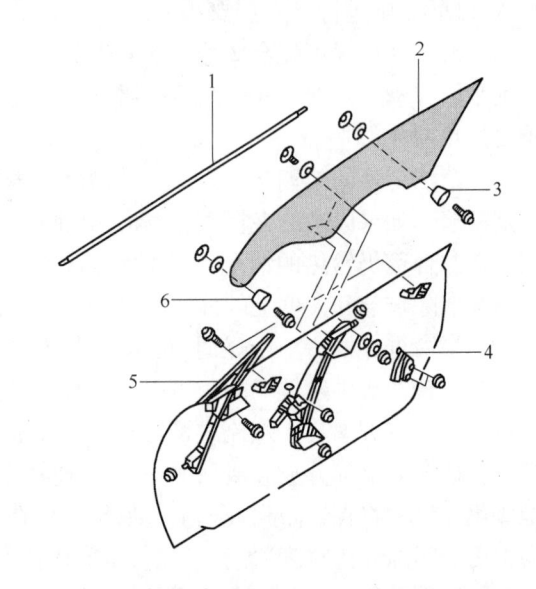

图 4-15 车窗玻璃与升降器、升降器与车门的装配图
1—外侧带状嵌条;2—车门玻璃;3—车门玻璃限位块;
4—后侧下部升降带;5—前端升降带

83

或支架固定到玻璃上。

使用粘合剂是另一个将下部升降支架固定到玻璃上的方法。通常使用带有橡胶衬垫的 U 形夹框,以防玻璃接触金属夹框,如图 4-16 所示。

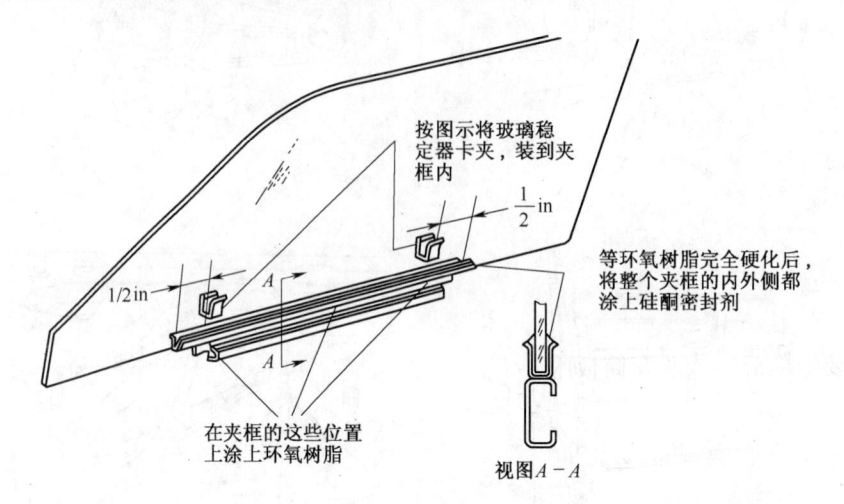

图 4-16 粘合法固定车门玻璃

将玻璃固定到升降导轨上的最老方法是使用窗框导轨法。将橡胶密封条或密封带装在玻璃的下边缘。然后,使用橡皮锤轻敲夹框装到玻璃上。如果夹框过松,则可以使用密封带作为垫片来进行紧固,为了装配得紧一些,通常可以稍微挤压一些夹框的边缘。但是当心不要弄破玻璃。

拆装步骤如下:

在玻璃上标记出夹框的位置,然后可以在窗框导槽上拆掉螺栓或钻出铆钉。如果玻璃是粘入夹框的,则进行下列步骤:

(1) 通过使用焊炬配合 2 号或 3 号焊头沿着夹框的整个底部加热,从玻璃上拆下夹框。慢慢地来回移动焊头 60~90s,然后用钳子夹住夹框,将其拉松动。如果夹框没有轻易分离,则重复加热操作。

(2) 清洁更换的玻璃。如果原来的玻璃要继续使用,则用边缘锋利的工具刮去所有的粘合剂粘痕。如果原来的夹框要继续使用,则用虎钳将其夹住,然后用焊炬烧去残留的粘合剂。在黏合剂仍然热的情况下,用钢丝刷除去夹框上的粘合剂粘痕。粘合剂冷却后,用喷漆稀料清除玻璃和夹框上的残留粘合剂。最后用水进行清洗。

(3) 当窗框导槽清洁干燥时,可以将更换玻璃粘合上。如果使用新玻璃,将原来玻璃的位置标记转换成更换玻璃的。可以参考汽车厂商的维修手册,获得正确的夹框位置。

(4) 重新将玻璃装入螺栓或铆钉固定的夹框中时,应该在玻璃底部贴一条适当厚度的胶带。将玻璃的上部分放置到一块软木或地毯上。然后将夹框放到玻璃上,可以的话,使用橡胶锤轻轻地将夹框敲到玻璃上。如果夹框在玻璃上松动,则使用一条厚一些的胶带封住夹框内的间隙并使宽度适当。然后,重新连接上夹框螺栓或铆钉和垫片。

(5) 当夹框已经安装到玻璃上后,玻璃和夹框总成可以装入车门并且用必要的连接金属件将其固定。如有必要,安装下部玻璃缓冲块并进行调整。

6. 车门锁的拆装

门锁总成通常包括门外把手、连杆、门锁机械机构以及锁门。外部车门把手有各种类型。按钮或门外把手接触锁闩上的锁杆以打开车门。然而,大多数门外把手通过一个或多个金属杆操作,如图4-17所示。

拆装步骤如下:

1) 拆装车门把手

升起车窗,拆下内饰、装饰板以及密封条以进入车门内部,然后就可以更换车门把手了。门外把手通常由螺钉或螺栓固定。拆卸门外把手通常需要短的旋具或小套筒扳手。

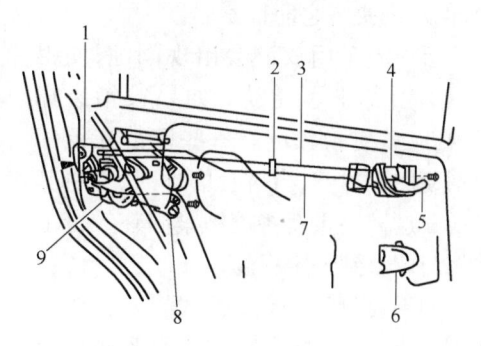

图4-17 门锁机构
1—外侧把手;2—连杆固定器;3—门锁按钮杆;4—门锁按钮;5—内侧把手;6—内侧扳手锁眼盖;7—内侧把手连杆;8—门锁执行器;9—门锁

在修理工作中,门外把手故障的一些原因有:衬套磨损,锁芯杆弯曲或调整不正确,把手、连杆或锁闩没有润滑,锁闩磨损或损坏。

2) 拆装门锁

内部门锁机械机构一般是拖拽柄类型。机械机构由一个或多个锁芯杆连接到门锁。用卡夹或衬套将连杆固定到位。门锁机械机构一般通过车门上的孔进行安装。常用一个弹性夹箍固定在门锁内部以固定门锁。门锁上的锁臂通过连杆传动到门锁。

拆卸门锁时,在车门内部放一个引灯。一边通过车门内部的较大开口进行观察,一边取下固定锁杆的小卡夹。然后,将卡夹从门锁上起出。根据门锁周围的空间大小,可以使用旋具或尖嘴钳。将门锁和垫圈从车门外侧滑出。

7. 车门内部装饰板的安装

(1) 首先重新装上塑料的防尘防风片并压到门框上,确保塑料件上的所有孔与对应的部件或孔对准。

(2) 接上内部装饰板上所有灯或电气装置的线束。确定所有卡夹正确地装到车门装饰板的背面。将这些卡夹与门框上的孔对准。然后,用手将卡夹压入车门固定住装饰板。安装板件上、内侧车门把手上或其他部件上的所有螺钉。

修理无钥匙进入系统车型的车门时,必须非常小心地断开或重新连接所有的线束接头。因为塑料的线束接头非常容易断裂。

(二) 车门安装与调整

1. 车门的安装

如果车门旁边的板件没有受损,则用遮蔽带包住涂漆边缘。如果安装期间被车门碰到,这可以避免它们意外擦伤或碰伤。

车门的安装程序与拆卸程序顺序相反。需要助手帮助将车门在移动式千斤顶上固定住。升起千斤顶,直到车门铰链和其在车身上的安装孔高度一致。确定将车门保持水平,如图4-18所示。

向螺栓孔的相反方向慢慢地滑动车门铰链。摆动和移动车门,直到可以用手指活动螺栓。将铰链对准到原来的位置。放下螺栓,但还不要将它们拧紧。

磨损的车门铰链会出现间隙,使得车门的后部上下晃动。如果铰销磨坏了,则应该更换铰链。一些铰链在铰销周围使用了衬套,当衬套磨坏时,要将其更换。这样会重新将铰销紧固在铰链上并将门调整到一定程度。

如果要拆下铰链,那么需要在铰链周围画上标记,标出它在车身和车门上的位置。这样会简化新铰链的安装和定位。

2. 车门的调整

为了确保车门可以轻易关闭并且不发出吱吱声或漏水漏尘,车门安装后,必须精确地调整车门。调整车门,必须调整车门铰链以及车门锁闩且必须调整到能与锁扣平顺啮合。

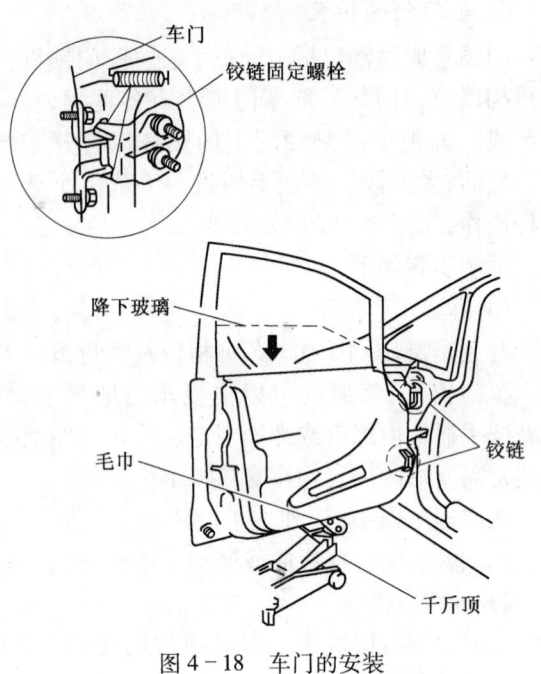

图 4-18 车门的安装

当四门轿车的车门需要调整时,先调整后门。因为后侧围板不能移动,所以必须将后门调整到与车身轮廓线和门框适合。调整完后门,再调整前门以适合后门。

接下来,必须将前翼子板调整到适合车门。

一些汽车装有橡胶制的车门缓冲垫,可以转动它来向外或向内调整车门的关闭。它和发动机罩缓冲垫相似,可以向内或向外转动车门缓冲垫,使车门板与相邻的板件平齐,如图 4-19 所示。

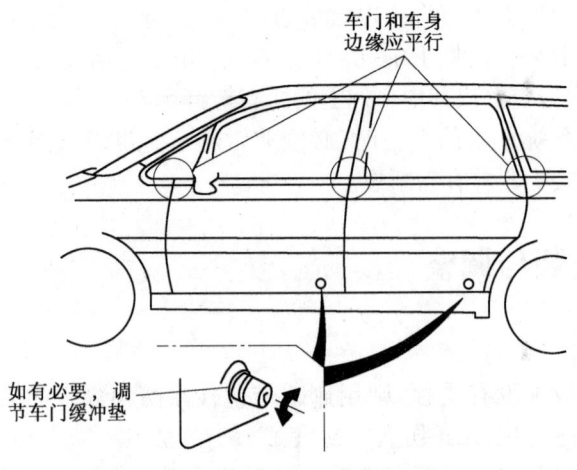

图 4-19 可调车门缓冲垫

车门安装调整的基本步骤可总结如下:

(1) 拆下锁闩螺栓,使其不会影响定位程序。

（2）确定为了朝期望方向移动车门必须松开的铰链螺栓。首先确定车门高度。

（3）松开铰链螺栓，直到刚好可以用撬杆或千斤顶和木块移动车门。在一些汽车上，必须使用专用扳手来松开和拧紧螺栓。

（4）需要时移动车门。拧紧铰链螺栓。然后，检查车门的装配情况，确定没有粘连且不干涉相邻的板件。

（5）重复操作，直到获得期望的装配效果。

（6）装上锁闩螺栓并进行调整，使车门可以平顺关闭且与后门或后侧围板平齐。检查确定车门处于完全上锁位置，而不是安全锁定位置，如图4-20所示。

里外调整车门移动时一定要格外小心。在顶部铰链上向外移动车门不仅会影响车门的顶部，还会向内移动底部的对角。如果在铰链上向内移动车门底部，那么它会向外移动顶部对角。如果车门在两条铰链上向内或向外的移动量相等，那么它只会影响车门的前部，因为调整量朝着车门后部不断减小。

车门中柱、锁闩螺栓和门锁决定了车门的位置。比起其他板件的后部，车门的前缘（通常是前翼子板）总是应该稍稍向内一些。这样会帮助阻止车门板前缘处的风噪声。如果前缘伸出，那么风噪声会吵到驾驶员和乘客。

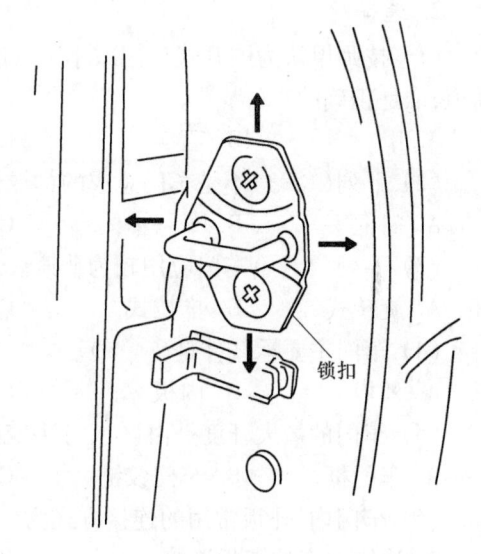

图4-20 锁闩调整

注意：如果车门关闭时被迫升高或降低，则表明锁闩板调整不当。当车门关闭时，锁闩应当平顺地滑动并啮合到锁扣内。锁闩可以上下、内外和前后移动。

五、技能考核表

车门及附件的拆装技能考核表如表4-1所列。

表4-1 车门及附件的拆装技能考核表

序号	考核内容	配分	评分标准	考核记录	扣分	得分
1	描述拆装车门的类型和特点	10	类型不正确扣4分；特点描述错误一次扣2分			
2	轿车车门的拆装与调整	30	拆装使用工具不当每次扣2分；拆装不规范每次扣5分；安装、调整不到位扣10分			
3	轿车车门附件拆装	60	拆装使用工具不当每次扣2分；拆装不规范每次扣4分；安装不到位，每个附件扣5分			
	教师签字				年 月 日	

课后复习题

1. 名词术语解释

旋转式车门、滑动式(也称推拉式)车门、飞翼式车门、折叠式车门、外摆式车门、车门开度限位器。

2. 选择题

(1) 技师甲认为顺开式车门减小了入座的通道,技师乙认为逆开式车门减小了入座的通道,谁是正确的?(　　)

　　A. 甲　　　　　B. 乙　　　　　C. 甲和乙都正确　　　D. 甲和乙都不正确

(2) 下列(　　)不是车门总成的构成件。

　　A. 门框　　　　B. 车门本体　　C. 后视镜　　　　　　D. 内外装饰件

(3) 下列(　　)车门应用较为普遍。

　　A. 旋转式　　　B. 推拉式　　　C. 飞翼式　　　　　　D. 折叠式

(4) 车门主要承载件是(　　)。

　　A. 外板　　　　B. 内板　　　　C. 窗框　　　　　　　D. 加强板

(5) 车门的最大开度是由(　　)决定的。

　　A. 车门框　　　B. 车门铰链　　C. 车门开度限位器　　D. 车门锁

(6) 车门内、外板常用的连接方式为(　　)。

　　A. 边缘对齐的点焊连接　　　　　B. 翻边与点焊结合连接
　　C. 翻边咬合后点焊,边缘涂密封胶　D. 螺栓连接

3. 思考题

(1) 目前各种类型的汽车分别使用什么样的车门?各有什么特点。

(2) 车门为什么要进行调整?在结构上,一般采取哪些措施保证车门可以调整?

任务 5 轿车车门锁系统的维修

【学习目标】
1. 熟悉机械门锁和电动门锁的结构与原理
2. 能够完成车门锁的维修工作

一、轿车门锁系统介绍

轿车车门锁系统主要由车门锁、发动机罩锁、行李箱锁、油箱开启机构、背门开启机构、锁芯钥匙系统、车门内外把手组成。

（一）对车门锁的要求

车门锁是汽车车身重要的、使用最频繁的专用保安部件。它一方面直接关系到汽车行驶时乘客的安全，另一方面也是汽车的防盗安全装置。因此，对车门锁在操作性、安全性、可靠性、强度、装饰性等方面均有一定要求。

（1）操作性。要求在车门内外均能灵活、方便、可靠地将车门锁紧或打开。要求门锁装置具有对车门的导向、定位和防振的能力。

（2）安全性。要求车门锁具有两个挡位的锁紧位置——全锁紧和半锁紧。半锁紧挡的作用在于，汽车行驶中，当车门松动，一旦与工作位置脱开，半锁紧挡仍能起到使车门关闭的保险作用，由此产生的松旷声，或者专设的安全指示信号能及时提醒驾驶员或乘客注意安全，并将其重新锁闭。

此外，车门锁还应具有可靠的安全锁止机构，如按下锁钮或外手柄处于锁止状态时，扳动车门内、外手柄均不能打开车门。在车外只有使用钥匙，在车内只有先揿起锁按钮才能打开车门。

（3）可靠性。当车门处于正常全锁紧状态时，除非转动或拉动车门手柄或操作按钮，否则汽车在行驶时不能因碰撞、振动或其他外力使车门打开。并且门锁部件应具有足够的耐磨性。

（4）装饰性。车门锁的一部分结构装配在车身构件的夹壁内，还有一部分必须装配在

89

车身的内、外表面上,这就要求车门锁的外形应美观、大方,与车身的造型和谐一致,表面质量也要满足装饰性和频繁使用的要求。

(二) 汽车门锁的种类

门锁的种类有很多,可分为手动式门锁、自动门锁、防盗门锁。

1. 手动式门锁

手动式门锁即机械式门锁,有舌簧式、钩簧式、卡板式、齿轮齿条式、凸轮式等。

在各类机械式门锁中,由于卡板式(又称叉销式)门锁受力平稳、冲击性小,零件多为钢板冲压、加工后装配而成,结构紧凑、生产工艺性、可靠性、耐久性和维修性均好,强度高、定位准,而且锁体部件也可用增强树脂制造,既轻巧,启闭噪声又低,因此可使用于各种类型的汽车,并逐渐取代其他类型的门锁,而占据了车门锁结构的主导地位。

2. 自动门锁

现代轿车,特别是中、高级轿车采用了自动门锁,即当一个车门上锁后,所有车门同时锁紧的装置,又称为中控门锁系统,由驾驶员集中控制。

3. 防盗门锁(遥控门锁)

声、光、电、磁等现代技术应用于防盗门锁。如警报指示器式防盗门锁就是其中一种,使用非本车门的钥匙开锁时,蜂鸣器就会鸣响、报警。

(三) 卡板式门锁工作原理与结构

1. 工作原理

卡板式门锁总成如图 5-1 所示。它由锁环、锁机构(包括卡板)、内外手把、钥匙芯及锁定按钮等组成。工作时,利用锁体上的叉形卡板和锁环的脱开或啮合来实现车门的开闭。车门开启时,锁环与卡板是分开的(图 5-2(a));当关闭车门时,固定在门框上的锁环

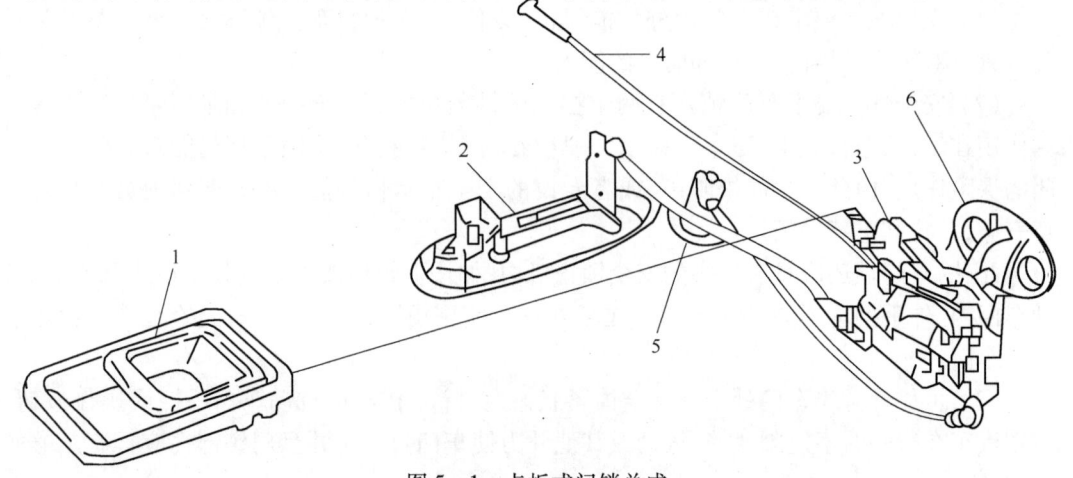

图 5-1 卡板式门锁总成

1—内手把;2—外手把;3—锁芯;4—锁定按钮及连接杆;5—锁体;6—锁环。

与锁体上的卡板相碰撞,使卡板、棘爪同时旋转到位,卡板被棘爪定位,锁环被卡板锁止(图5-2(b))。

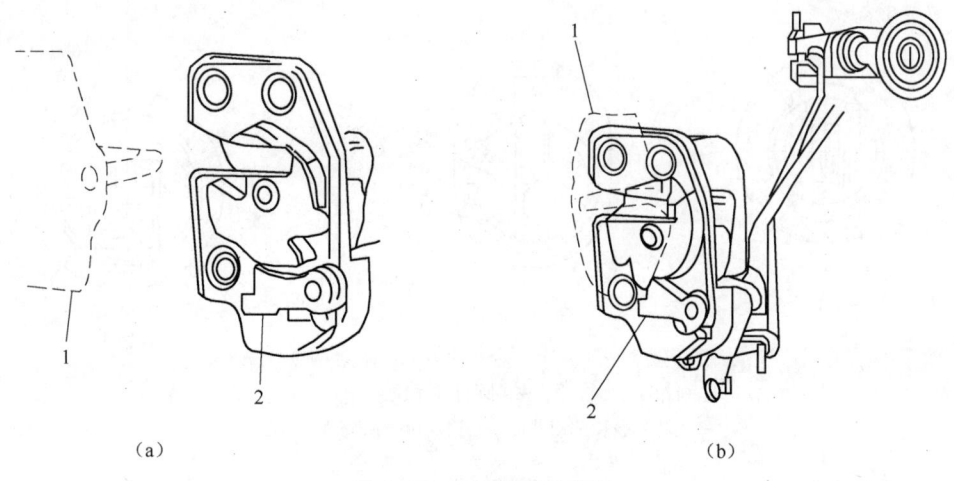

图 5-2 车门锁动作状态
(a)解锁状态;(b)锁紧状态。
1—锁环;2—棘爪。

卡板和棘爪的啮合与分离是依靠各自弹簧力的作用。当关闭车门时,锁环推动卡板绕卡板轴旋转,卡板弹簧被压缩,同时卡板的旋转带动棘爪转动,使棘爪弹簧被拉伸,呈锁定状态(图5-3(a))。当锁定状态被解除时,外力推开棘爪,卡板与棘爪在各自弹簧回复力的作用下脱开,呈解锁状态(图5-3(b))。

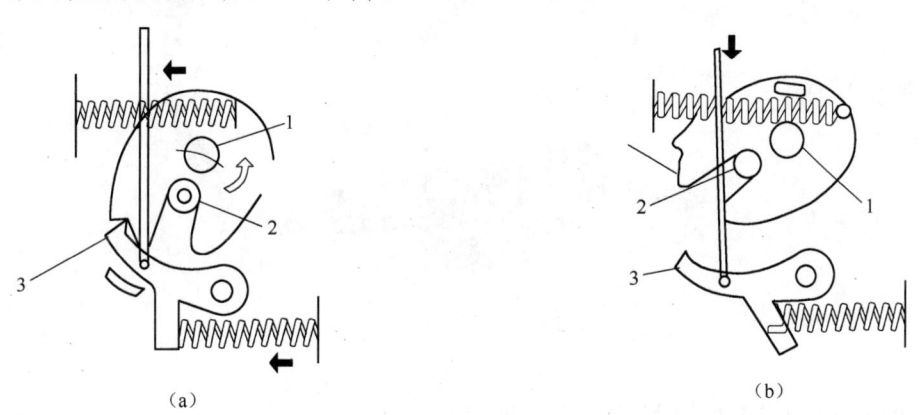

图 5-3 卡板与棘爪啮合与脱开示意图
(a)卡板在车门关闭力作用下呈锁定状态;(b)在弹簧回复力作用下呈解锁状。
1—卡板主轴;2—锁环;3—棘爪。

2. 锁芯

锁芯可与外手柄合装而成为一体,也可将手柄与锁芯分开单装(成分体式),车锁上的锁芯均为圆柱形,结构上有锁片式、弹子式和片销式。

锁芯通常由若干个孔(或槽)与相同数量但高度不等的弹子(或销片)组合成一体,其结构如图5-4和图5-5所示。圆柱形锁芯由锁芯外壳、锁芯体、销片(或弹子)、弹簧和钥匙等零件组成,钥匙插入锁芯且弹子(或销片)的高度合适时,锁芯体方可与其外壳相对转动,与锁芯连接的拉杆或锁止板也随之动作,从而达到启闭车门锁或行李箱锁的目的。

锁片式　　　　　　弹子式　　　　　　片销式

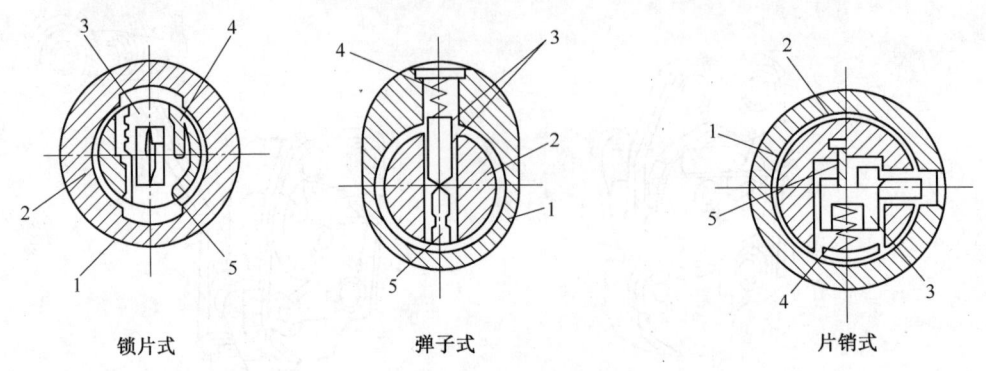

图 5-4　圆柱形锁芯
1—锁芯外壳;2—锁芯体;3—销片;4—弹簧;5—钥匙。

图 5-5　某电动门锁锁芯

(四)自动门锁结构与工作原理

自动式门锁在现代轿车上应用普遍,它与手动式门锁的主要区别反映在操纵方式上,前者可由驾驶员集中控制各车门的启闭,而后者需要使用钥匙或手柄将车门锁打开或关紧。按操纵方式的不同,自动门锁有电磁式、电动机式、真空式等几种,现在常用的是电动机式和电磁式。

自动门锁在汽车上常称为中控门锁系统。

1. 中控门锁的零部件及功能

中控门锁系统主要由控制部分和执行机构组成,其中控制部分主要包括门锁开关和门

锁控制器,现将各元件介绍如下:

1)门锁控制开关

门锁控制开关一般安装在驾驶室侧前门内的扶手上,通过门锁控制开关可以同时锁上和打开所有的车门。如图5-6所示为丰田某轿车门锁控制开关的位置图。

2)钥匙控制开关

钥匙控制开关装在左前门和右前门的外侧门锁上,如图5-7所示。当从车外面用车门钥匙开车门或锁门时,钥匙控制开关便发出开门或锁门的信号给门锁控制ECU,实现车门打开或锁止。车门钥匙的功能是实现在车门外面锁车或打开车门锁,同时车门钥匙也是点火开关、燃料箱、行李箱等全车设置锁的地方共用的钥匙。

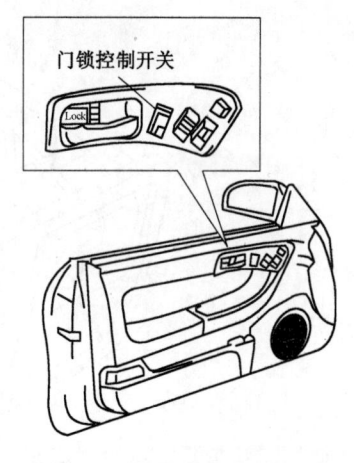

图5-6 门锁控制开关的位置

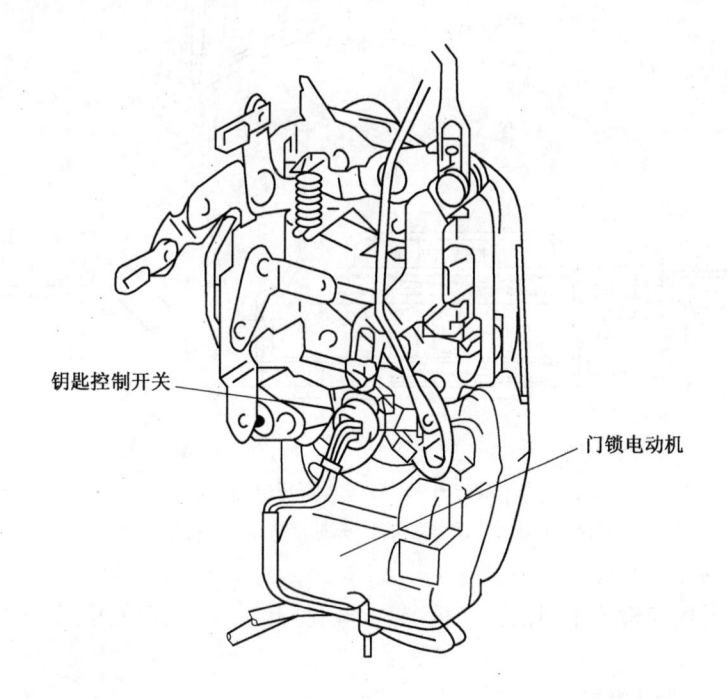

图5-7 钥匙控制开关的位置

3)行李箱门开启器开关

行李箱门开启器开关位于仪表板下面,拉动此开关便能打开行李箱门,如图5-8所示。不同车的行李箱门开启器开关有所不同,图中所示的行李箱门开启器开关操作时,先用钥匙顺时针旋转打开行李箱门开启器主控开关,然后再使用行李箱门开启器开关打开行李箱。

4)行李箱门开启器

行李箱门开启器装在行李箱门上,结构如图5-9所示,主要由轭铁、插棒式铁芯、电磁线圈和支架组成。轴连接行李箱门锁,当电磁线圈通电时,插棒式铁芯将轴拉入并打开行李箱门。线路断路器用以防止电磁线圈因电流过大而过热。

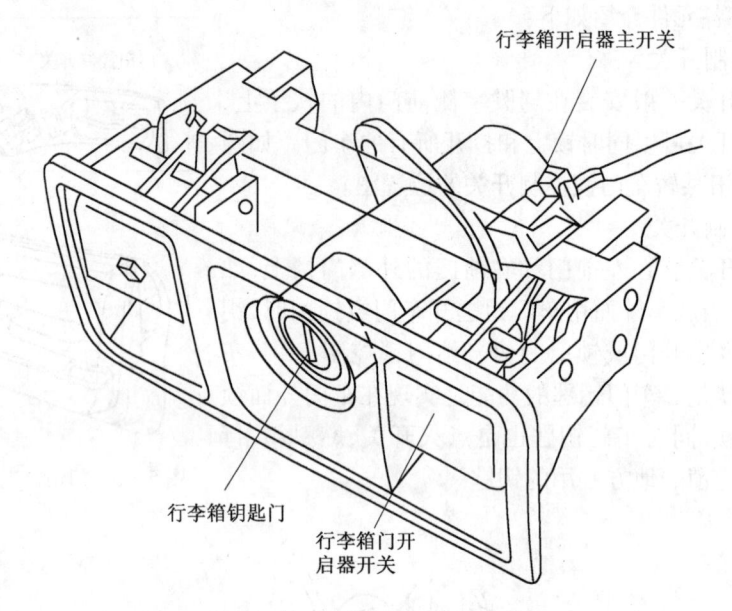

图 5-8 行李箱门开启器开关

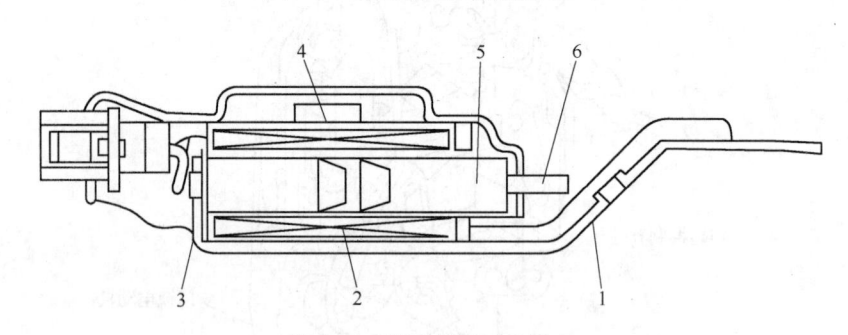

图 5-9 行李箱门开启器
1—支架；2—电磁线圈；3—衔铁；4—线路断路器；5—铁芯；6—锁芯轴。

5) 门控开关

门控开关是用来检测车门的开闭情况。车门打开时，门控开关接通；车门关闭时，门控开关断开。

6) 门锁连杆操纵机构

门锁连杆操纵机构如图 5-10 所示，当门锁电动机（或其他门锁执行器）运转时，通过门锁连杆操纵门锁锁定或开启。

7) 门锁执行器

中控门锁采用一个开关去控制另一些开关，它用电磁驱动方式执行门锁的关闭与开启。其执行器主要分两种形式：电磁线圈式和直流电动机式。两种形式都是通过改变直流电的极性来改变执行机构的运动方向，执行关闭或开启动作。对于电磁线圈式，锁门时，给电磁线圈以正向电流，衔铁带动连杆向左移动，扣住门锁舌片；开门时，给电磁线圈以反向电流，衔铁带动连杆向右移动，脱离门锁舌片。直流电动机式中央门锁的工作原理是：连杆驱动力由可逆转的直流电动机提供，利用电动机的正转和反转来完成锁门和开门的动作。

(1) 双线圈门锁执行器。双线圈门锁执行器如图 5-11 所示，它有两个电磁线圈，一个

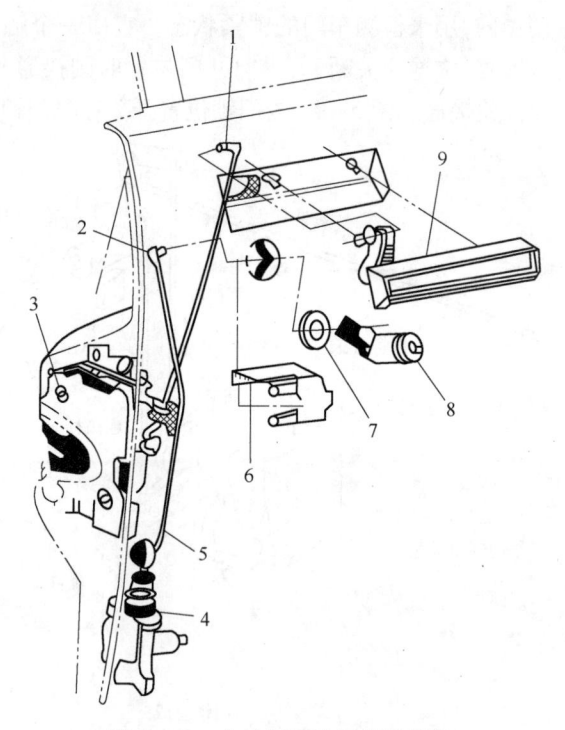

图 5-10 中控门锁连杆操纵机构

1—外门锁把手至门锁连杆；2—锁芯至门锁连杆；3—门锁总成；4—门锁电动机；
5—电动机至门锁连杆；6—锁芯定位架；7—垫圈；8—锁芯；9—外门锁把手。

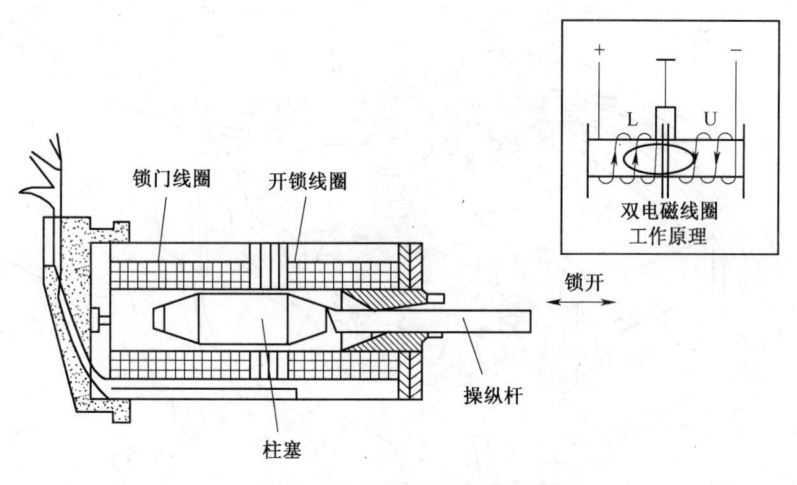

图 5-11 双线圈门锁执行器

是锁门线圈，另一个是开门线圈，与门锁操纵机械相连的柱塞，能在两线圈中自由移动。

（2）直流电动机门锁执行器。直流电动机门锁执行器主要由门锁传动机构、门锁开关、位置开关、外壳等组成，结构如图 5-12 所示。

门锁传动机构主要由门锁电动机、涡轮齿轮组等组成，如图 5-13 所示。当门锁电动机转动时，涡杆带动涡轮转动，涡轮推动锁杆，车门被锁上或打开，然后涡轮在复位弹簧的作用下返回原位置，防止操纵时门锁电动机工作。

门锁位置开关位于门锁内,用来检测车门的锁紧状态。它由一个触点片和一个开关底座组成。当锁杆推向锁门位置时,位置开关断开,推向开门位置时则接通。当车门关闭时,此开关断开;当车门打开时,此开关接通。图 5-14 为门锁位置开关在车门锁紧和打开时的状态。

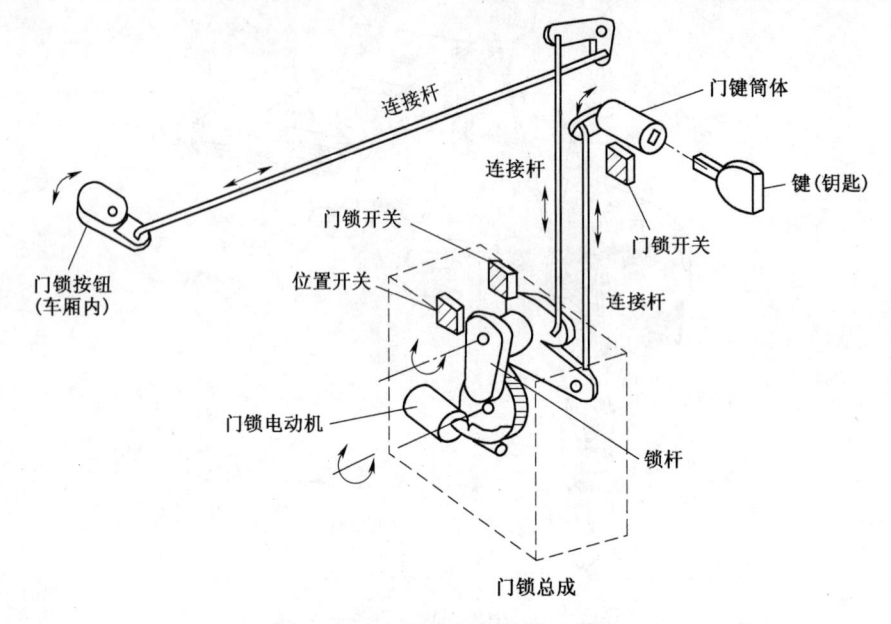

图 5-12 门锁执行器结构示意图

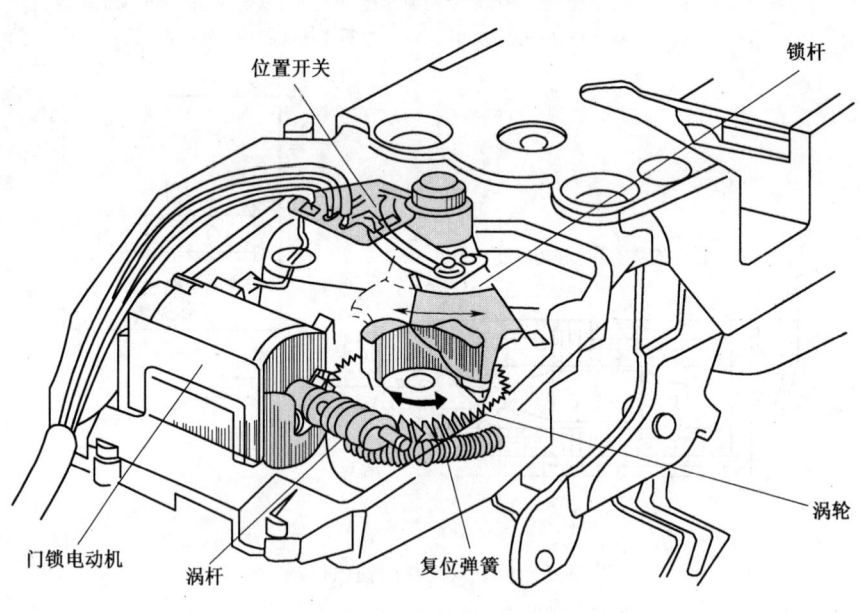

图 5-13 门锁传动机构

2. 中控门锁的工作过程

下面以某轿车的计算机(ECU)控制的中控门锁系统为例介绍其工作过程。

图 5-15 为某轿车计算机控制的中控门锁系统电路图,从图中可以看出,能够同时打开和锁上车门的开关有门锁控制开关和钥匙操纵开关。对于执行器车门采用直流电动机式,行李箱门采用电磁线圈式。同时还具有防止钥匙遗忘功能。现将其工作原理分述如下。

锁紧（断开） 未锁（接通）

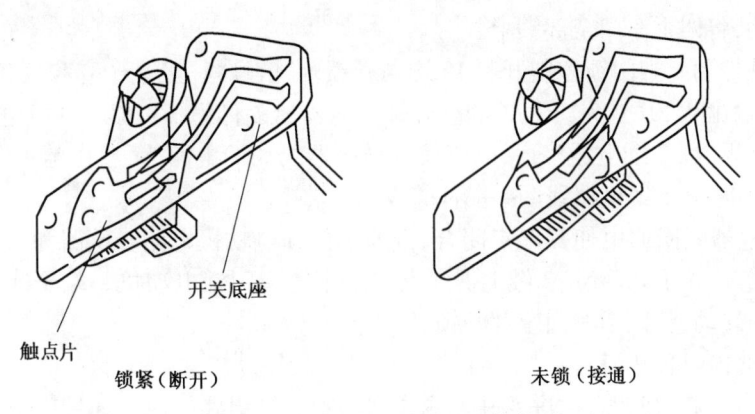

图 5-14 门锁位置开关的工作情况

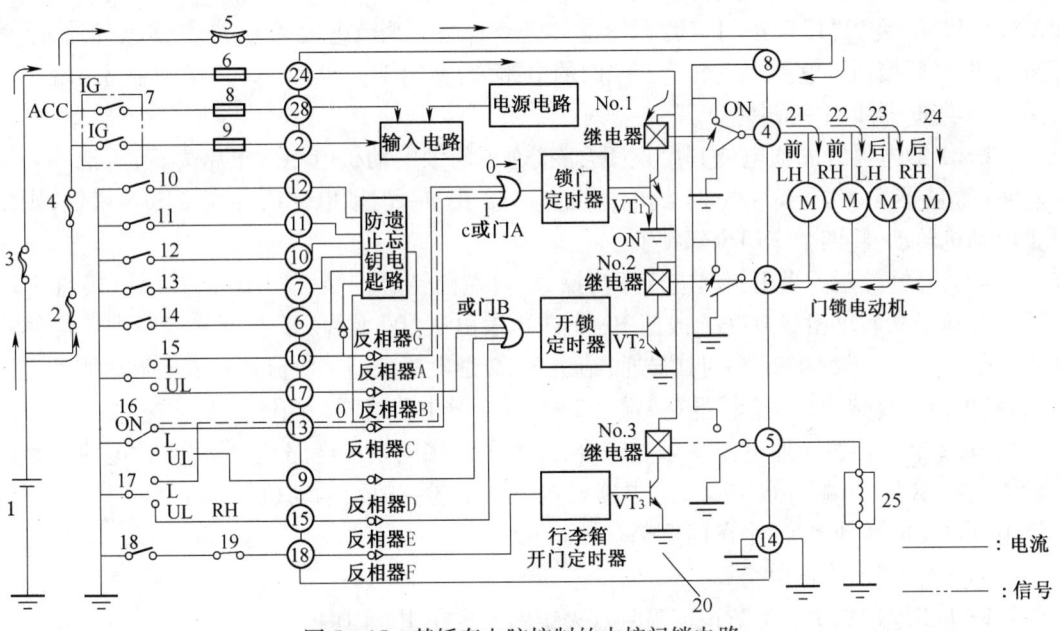

图 5-15 某轿车电脑控制的中控门锁电路

1—蓄电池；2—易熔丝；3—易熔丝；4—易熔丝；5—断路器；6—熔断器；7—点火开关；8—点烟器熔断器；
9—ECU熔断器；10—左前门锁控制开关；11—右前门锁控制开关；12—左前位置开关；13—右前位置开关；
14—钥匙开锁报警开关；15—门锁控制开关；16—左前钥匙控制开关；17—右前钥匙控制开关；
18—行李箱门开启器开关；19—主开关；20—防盗和门锁控制ECU；21—左前门锁电动机；
22—右前门锁电动机；23—左后门锁电动机；24—右后门锁电动机；25—行李箱门开启器电磁阀。

1）用门锁控制开关锁门和开锁

（1）锁门控制。图 5-15 中防盗和门锁控制 ECU 内部是逻辑电路图。当驾驶员侧或副驾驶员侧门锁控制开关 15 推向锁门侧时，信号"1"经由端子⑯和反相器 A 送给或门 A。或门 A 的输出从"0"变为"1"。锁门定时器供给晶体管 VT_1 加一基极电流约 0.2s 并使其导通。结果 No.1 继电器接通。电流通过继电器线圈的电路为：蓄电池→易熔丝 3→熔断器 6 →端子㉔→No.1 继电器线圈→晶体管 VT_1→搭铁。

No.1 继电器线圈通电使其触点闭合，接通了门锁电动机电路。电路为：蓄电池→易熔丝 4→断路器 5→端子⑧→No.1 继电器触点→端子④→门锁电动机→端子③→搭铁，则门锁电动机转动,将四个车门全部锁上。

(2) 开锁控制。当门锁控制开关 15 推向开锁侧,信号"1"经端子⑰和反相器 B 送给或门 B,或门 B 输出从"0"变为"1"。因此,开锁定时器给晶体管 VT_2 加一基极电流约 0.2s 并使其导通。结果 No.2 继电器接通,电流通过继电器线圈的电路为:蓄电池→易熔丝 3→熔断器 6→端子㉔→0.1 继电器线圈→晶体管 VT_2→搭铁。

No.2 继电器线圈通电使其触点闭合,接通了门锁电动机电路。电路为:蓄电池→易熔丝 4→断路器 5→端子⑧→No.2 继电器触点→端子③→门锁电动机→端子④→搭铁,则门锁电动机反向转动,将四个车门全部开锁。

2) 用钥匙锁门和开门

(1) 锁门控制。当钥匙插进驾驶员侧或副驾驶员侧钥匙门内并向锁门方向转动时,则左前钥匙控制开关 16 向锁门侧接通。此时信号"1"经端子⑬和反相器 C 送给或门 A,或门 A 输出从"0"变为"1"。锁门定时器给晶体管 VT_1 加一基极电流约 0.2s 并使其导通,结果 No.1 继电器接通。电流通过继电器线圈的电路为:蓄电池→易熔丝 3→熔断器 6→端子㉔→No.1 继电器线圈→晶体管 VT_1→搭铁。

No.1 继电器线圈通电使其触点闭合,接通了门锁电动机电路。电路为:蓄电池→易熔丝 4→断路器 5→端子⑧→No.1 继电器触点→端子④→门锁电动机→端子③→搭铁,则门锁电动机转动,将四个车门全部锁上。

(2) 开锁控制。当用钥匙进行开门操纵时,左前钥匙控制开关 16 向开门侧接通,"1"信号经端子⑨和反相器 D 送给或门 B,或门 B 输出从"0"变为"1"。开锁定时器给晶体管 VT_2 加一基极电流约 0.2s 并使其导通,结果 No.2 继电器接通。电流通过继电器线圈的电路为:蓄电池→易熔丝 3→熔断器 6→端子㉔→No.2 继电器线圈→晶体管 VT_2→搭铁。

No.2 继电器线圈通电使其触点闭合,接通了门锁电动机电路。电路为:蓄电池→易熔丝 4→断路器 5→端子⑧→No.2 继电器触点→端子③→门锁电动机→端子④→搭铁,则门锁电动机反向转动,将四个车门全部开锁。

3) 防止钥匙遗忘功能

防止钥匙遗忘功能可防止锁门时点火钥匙遗忘在钥匙门内。

(1) 推动锁钮锁门。当点火钥匙插在钥匙门内,驾驶员侧或副驾驶员侧车门打开时,左前门锁控制开关 10 和钥匙开锁报警开关 14 都接通。因此,这些开关经端子⑫和⑥将"0"信号送给防止钥匙遗忘电路。在这种状态下,将锁钮推向锁门侧,则门立刻被锁上。但由于位置开关 12 断开,信号"1"经端子⑩送给防止钥匙遗忘电路并使其输出信号"1"送给或门 B,使或门 B 的输出从"0"变到"1"。同时开锁定时器接通晶体管 VT_2 约 0.2s。电流在系统中的流动路径与用门锁控制开关开锁一样。电动机由 No.2 继电器供电而工作,打开全部车门。

(2) 用门锁控制开关锁门。当点火钥匙插在钥匙门内,驾驶员侧或副驾驶员侧车门打开时,左前门锁控制开关 10 和钥匙开锁报警开关 14 都接通。这些开关经端子⑫和⑥将"0"信号送给防止钥匙遗忘电路。在这种状态下,当用门锁控制开关锁门时,门立刻被锁上。但由于信号"1"经端子⑯送给防止钥匙遗忘电路和反相器 G,使电路将"1"信号送给或门 B 并使其输出从"0"变为"1"。同时开锁定时器接通晶体管 VT_2 约 0.2s,电动机接通,打开全部车门。

(3) 车门全关闭时防止钥匙遗忘功能。当防止钥匙遗忘功能起作用和门锁钮保持向下阻止开锁时,门立刻被锁上。此时左前门锁控制开关 10 和钥匙开锁报警开关 14 接通,并经端子⑫和⑥将"0"信号送给防止钥匙遗忘电路。若此时门处于关闭状态,则门锁开关断开,并且输入到防止钥匙遗忘电路的信号由"0"变为"1"。约 0.8s 后,防止钥匙遗忘电路输出"1"信号给或门 B,或门 B 输出信号从"0"变为"1"。因此开锁定时器接通晶体管 VT_2 约 0.2s,电动机接通,打开全部车门。若此时车门不能全部打开,则开锁定时器再次启动 0.8s 后,使全部车门打开。

4) 行李箱门开启器控制

当行李箱门开启器开关⑱接通,"1"信号经端子⑱和反相器 F 送给行李箱开门定时器。开启定时器送给晶体管 VT_3 基极电流约 0.2s 并使其导通,No.3 继电器也导通,使其触点闭合,接通了行李箱门开启器电磁阀电路。电路为:蓄电池→端子⑧→No.3 继电器→端子⑤→行李箱门开启器电磁阀 25→搭铁,从而打开行李箱门。

3. 遥控中控门锁系统

遥控中控门锁系统也叫无钥匙进入系统。它的作用是给门锁系统加一个遥控开关,是对汽车车门开闭装置的动作器进行无线遥控的装置,可为驾驶员提供一个打开车门的方便手段。同时,这个系统还可以提供除中控门锁功能外相关的行李箱、灯光和喇叭的控制功能。

现代汽车电子控制门锁系统按控制方式不同可分为遥控式和无遥控式。其中遥控式根据发射信号的不同又可分为红外线遥控方式、无线电遥控方式和超声波遥控方式等。目前应用较广泛的是红外线遥控方式和无线电遥控方式。

遥控装置,就是对汽车车门开闭装置的执行器进行遥控的装置,在远离车辆的地方,进行车门的开闭。具体来讲,当驾驶员操纵遥控发射器,利用红外线或者无线电波发出身份密码(开、闭代码),且设置在车辆两侧的接收器接收到该遥控信号,并与身份设定代码一致时,则按照相应的功能代码,执行器开始工作,以便执行开闭功能。

1) 手持遥控发射器

手持遥控发射器也称遥控器,其功用是利用发射开关规定代码的遥控信号,控制驾驶员侧车门、其他车门、行李箱门等的开启和锁闭,且具有寻车功能。发射器分为分开型和组合型(发射器与点火钥匙合二为一)两种,如图 5-16 所示。

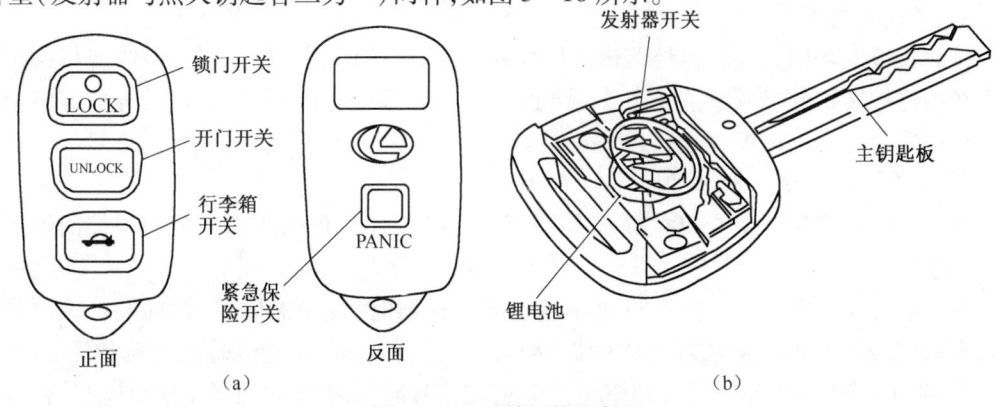

图 5-16 手持遥控发射器
(a) 分开型;(b) 组合型。

遥控器按照遥控信号的载体可分为红外线式遥控器、无线电波式遥控器以及超声波式遥控器,其中红外线式遥控器和无线电波式遥控器应用较为广泛。

2) 接收器

接收器对接收的信号进行放大和调制,检查身份鉴定代码是否相符,当代码一致时,判别功能代码,并驱动相应的执行器。现代汽车广泛采用红外线式接收器和无线电波式接收器。

红外线式接收器的组成如图 5-17 所示,主要由电源电路、接收部分、身份鉴定代码存储器、身份鉴定控制电路 ECU、开关信号输入电路以及输出电路等组成。接收部分主要由接收遥控器信号的光敏二极管、放大器、选频放大器、检波器等组成。开关信号主要是指车门的手动开关的输入信号。输出电路主要是控制车门锁电动机。

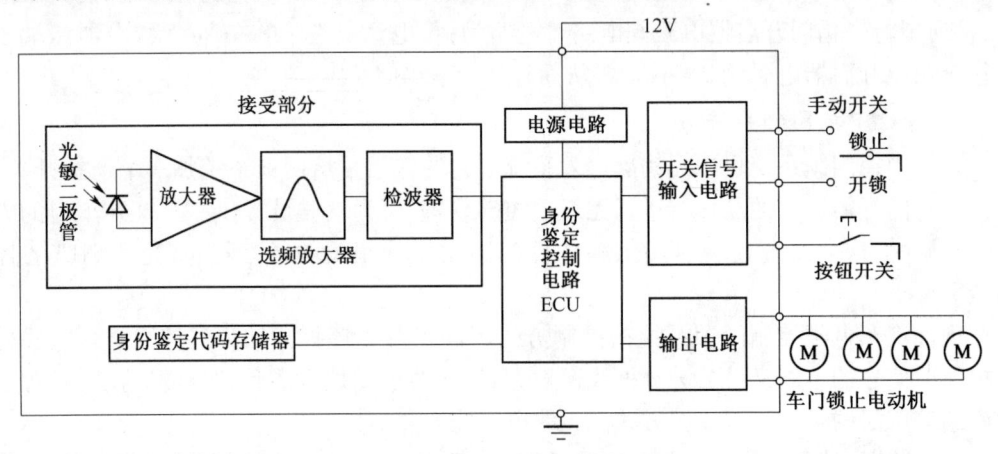

图 5-17 红外线式接收器的组成

在红外线式接收器中,利用光敏二极管把红外线信号变换为电压信号,进行放大和滤波。并应考虑到使用环境,应具有对直射阳光、荧光灯、霓虹灯等的外部干扰不受影响的放大电路特性。与遥控器的发光二极管调制驱动频率相同,在 38kHz 的频带域放大电路中进行放大,以提高其性能。

采用红外线式的接收器,必须设有红外线接收窗。窗的材质最好能让红外线透过,即使不透明也无关紧要。现在接收器一般与防盗电控单元 ECU 制成一体。

3) 接收天线

接收天线的功用是接收遥控器输出信号,同时也可用作收音机天线。与收音机共用一个天线的遥控装置的组成框图如图 5-18 所示。接收天线接收到信号后,由分配器将信号分检出遥控信号和收音机接收信号。

4) 遥控门锁系统的工作过程

图 5-19 为雷克萨斯 LS400 轿车的遥控门锁系统电路,现以此为例说明遥控门锁系统的工作原理。

(1) 遥控天线电路。当操纵点火钥匙上的发送器时,发送器即发射电磁波,该电磁波以汽车后窗玻璃上的除雾电热丝为天线,然后通过匹配器,将其送至遥控门锁 ECU 的 ANT 端子。当 ECU 的 ANT 端子接收到该遥控电磁波信号时,即控制 4 个车门锁自动进行打开或锁住操作。

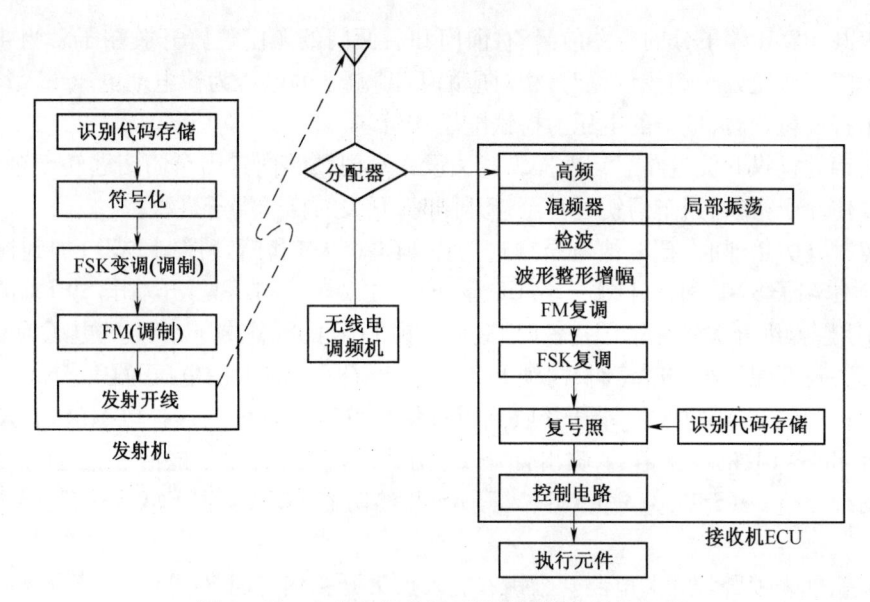

图 5-18 与收音机共用天线的遥控装置的组成

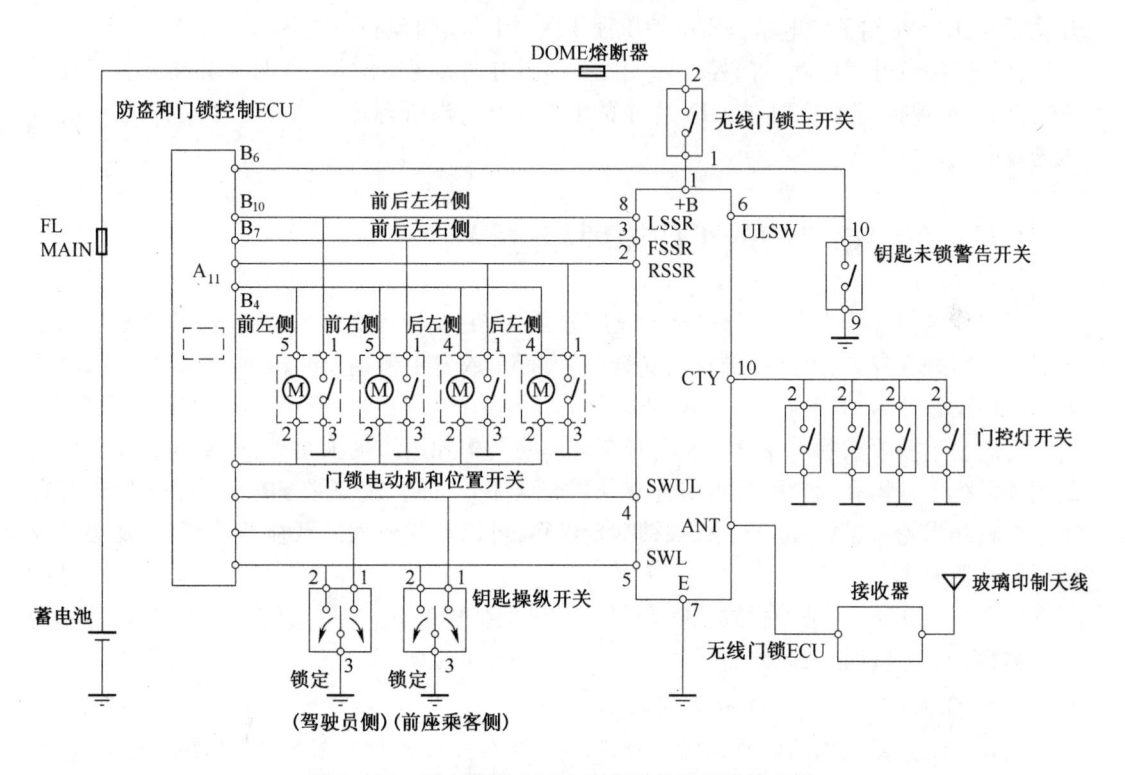

图 5-19 雷克萨斯 LS400 轿车遥控门锁系统电路

(2) 遥控门锁 ECU 电源电路。当遥控门锁主开关接通时,蓄电池电压加到遥控门锁 ECU 的+B 端子上,使 ECU 工作。该电源为 ECU 的控制电源。

(3) 车门位置开关电路。车门位置开关设在门锁电动机总成内。当车门锁按钮处于锁住位置时,开关断开;当车门锁按钮处于打开位置时,开关接通。遥控门锁的 ECU 的

LSSR、FSSR、RSSR 端子分别为左前门、右前门和后两门的车门位置开关端子。当4个车门的任一车门锁按钮处于锁住位置时,相对应的 ECU 端子的电压为蓄电池电压12V;相反,当按钮处于打开位置时,端子的电压为搭铁电压0V。

(4) 钥匙操纵开关电路。钥匙操纵开关设在车门锁芯内。当车门钥匙转至锁住侧时,开关的锁住端子搭铁;当车门钥匙转至打开侧时,开关的打开端子搭铁。

当点火开关接通时,蓄电池电压通过防盗 ECU(防盗和门锁控制 ECU)加到遥控门锁 ECU 的锁住端子 SWL 和打开端子 SWUL 上,即锁住端子 SWL 和打开端子 SWUL 的电压为12V。当钥匙操纵开关锁住端子搭铁时,遥控门锁 ECU 的锁住端子 SWL 的电压为0V;当钥匙操纵开关打开端子搭铁时,遥控门锁 ECU 的打开端子 SWUL 的电压为0V。

当遥控门锁 ECU 的 ANT 端子接收到点火钥匙发送器发出的遥控电磁波信号时,根据 SWL 端子和 SWUL 的电压信号,输出打开或锁住所有车门的信号,该信号通过两个 ECU 之间的通信线路 B_7—FSSR、B_{10}—LSSR、A_{11}—RSSR 给防盗 ECU,防盗 ECU 即控制门锁锁住或打开。

(5) 钥匙未锁警告开关电路。当钥匙插入点火开关锁芯时,钥匙未锁警告开关电路接通,遥控门锁 ECU 的 ULSW 端子的电压为0V,ECU 执行钥匙禁闭预防功能;钥匙未插入时,开关断开,ULSW 端子的电压为蓄电池电压12V,钥匙禁闭预防功能解除。

(6) 门控灯开关电路。门控灯开关在车门打开时接通,车门关闭时开关断开。当任一车门打开时,遥控门锁 ECU 的 CTY 端子的电压为0V,当所有车门均关闭时,CTY 端子的电压为蓄电池电压12V。

(五) 车门锁机构的工作原理与过程

车门作为汽车车身的一个重要组成部分,要满足人和货物的进出要求,具有密封性使车身内部与外界隔离;另外要求车门安全可靠,行车或发生碰撞时车门不会自动打开,碰撞发生后能正常开启;并具有良好的防盗性能。

为满足这些要求除需要车门及车身有合理的结构和适当的强度外,还要求有安全可靠的门锁系统。锁体和锁扣系统由啮合部分和操纵部分组成,啮合部分的常见结构形式有转子卡板式和齿轮齿条式,由于卡板式锁啮合可靠,可以承受较大的载荷,对装配精度要求较低所以被普遍采用。

如图5-20所示,是卡板式锁啮合部分的典型结构形式,主要由转子7、锁扣8、卡板6配合弹簧、轴等零件组成。

1. 啮合系统的工作原理和工作过程

啮合系统是锁机构的核心组成部分,啮合的主要工作过程如图5-20和图5-21所示,图5-20是在车门即将关闭时锁扣8与转子7开始啮合的状态。当门继续关闭时,锁扣带动转子旋转,最终卡板在弹簧的作用下与转子的缺口啮合,完成门锁的闭合动作将车门锁住,这时只有使卡板与转子脱离啮合状态才能使门锁开启(图5-21)。

操纵部分如图5-22所示,主要包括门内把手22,锁止开关21和连杆18,19,20,另外还包括外侧手柄和锁芯(前门锁)及中控锁执行器。如图5-23所示,为门锁结构示意图。

任务 5　轿车车门锁系统的维修

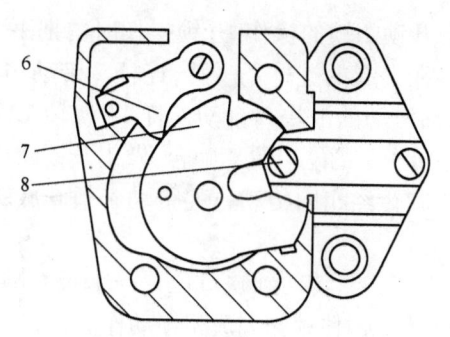

图 5-20　卡板式锁啮合典型结构形成

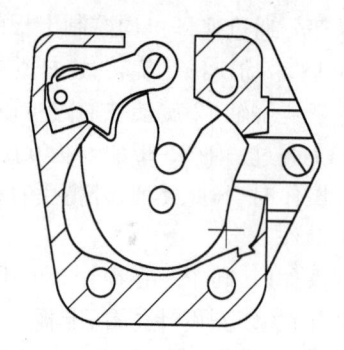

图 5-21　卡板式锁开启示意图

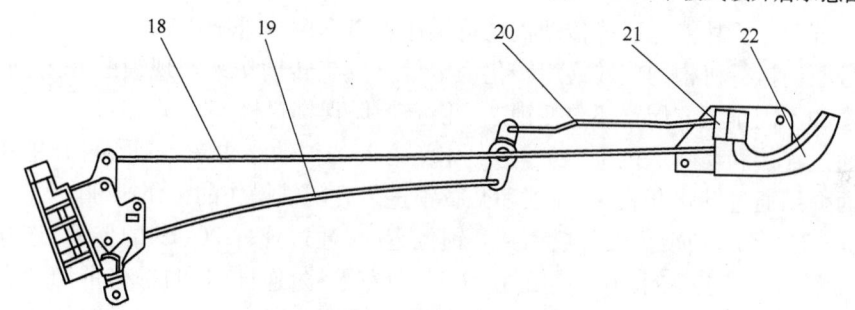

图 5-22　某门锁操纵装置示意图

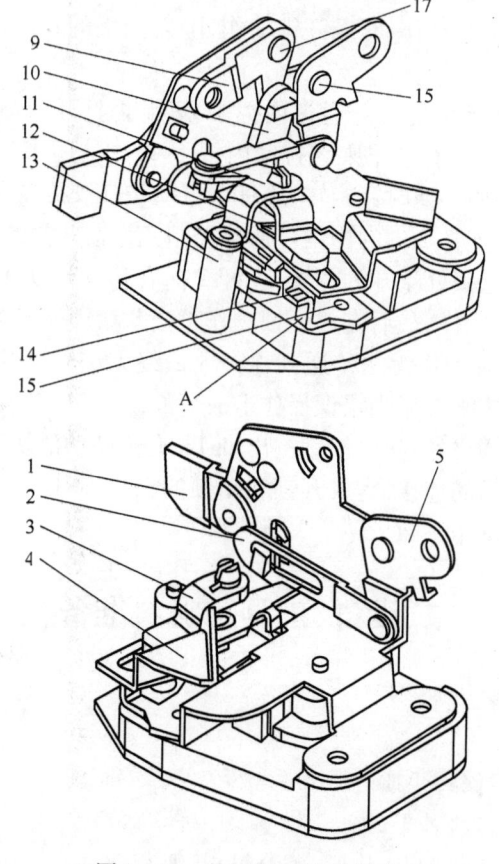

图 5-23　某门锁结构示意图

操纵部分通过连杆机构控制卡板的位置来实现开锁闭锁的操作,开锁操作时内把手22通过连杆18带动连杆5旋转,连杆5带动和它铰接在一起的连杆2平移,连杆2带动与其啮合的连杆4绕轴12旋转并通过可以在连杆4内部滑动的滑块3带动连杆14绕轴12旋转,连杆14通过销轴15带动卡板6旋转,卡板6与转子7的缺口脱离啮合,做出开锁动作。当从车外操作时,与此类似,外把手直接带动连杆4旋转经相同传动过程带动卡板6旋转,完成开锁动作。

闭锁操作时,转子7在锁扣8的推动下逆时针旋转。当转动到缺口位置与卡板6啮合时,车门同时关闭到设计位置,卡板6卡住转子7,转子7钩住锁扣完成闭锁动作。

2. 操纵系统的工作原理与过程

操纵系统的主要功能是通过传动机构将操作者对车门内外把手、锁止开关等的操作和通过电信号驱动执行机构的旋转最终转化为卡板6的旋转动作来实现锁的开闭,根据门锁的安装位置和不同车型的配置还包括锁芯、儿童锁、防误锁机构等附属机构。

系统通过连接和切断从把手(内、外)到卡板之间的传动路线来达到实现开锁和闭锁的目的。下面介绍通过锁止开关、中控锁和儿童锁进行开闭锁操作的工作原理。

如图5-24所示,当锁止开关扳动到开锁位置时,通过连杆20、19的传动,连杆9绕轴17顺时针旋转,带动与其铰接在一起的连杆10向左平移,连杆10的平移带动和它铰接在一起的连杆11绕中控锁输出轴13旋转,连杆11旋转带动位于连杆4内的滑块3向连杆14的凸出部分A移动并最终与A接触,这时如果拉动门外把手就可以带动连杆4顺时针旋转,经其他件传动带动卡板6动作,完成开锁动作,随着把手的拉动,锁扣8与转子7脱离,车门被打开。

如果在锁止开关处于开启的位置通过内把手22能否打开门锁,还取决于儿童锁的状态。如图5-23,图5-24所示,如果乘客拉动内把手22,内把手22向内旋转,带动连杆18向右平移,拉动连杆5绕轴16逆时针旋转,连杆5带动与其铰接在一起的连杆2向右移动,儿童锁开关的凸笋安装在连杆2内的槽内。通过控制儿童锁开关的位置可以使连杆2与连杆4接合或断开,如果儿童锁处于开的位置,连杆2向右移动带动连杆4顺时针旋转,其余传动过程与用外把手开锁一样,最后完成开锁动作。当儿童锁处于关的位置,连杆2与连杆4脱离由内把手发出的开锁动作无法传递到连杆4最终无法做出开锁动作,这时后门只有从车外才能开启,防止后排乘客做出错误操作造成事故。

中控锁执行开锁、闭锁操作时,中控锁输出轴13旋转带动滑块3在杆4内平移接合或断开连杆4与连杆14之间的连接,完成开锁和闭锁的操作,不同车型的门锁结构虽略有不同,但主要结构和原理都基本一致。

二、设备、工具和材料准备

(1) 承载式轿车车身2辆。
(2) 常用拆装工具。
(3) 对应车型的车身修理手册。
(4) 万用表4只,跨接线若干。
(5) 安全防护用品:工作帽、工作服、安全鞋、棉手套。

三、子任务1：机械锁的常见故障与检修

门锁是整车中的保安件,当它打不开或打开后无法锁闭时,司乘人员将无法进行正常的工作和生活。

1. 门锁失效原因

(1) 门锁连杆塑料制件断裂,引起门锁打开失效。或塑料制品经过一段时间的使用后老化断裂而失效。

(2) 门锁连杆塑料制件滑脱而引起失效。主要原因是塑料制件从支架孔中脱出,塑料结构本身有自锁功能,无法自锁是塑料制品强度不够或尺寸超差引起的。

(3) 门锁连杆干涉问题,由于门锁连杆的几何形状变化,当开启时门锁连杆互相干涉造成门锁打不开。有时当杆件拆下来后没有发现尺寸及几何形状问题,那就是当开启时门锁连杆受力后刚度差回弹角过大而引起的失效。

(4) 当门锁需要从内向外打开时,内扣手部位干涉,使门锁打不开。由于内扣手部位为塑料制品,因塑料制品变形,引起内锁打开无法到位而造成门锁失效。

(5) 门锁体机构拉簧脱落,造成门锁无法打开。锁机构拉簧脱落的主要原因是拉簧挂钩部分长度尺寸超差,在运动中脱钩而引起门锁失效。

(6) 门锁体机构塑料制件变形,其明显的问题是当门锁拆下来后,发现塑料制件与装配位置贴合不能到位,打开情况时好时坏,这也是引起失效的重要因素。

(7) 门锁体机构塑料制件厚度尺寸超差,装配后运动件不能正常工作,引起干涉性失效。

(8) 门锁体机构铆钉使用一段时间后因没铆牢而脱落,这是造成门锁失效的又一种因素。

(9) 门锁后柱销松动,造成车门无法正常关闭,一般引起这种现象的因素有两种,一是螺杆未紧固；二是紧固螺母滑扣或脱焊。因上述原因造成锁体无法受力而失效。

(10) 门锁体开口部位塑料制件在关闭时破损,引起这种现象的主要原因有两点,一是门下沉锁体咬合时无法到位,且锁体下沿的塑料制件与后锁柱销相撞造成破裂；二是塑料制件自身强度存在问题,在后锁柱销滑动过程中,没有足够的强度保证,造成塑料制件破裂,因以上两种原因引起门锁无法正常关闭。

(11) 门锁关闭时,停留在二挡位置,无法使门完全关闭。在关闭车门时,手感有反弹现象,这主要是门洞间隙不均造成的,由于关闭时门的反弹作用,故引起门锁只能关闭到二挡位置。

(12) 门关闭无法用钥匙进行锁止,一般为门外锁卡簧脱落,将卡簧从门里板按规定卡上就可修复。

2. 门锁常见故障的排除与维护

(1) 门锁连杆塑料件发现断裂,造成门锁失效,没有必要将门锁报废,向生产厂家索取并更换连杆塑料件即可。

(2) 当门锁连杆干涉引起门锁失效时,可以先观察连杆运动情况,不用拆下来,如果发现哪个部位干涉就将干涉部位稍加调整即可正常使用。

（3）因内扣手从门里打开门时干涉，可将内扣手拆下来，重新装配，在重装时内部的装配螺钉可加小型垫圈进行调整，以不造成内扣手干涉门锁，开启灵活为准。

（4）当门锁体机构因拉簧脱落引起失灵时，可将拉簧稍加处理，使总长度尺寸缩短一点即可，尺寸的调整要以挂好后运动灵活为原则，方可保不脱落。

（5）门锁体机构制件变形时，应细心观察变形部位，对于突出部位的塑料面应用细砂纸稍加摩擦，摩擦的标准为能够平面贴合到位，装配后不变形，即可解决矛盾。

（6）门锁运动机构的铆钉未铆牢引起的门锁失灵，可找专业人员再铆一次，便可确保铆钉的牢固性。

（7）门锁后柱销松动造成门锁无法锁问题，如果是因为螺母脱焊，拆下来后进行补焊即可；如果是因为滑扣，更换螺母后紧固即可。作为司乘人员可能没有这方面的技术和手段，但了解这些问题的根源后，将大大缩短故障排除及修复的时间。

（8）当司乘人员发现门锁关闭时有干涉问题，可以上下轻度晃动车门，观察是否有下沉现象，如果发现门上下晃动严重，应查一查门铰链是否松动，当发现松动时应在门关闭的最佳状态位置紧固铰链螺钉，以确保解决因门下沉而造成的门的关闭干涉问题。

四、子任务2：自动门锁的检修

以索纳塔轿车为例介绍电动门锁系统的检修方法，其他门锁的检修方法与此类似。

1. 电动门锁的检查

（1）断开电动门锁执行器导线连接器，电动门锁执行器连接端子如图5-24所示。

（2）在各端子上连接蓄电池（12V），执行器工作状态应符合表5-1所列。

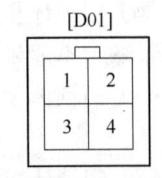

图5-24　电动门锁执行器连接器端子

表5-1　电动门锁的检查表

位　置	端　子	
	2	4
推（开锁）	⊖	⊕
拉（上锁）	⊕	⊖

2. 电动门锁主控开关的检查

（1）从驾驶员门装饰板上拆下电动门锁主控开关（和电动车窗开关组合在一起），其连接端子如图5-25所示。

图5-25　电动门锁主控开关连接端子图

(2) 如表 5-2 所列,检查开关各端子之间的导通状态。若不符合表所列状态,更换开关。

表 5-2 电动门锁主控开关的检查

位置	端子		
	10	13	14
推(开锁)	○────────────────○		
拉(上锁)		○────────○	

五、技能考核表

轿车门锁系统维修技能考核表如表 5-3 所列。

表 5-3 轿车门锁系统维修技能考核表

序号	考核内容	配分	评分标准	考核记录	扣分	得分
1	描述拆卸门锁的类型和特点	10	类型不正确扣 4 分;特点描述错误一次扣 2 分			
2	轿车门锁的拆卸与安装	30	拆装使用工具不当每次扣 2 分;拆装不规范每次扣 5 分;安装、调整不到位扣 10 分			
3	电动门锁的检修	60	万用表使用错误扣 10 分;电动机检测不正确扣 10 分;门锁控制开关检测不正确扣 10 分;钥匙控制开关检测不正确扣 10 分;门锁控制器检测不正确扣 10 分;线路检测不正确扣 10 分			
教师签字				年 月 日		

课后复习题

1. 名词术语解释

开锁、闭锁、内把手、外把手、锁扭、中控门锁、电动门锁。

2. 选择题

(1) 要求车门锁对车门具有导向能力属于( )。

A. 安装性 B. 操作性 C. 可靠性 D. 装饰性

(2) 轿车车门最常用的锁为( )。

A. 舌簧锁 B. 卡板锁 C. 凸轮锁 D. 钩簧锁

(3) 在车门操作锁紧车门的装置是( )。

A. 锁环 B. 锁钩 C. 锁定按钮 D. 内拉手

(4) 下列( )不是卡板锁的优点。

A. 冲击性小　　B. 结构紧凑　　C. 可靠性好　　D. 定位准

(5) 用钥匙开锁实际上是(　　)。

A. 使锁止棘爪与卡板分离　　　B. 使棘爪的锁止解除

C. 使卡环转动脱离卡板　　　　D. 使锁止按钮升起

(6) 车门锁外手柄多数采用(　　)。

A. 旋转式　　B. 按钮式　　C. 掀拉式　　D. 扳机式

(7) 儿童锁控制的是(　　)。

A. 锁止棘爪　　B. 安全臂　　C. 内手柄开户臂　　D. 卡板

3. 思考题

(1) 描述卡板式门锁的工作原理。

(2) 描述电动门锁的工作原理。

(3) 思考门锁有哪些常见故障？怎么处理？

任务 6 车门玻璃升降系统的维修

【学习目标】
1. 熟悉车门玻璃升降系统的结构与原理
2. 能够完成车门玻璃升降系统的维修工作

一、车门玻璃升降系统介绍

（一）车门玻璃升降系统功能与组成

车门玻璃升降系统应具有两种功能：①支撑车门玻璃；②使车门玻璃升降。

车门玻璃升降系统大致由支撑、导向构件和升降机构组成。前者包括窗架和导轨，后者为车窗升降器。另外，车窗升降器也因形式而异，有的升降器本身带有部分支撑功能，如图 6-1 所示。交叉臂式升降器适用于带窗框架的车门，窗框本身即为支撑和导向的机构，由玻璃升降器保持玻璃的倾斜。

（二）玻璃升降器的作用、分类及要求

玻璃升降器是调节风窗玻璃开度大小的专用部件，其功能是保证车门玻璃平衡升降，门窗玻璃能随时并顺利地开启和关闭。当摇手柄不转动时，玻璃应能停在任意位置上，既不能向下滑，也不能由于汽车的颠簸而上下跳动；锁上车门后，能防止外人将玻璃降下而进入车内。

汽车玻璃升降器按传动机构的结构分为：臂式玻璃升降器、钢绳式玻璃升降器、带式玻璃升降器、齿簧式玻璃升降器等。

对玻璃升降器提出下列要求。

（1）操作方便。玻璃升降器在最大载荷工作条件下，摇手柄力矩不得大于 2N·m。为此，要尽量减轻各部件的质量，减小各摩擦副的摩擦力，提高制造与安装精度，选择平衡特性良好的平衡机构。

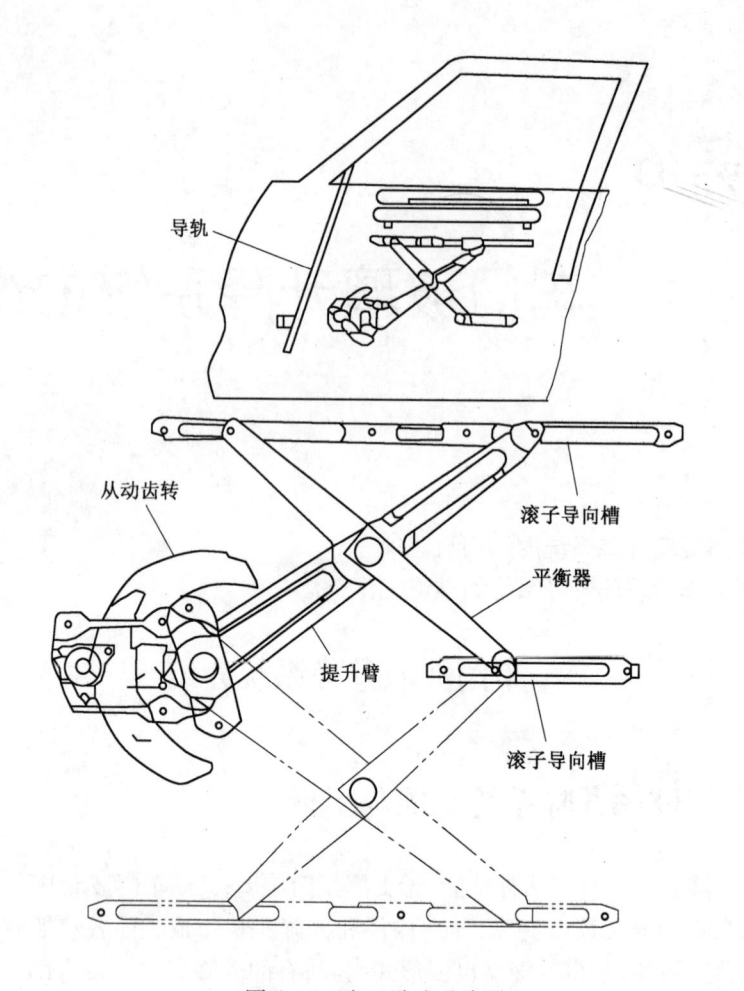

图 6-1 交叉臂式升降器

（2）结构可靠。升降器必须具有足够的制动力矩，以保证良好的制动性能。在工作行程内在摇臂滚轮运动轨迹的切线方向加 300N 的负荷时，应无反转运动；升降器处于上行程任意位置时，玻璃下降量不大于 5mm。各连接部位应牢固，经台架振动试验后，各铆接处及调整轴不应松动；机构应有足够的刚度和强度，即升降器经强度试验后（手摇臂位于上止点，在手柄上施加 150N 的负荷），各部件不得产生扭曲和有碍运动的变形。

（3）寿命长。升降器进行往复升降 4 万次耐久试验后，不得产生异常声响及制动失灵现象，各部件不得产生严重磨损损坏，连接部位不得松动。

（三）臂式玻璃升降器

臂式玻璃升降器可分为单臂式和双臂式两种。其中双臂式之中，还有交叉臂式和平行臂式的区别。

单臂式玻璃升降器（图 6-2(b)）的优点是结构简单、体积小、质量轻。但升降时容易因歪斜而阻滞，并且强度也远不如双臂式可靠。对于仅一边为垂直导槽或其他异型车门玻璃，为使升降平稳和避免产生歪斜，必须采用如图6-2(c)、(d)、(e)、(f)所示的双臂式结构。某双臂式玻璃升降机构如图6-3所示。

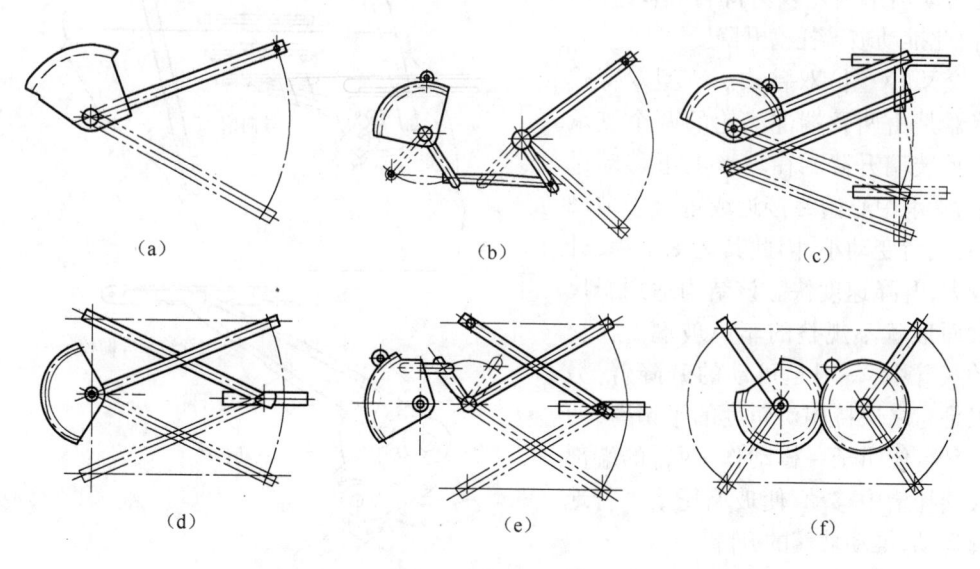

图6-2 臂式玻璃升降器的几种形式
(a)、(b) 单臂式；(c) 双臂平行式；(d)、(e) 双臂交叉式；(f) 双臂反向式。

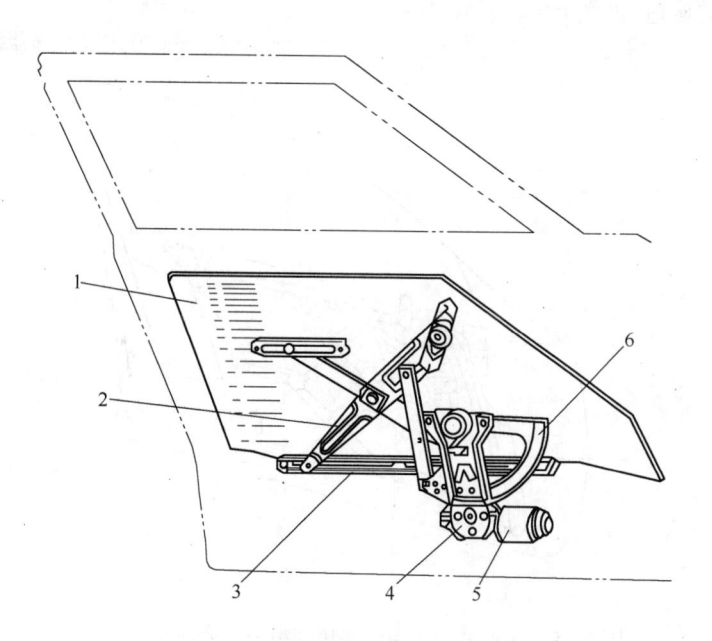

图6-3 双臂式玻璃升降器结构
1—玻璃；2—升降臂；3—玻璃托槽；4—齿轮箱；5—电动机；6—扇形齿轮。

单臂式。单臂式结构(图6-4)由单点支承玻璃支承点，其运动轨迹为一弧线，在水平方向产生分力，水平位移较大，影响了玻璃升降的平稳性，所以要求玻璃导轨要平直。但由于其结构简单，与车门关联比较少，被广泛应用于形状规整的矩形窗框或有避让要求的后车门上。单臂式结构如图6-4所示。当转动手柄(或电动机驱动)时,通过小齿轮带动扇形齿轮及升降臂(单臂)回转,由此推动玻璃托槽升降。

交叉(X型)双臂式。X型双臂式升降器是由两臂端部滚轮的两个支承点支承玻璃升降。在玻璃上下移动过程中,支承中心始终接近或重合于玻璃质心,载荷变动小,因此其运动平稳,升程较大,升降速度快。该结构适用于尺寸大而形状不规整的车门玻璃。在交叉的双臂中,一根是可动的升降臂,另一根是与之保持相对角度的平衡臂,两个交叉臂像钳子一样动作,两臂的端部在玻璃托槽中移动,使玻璃托槽平行地升降运动,推动玻璃的升降。

值得补充的是,在无框玻璃车窗使用交叉双臂式玻璃升降器时,也有采用两根平行导杆的构造,如图6-5所示。

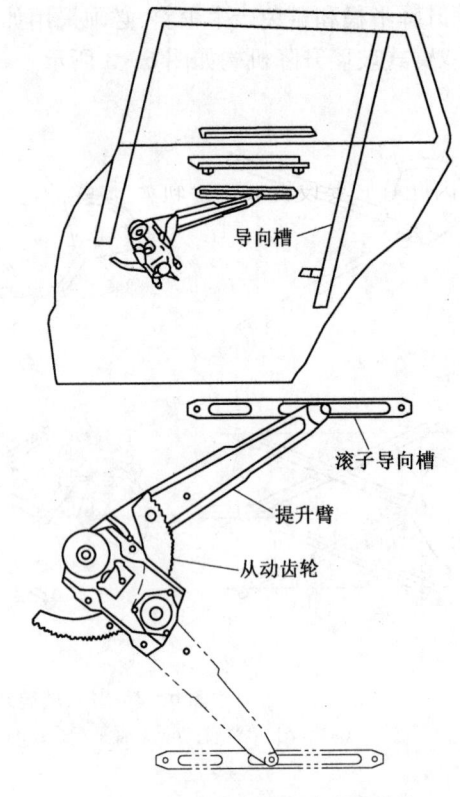

图6-4 单臂式玻璃升降器结构

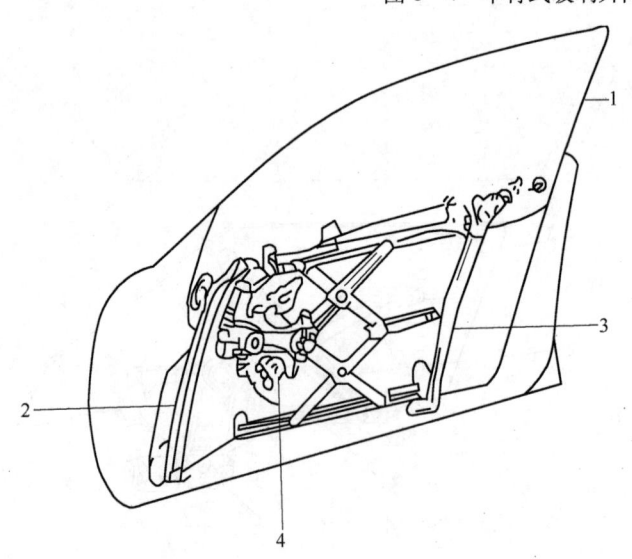

图6-5 无框玻璃车窗中采用两根导杆的玻璃升降器
1—车窗玻璃;2—前门前玻璃导杆;3—前门后玻璃导杆;4—玻璃升降器。

(四)钢绳式玻璃升降器

图6-6为典型的钢绳式玻璃升降器结构,其动力传递路线为:摇手柄→小齿轮→扇形

齿轮→钢绳卷筒→钢绳→运动托架→玻璃升降运动。

钢绳式玻璃升降器主要优点是：手柄位置可自由布置；钢丝绳的松紧度可利用张紧轮进行调节；结构简单、加工容易、体积小、质量轻；由于玻璃装配在运动托架上，故玻璃的质量重力线始终能与钢绳平行，升降过程十分平顺。但由于这种升降机对自身倾斜没有保持能力，因此有必要设置玻璃导轨。

（五）带式玻璃升降器

带式玻璃升降器的基本结构如图6-7所示。其动力传递路线为：手摇柄→穿孔带轮→塑料带孔→运动托架→玻璃升降运动。

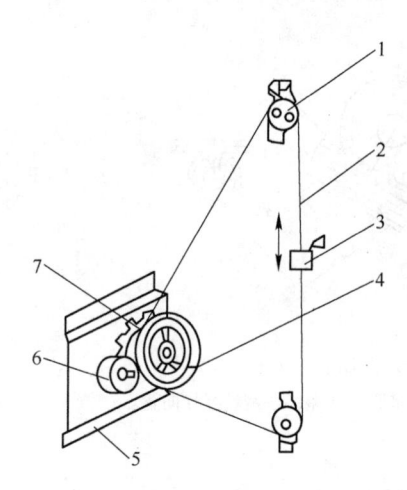

图6-6 钢绳式玻璃升降器
1—滑轮；2—钢绳；3—运动托架；4—钢绳卷筒；
5—座板；6—小齿轮；7—扇形齿轮。

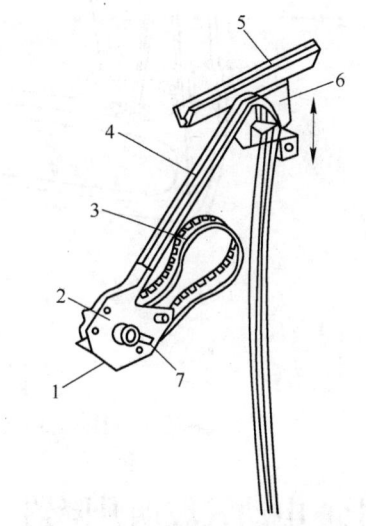

图6-7 塑料带式式玻璃升降器
1—塑料穿孔带连接片；2—底板；3—塑料穿孔带；
4—塑料穿孔带导向槽；5—玻璃安装槽板；
6—运动托架；7—摇柄。

带式玻璃升降器的零件多数为塑料制品，质量轻、运动平稳、无噪声也无须对其进行润滑维护。与臂式玻璃升降器相比，对于两门轿车可减轻质量3.2kg；四门轿车可减轻5.2kg。

（六）齿簧式玻璃升降器

如图6-8所示，为齿轮弹簧式（简称齿簧式）玻璃升降器的结构。其动力传递路线为：手摇柄→小齿轮→螺旋弹簧→玻璃托架→玻璃升降运动。

齿簧式玻璃升降器为了降低小齿轮与螺旋弹簧啮合时的摩擦力，在螺旋弹簧的内孔中除穿有一根直径为4mm的多股钢丝绳外，还在其表面上缠绕了约2mm厚的浸油羊毛。螺旋弹簧外侧套装的薄壁管，可使弹簧沿管内壁滑动。与臂式玻璃升降器相比，齿簧式玻璃升降器零件少、质量轻、结构简单、工作平稳、无噪声、免维护。

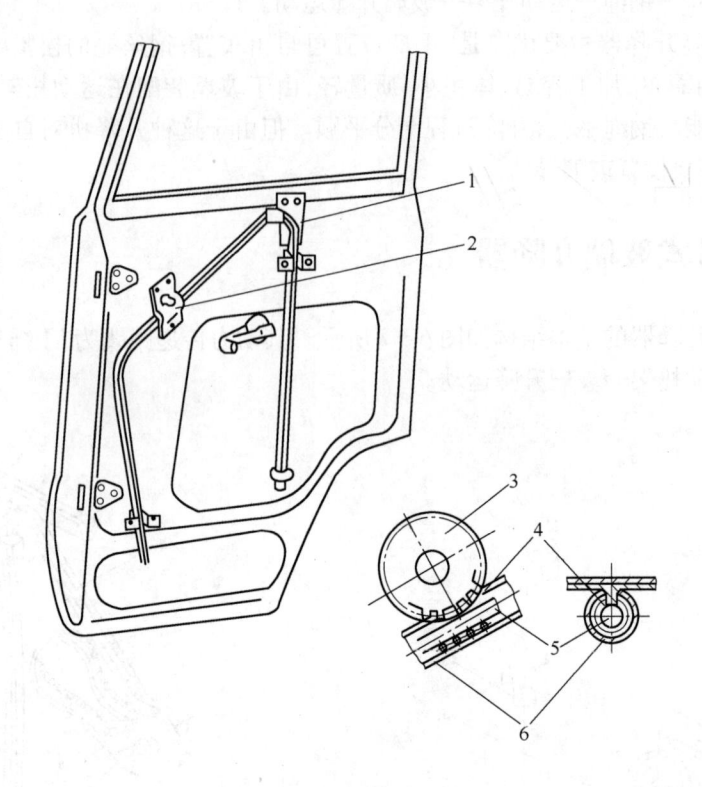

图 6-8 齿轮弹簧式玻璃升降器
1—玻璃托架；2—摇转器；3—齿轮；4—弹簧；5—多股钢丝绳；6—钢丝绳导向管。

（七）电动式玻璃升降器

电动式玻璃升降器用可逆式直流电动机和减速器取代手摇柄，容易实现中央控制。交叉臂式电动玻璃升降器如图 6-3 所示。电动机及其减速机构，主要由永久性磁铁、蜗轮、扇形齿轮、小齿轮、蜗杆、橡胶联轴节和电动机转子等零件组成。其动力传递路线为：驱动电动机→蜗杆→蜗轮→小齿轮→扇形齿轮→升降臂→玻璃安装槽板→玻璃升降运动。

钢绳式电动玻璃升降器如图 6-9 所示，主要由钢丝绳、玻璃安装槽板、钢丝卷筒、齿轮减速器和驱动电动机等零件组成。其动力传递路线为：驱动电动机→齿轮减速器→钢丝卷筒→钢丝绳→玻璃安装槽板→玻璃升降运动。

同样，齿簧式玻璃升降器也可由电动机来驱动。其动力传递路线为：驱动电动机→齿轮减速器→弹簧钢丝绳组件→活动玻璃托架→玻璃升降运动。

（八）电动车窗系统

为了方便驾驶员和乘员开启车窗，现代轿车一般采用电动车窗系统。电动车窗系统是使用电动机来控制车窗玻璃的升降，操纵方便，同时可减轻驾驶员和乘员的劳动强度。

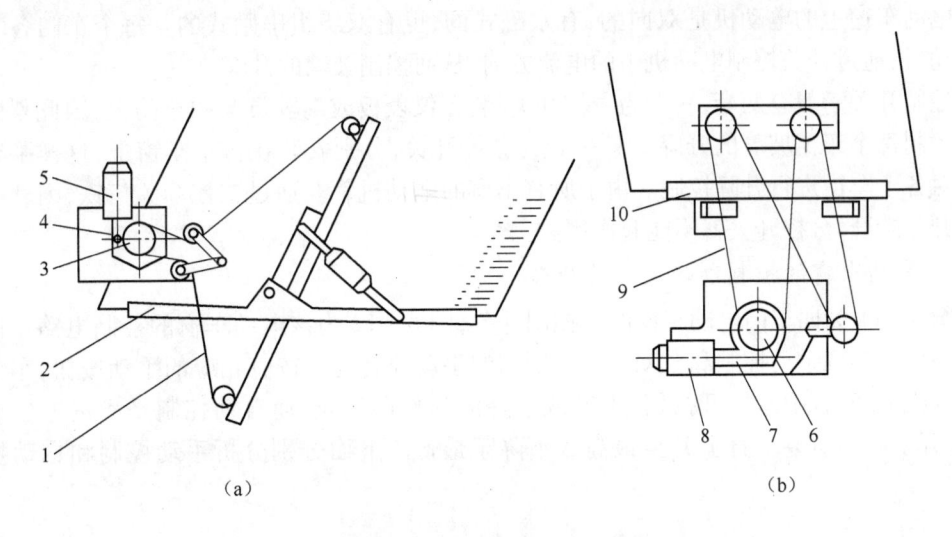

图 6-9 钢绳式电动玻璃升降器

(a) 形式Ⅰ；(b) 形式Ⅱ。

1—钢绳；2—玻璃安装槽板；3—钢绳卷筒；4—齿轮减速器；5—电动机；6—齿轮减速器；
7—钢绳卷筒；8—电动机；9—钢绳；10—玻璃托槽。

1. 电动车窗的组成及主要部件的功用

电动车窗系统主要由车窗玻璃、车窗玻璃升降器、电动机、控制开关(主控开关和分控开关)和继电器等装置组成。其主要部件在车上的位置如图 6-10 所示。

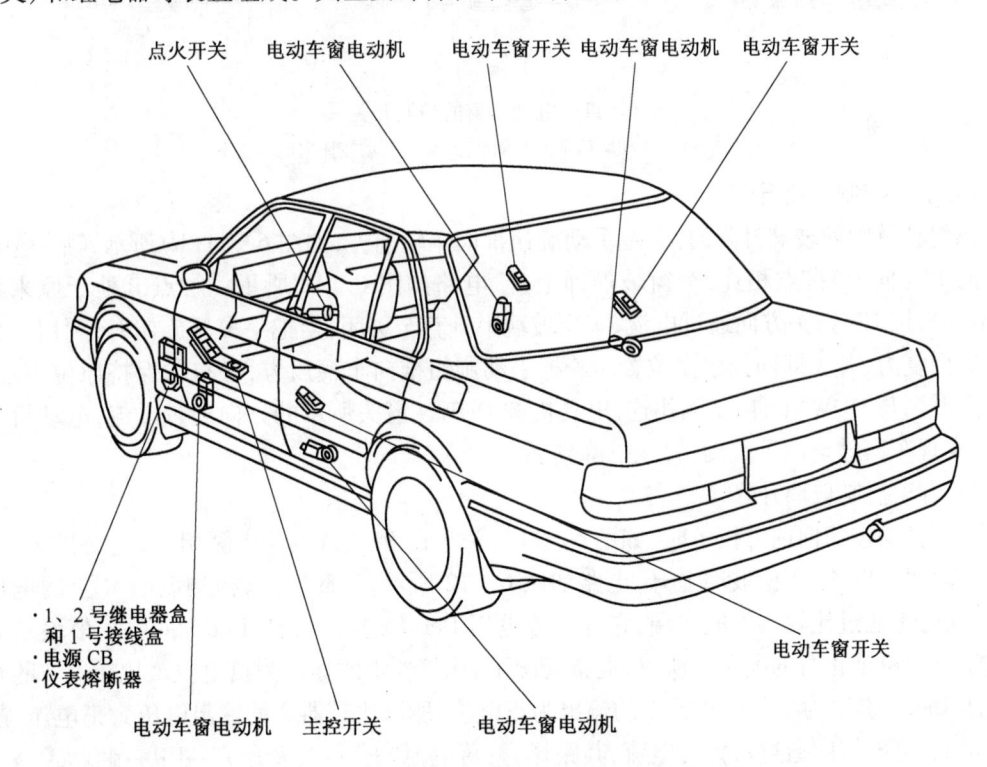

图 6-10 电动车窗系统主要部件在车上的布置

电动车窗上的电动机是双向的,有永磁式的,也有双绕组串励式的。每个车门各有一个电动机,通过开关控制电动机中的电流方向,从而控制玻璃的升降。

控制开关一般有两套,一套为主控开关,装在仪表板或驾驶员侧的车门上,因此驾驶员可以控制每个车窗玻璃的升降。另一套为分控开关,分别安装在每个车窗上,这样乘客也可以对各个车窗进行升降控制。由于所有车窗的电动机都要通过主控开关搭铁,因此如果主控开关断开,分控开关就不能起作用。

2. 电动车窗的控制电路及工作原理

图 6-11 为四车门电动车窗的主控制开关,图 6-12 为该电动车窗的控制电路。该控制电路可以实现手动控制和自动控制。所谓的手动控制是指按着相应的手动按钮,车窗可以上升或下降,若中途松开按钮,上升或下降的动作即停止;而自动控制是指按下自动按钮,松开手后车窗会一直上升至最高或下降至最低。下面分别分析手动控制和自动控制过程。

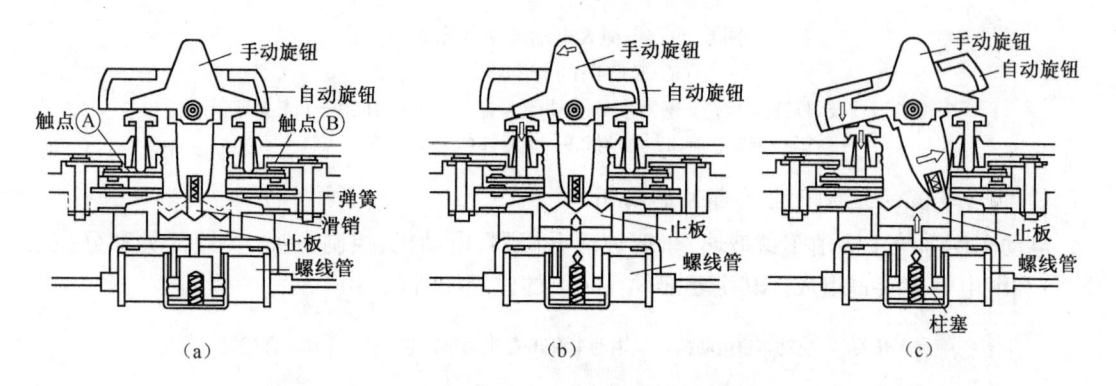

图 6-11 电动车窗的控制开关
(a) 未工作;(b) 手动旋钮推向车辆前方;(c) 自动按钮向前方按下。

1) 手动控制玻璃升降

以驾驶员侧的玻璃升降为例,把手动旋钮推向车辆前方,如图 6-11(b)所示,触点Ⓐ与开关的 UP(向上)接点相连,车窗玻璃即上升,电路如图 6-12 所示。触点Ⓑ处于原来状态,电动机按 UP 箭头方向通过电流,车窗玻璃上升直至关闭;当把手离开旋钮时,利用开关自身的回复力,开关即回到中立位置。若把手动旋钮推向车辆后方,触点Ⓐ保持原位不动,而触点Ⓑ则与 DOWN(向下)侧相连,电动机按 DOWN 箭头所示的方向通过电流,电动机反转,以实现车窗玻璃向下移动,直至下降到底。

2) 自动控制玻璃升降

当把自动按钮向前方按下时,如图 6-11(c)所示,触点Ⓐ与 UP 侧相连,电动机按 UP 箭头方向通过电流,车窗玻璃上升,电路如图 6-12 所示;与此同时,检测电阻 R 上的电压降低,此电压通过比较器 1 的一端,它与参考电压 Def.1 进行比较。Def.1 的电压值设定为相当于电动机锁止时的电压。所以,通常情况下,比较器 1 的输出为负电位。比较器 2 的基准电压 Def.2 设定为小于比较器 1 的输出为正电位,所以比较器 2 的输出电压为正电压,晶体管接通,电磁线圈通过较大的电流,其路径为:蓄电池"+"→点火开关→UP→触点Ⓐ→二极管 D_1→电磁线圈→三极管→二极管 D_4→触点Ⓑ→电阻 R→搭铁(蓄电池"-")。此电流产生较大的电磁吸力,吸引驱动器开关的柱塞,于是把止板向上顶压,越过止板凸缘的滑销于原来位置被锁定,这时即使把手离开自动旋钮,开关仍会保持原来的状态。

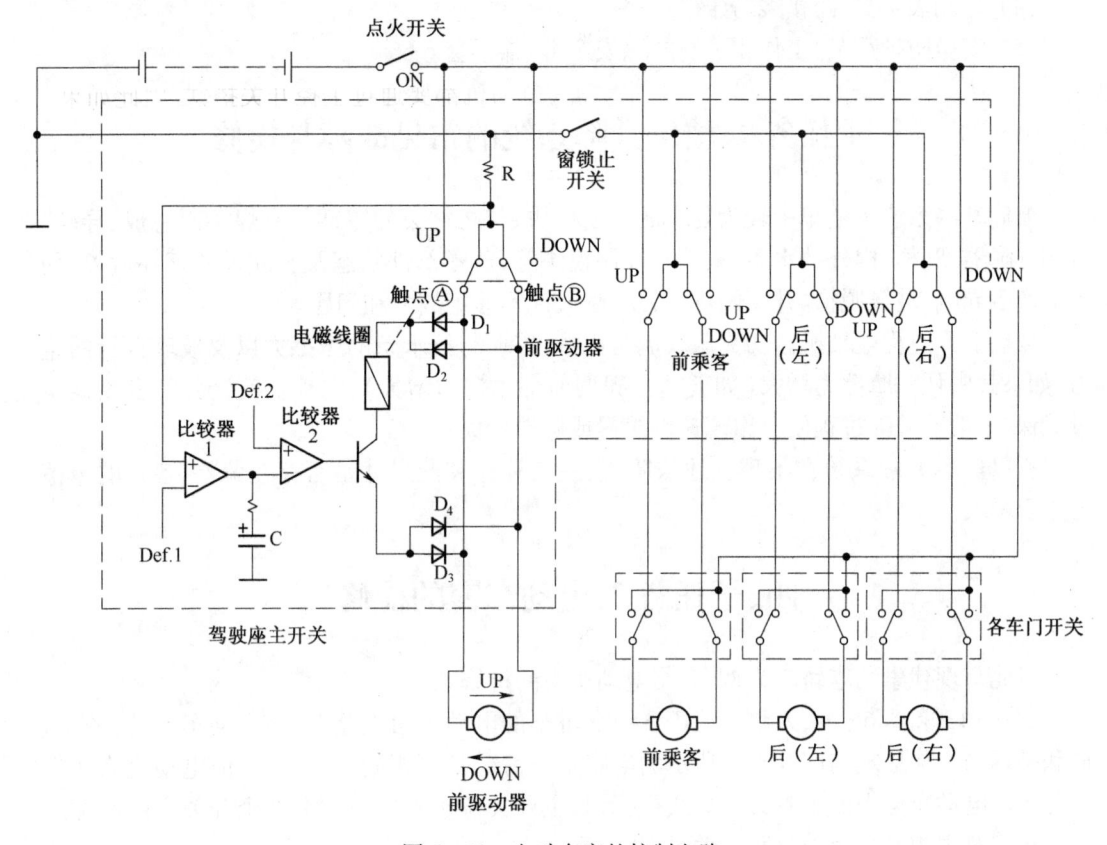

图 6-12 电动车窗的控制电路

当玻璃上升至终点位置,在电动机上有锁止电流流过,检测电阻 R 上的电压将增大,当此电压超过参考电压 Def.1 时,比较器 1 输出低电位,此时,电容 C 开始充电,当 C 两端电压上升至超过比较器 2 的参考电压 Def.2 时,比较器 2 则输出低电位,三极管立即截止,电磁线圈中的电流被切断,止板被弹簧通过滑销压下,自动旋钮自动回复到中立位置,触点Ⓐ搭铁,电动机停转。

在自动上升过程中,若想中途停止,则向反方向扳手动旋钮,然后立刻放松。这样触点Ⓑ将短暂脱离搭铁,使电动机因回路被切断而自动停转。同时,通过电磁线圈的电流已被切断,止板被弹簧通过滑销压下,自动旋钮自动回复到中立位置,触点Ⓐ、Ⓑ均搭铁,电动机停转。

车窗玻璃自动下降的工作情况与上述情况相反,操作时只需将自动旋钮压向车辆后方即可。

二、设备、工具和材料准备

(1) 承载式轿车车身 2 辆。

(2) 常用拆装工具。

(3) 对应车型的车身修理手册。

(4) 万用表4只,跨接线若干。

(5) 安全防护用品:工作帽、工作服、安全鞋、棉手套。

三、子任务1:玻璃升降系统的常见故障与检修

玻璃升降系统是整车中较为复杂的运动模块,与之相关的零部件有焊接门总成、导轨、玻璃升降器、呢槽、内外挡水条、玻璃及控制模块等,若零部件状态及装配尺寸存在偏差,便可能产生异响、玻璃脱槽、升降困难、抖动、耐久性不够等故障和问题。

玻璃上升过程电动机做功克服玻璃与呢槽、玻璃与挡水条的摩擦力以及玻璃自身的重力,如果其中任一摩擦力增大(如玻璃与呢槽前部摩擦力增大),电动机就会异常发热甚至过载保护,玻璃升降过程便会出现速度缓慢或停滞现象。

所以玻璃升降系统在出现上述故障时,主要检查装配尺寸是否存在偏差、各处的摩擦力是否增大。

四、子任务2:电动车窗的检修

以北京现代索纳塔轿车为例,介绍电动车窗的检修工作。

图6-13和图6-14为北京现代索纳塔轿车的电动车窗电路图,该电动车窗的基本组成和基本的工作原理与图6-12所示的电路工作情况基本相同,此处以左前电动机为例进行分析。电动车窗中的主开关用虚线框标识,主开关位于驾驶员侧。两个开关之间的虚线表示操作时主控开关内部是联动关系。

1. 手动控制玻璃升降

当点火开关位于ACC或ON的位置时,电流便经过电动门窗继电器的电磁线圈,通过ETACM(时间和信息系统控制模块)搭铁,门窗继电器的开关闭合。

此时若使车窗向下运动,按下左前门窗的DOWN按钮,此时,电流的流向为:电源+B→电动车窗熔丝→电动门窗继电器开关→左前车窗开关中右侧的DOWN端子→电动车窗主开关端子6→左前电动机端子2→左前电动机端子1→电动车窗主开关端子5→左前车窗开关中左侧的DOWN端子→电动车窗主开关端子10→搭铁。此时,电动机工作,门窗玻璃向下运动。玻璃上升时的电流流向此处不再重复,此时电动机中电流方向相反,其运动方向也相反。车窗上升或下降的中途若松开开关,开关就会自动回到OFF位置,电动机也停止工作。

2. 自动控制玻璃升降

按下自动按钮后,自动升降控制装置起作用,自动升降控制装置内部工作情况和图6-11与图6-12所示的情况类似,此时再按下升/降按钮后,开关便不能自动断开,电动机中电流的流动情况和手动控制玻璃升降时相同,此处不再重复。

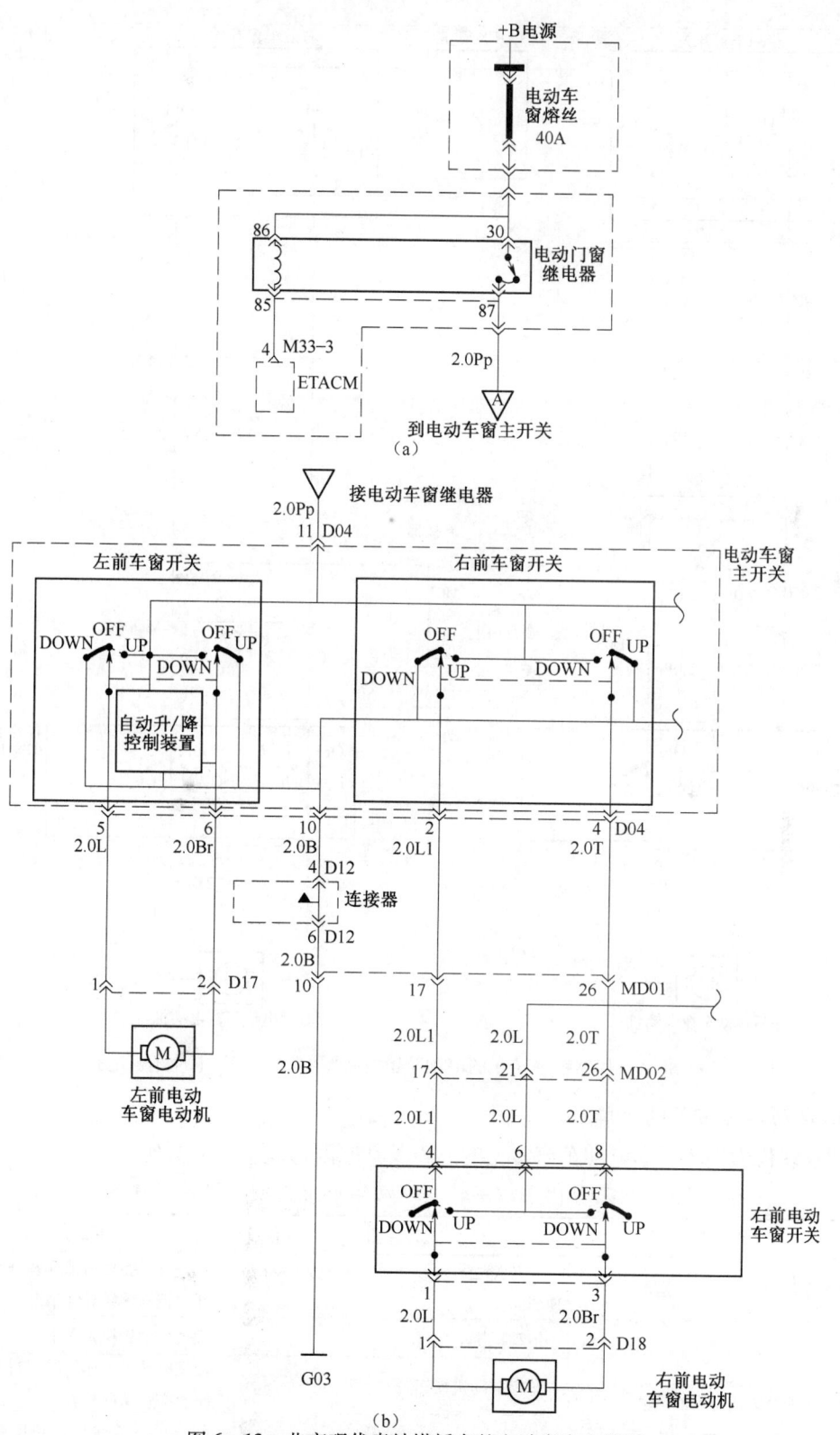

图 6-13 北京现代索纳塔轿车的电动车窗电路图
(a) 电源至电动车窗开关电路；(b) 左前、右前电动车窗电路。

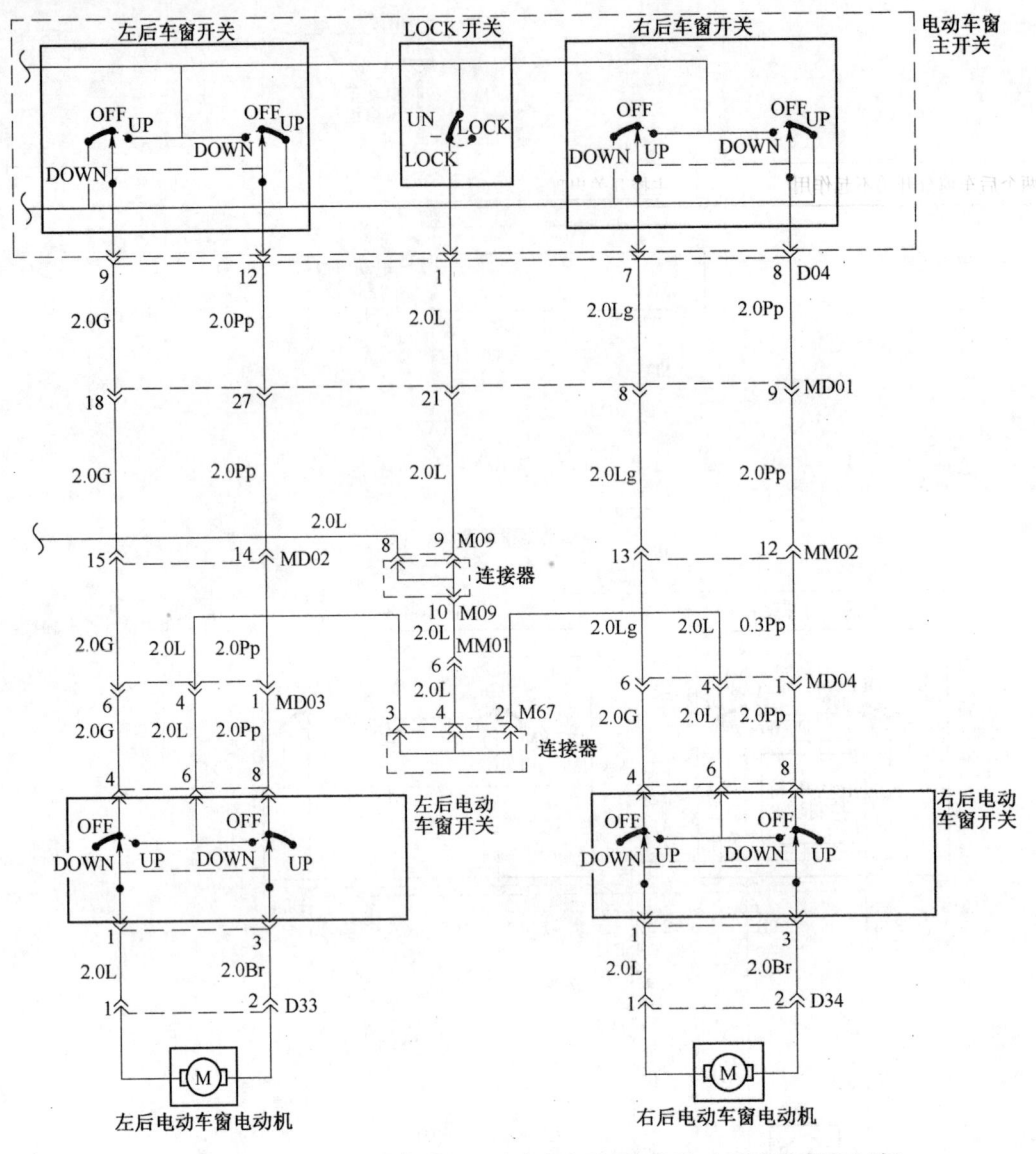

图 6-14 北京现代索纳塔轿车的电动车窗电路图(左后、右后电动车窗电路)

3. 电动车窗常见的故障及其原因

北京现代索纳塔轿车电动车窗常见的故障及其原因,如表 6-1 所列:

表 6-1 北京现代索纳塔轿车电动车窗常见的故障及其原因

常见故障	故障原因	诊断思路
某个车窗只能向一个方向运动	分开关故障或分开关至主开关可能出现断路	检查分开关导通情况及分开关至主开关控制导线导通情况
某个车窗两个方向都不能运动	传动机构卡住	检查传动机构是否卡住
	车窗电动机损坏	测试电动机工作情况,包括断路、短路及搭铁情况检查
	分开关至电动机断路	检查分开关至电动机电路导通情况

任务6 车门玻璃升降系统的维修

(续)

常见故障	故障原因	诊断思路
所有车窗均不能升降或偶尔不能升降	熔断丝被烧断	检查熔断丝
	搭铁不实	检查、清洁、紧固搭铁
两个后车窗分开关不起作用	主控开关出现故障	检查主控开关导通情况

4. 电动车窗主控开关的检修

(1) 从驾驶员侧装饰板上拆下电动车窗主控开关(索纳塔轿车的电动车窗主控开关和中控门锁主控开关是一体的)。主控开关连接器的端子如图6-15所示。

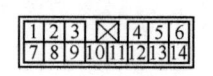

图6-15 主控开关端子

(2) 用万用表的欧姆挡按照如表6-2所列方法,检查主控开关在车窗处于上升、下降和关闭状态时各个端子导通情况。若测得结果和表不相符,说明车窗主开关损坏,要进行更换。

表6-2 电动车窗主开关检查

位置	左前				右前				左后				右后			
	5	6	10	11	2	4	10	11	9	10	11	12	7	8	10	11
向上	○—○—○				○—○—○				○—○—○				○—○—○			
关闭	○—○				○—○				○—○				○—○			
向下	○—○—○				○—○—○				○—○—○				○—○—○			

5. 电动车窗闭锁开关检查

如表6-3所列(见电路图6-13和图6-14中的"LOCK"和"UNLOCK"开关),当开关位于"LOCK"位置时,端子1和11之间断路;当开关位于"UNLOCK"位置时,端子1和11之间导通。

表6-3 电动车窗闭锁开关检查

位置	端子	
	1	11
正常	○—○	
锁住		

6. 电动车窗继电器的检修

索纳塔轿车电动车窗继电器见电路图6-13(a),车窗继电器的端子检查见图6-16。

(1) 静态检查将万用表置于R×1挡,测量端子85和端子86之间是否导通,若不导通,说明线圈烧坏。测量端子30和端子87是否断路,若导通,说明开关触点烧结或常闭,应进行更换。

(2) 工作状况检查用蓄电池的正负极分别接端子85和86,然后用万用表测量端子30

和 87 是否导通,若不导通应更换。

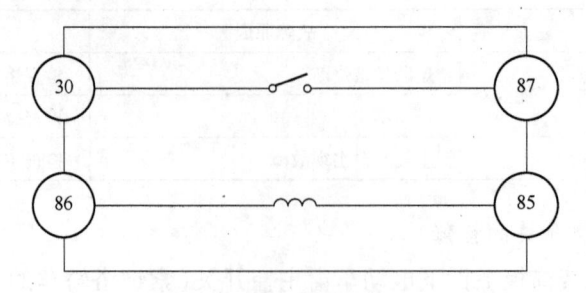

图 6-16 车窗继电器的检查

7. 电动车窗分开关

电动车窗分开关工作情况检查用万用表的欧姆挡按照表 6-4 所列方法,检查分开关在车窗处于上升、下降和关闭状态时各个端子的导通情况。

表 6-4 电动车窗分开关的检查

位置	端子				
	1	3	4	6	8
向上	○————————————————○		○————————○		
关闭		○————————○			○————○
向下			○————————————————○		
	○————————○				

8. 车窗电动机的检查

车窗电动机检查的基本思路:把蓄电池的正、负极分别接在车窗电动机的两个端子上并互换一次,电动机应能够正转、反转,且转速平稳。否则,说明电动机有故障,应进行更换。

注意:在进行车窗电动机的测试时,若电动机停止转动,要立刻断开端子引线,否则会烧坏电动机。

五、技能考核表

玻璃升降系统维修技能考核表如表 6-5 所列。

表 6-5 玻璃升降系统维修技能考核表

序号	考核内容	配分	评分标准	考核记录	扣分	得分
1	描述拆卸玻璃升降系统的类型和特点	10	类型不正确扣 4 分;特点描述错误一次扣 2 分			
2	玻璃升降系统的拆装和机械部分检修与维护	40	拆装使用工具不当每次扣 2 分;拆装不规范每次扣 5 分;安装、调整不到位扣 10 分;机械部分检修不正确扣 10 分,维护不正确扣 10 分			

(续)

序号	考核内容	配分	评分标准	考核记录	扣分	得分
3	电动车窗的检修	50	万用表使用错误扣10分；电动机检测不正确扣10分；电动车窗开关检测不正确扣10分；车窗继电器检查不正确扣10分；线路检测不正确扣10分			
	教师签字				年 月 日	

课后复习题

1. 名词术语解释

臂式玻璃升降器、钢绳式玻璃升降器、电动车窗系统。

2. 选择题

(1) 对于尺寸大，形状不规则的车门玻璃，宜采用(　　)式玻璃升降器。

A. X 形双臂　　　　B. 单臂　　　　C. 钢绳　　　　D. 齿条

(2) 电动车窗中的电动机一般为(　　)。

A. 双向交流电动机　　　　　　　　B. 单向交流电动机

C. 单向直流电动机　　　　　　　　D. 双向直流电动机

(3) 检查电动车窗左后电动机时，用蓄电池的正负极分别接电动机连接器端子后电动机转动，互换正负极和端子的连接后，电动机反转，说明(　　)。

A. 电动机状况良好　　　　　　　　B. 不能判断电动机的好坏

C. 电动机损坏

(4) 玻璃升降机构常用的减速装置是(　　)。

A. 齿轮式　　　　B. 齿轮齿条式　　　　C. 涡轮蜗杆式

3. 判断题

(1) 某个车窗两个方向都不能运动，说明该车窗的电动机损坏了。　　(　　)

(2) 对右后车窗，驾驶员通过主控开关控制向上，乘客通过分控开关控制向下，那么车窗一般向上运动。　　(　　)

(3) 电动车窗中自动控制依靠检测电阻测量车窗的位置，当检测电阻的电压减小时，表示车窗已经升到位或降到位。　　(　　)

(4) 电动车窗一般装有两套开关，分别为主控开关和分控开关，这两个开关之间是互相独立的。　　(　　)

4. 思考题

(1) 请描述常见车门玻璃升降器的类型，并比较它们各自的优缺点及应用情况。

(2) 何谓电动车窗手动升降？何谓自动升降？

(3) 现发现某窗玻璃升降困难，请分析其原因。

(4) 某辆轿车，某个电动车窗两个方向都不能运动，谈谈你的检修思路。

任务 7 汽车玻璃、密封条的拆装及车身密封性的检查

【学习目标】
1. 知道汽车常用玻璃的类型及固定方法
2. 能够拆卸、安装车门和行李箱舱的密封条
3. 能够拆卸、安装前后风窗玻璃
4. 能够查找并修复乘客舱漏水和漏风故障

一、设备、工具和材料准备

（1）带有密封条固定玻璃与粘结式固定前后风窗玻璃的车身 1 辆。
（2）玻璃拆装专用工具及其他各种扳手、起子、钳子等通用工具。
（3）压缩空气及气枪。
（4）对应车型的车身修理手册。
（5）安全防护用品：工作帽、工作服、安全鞋、棉手套、护耳器。

二、技术标准及要求

密封条和车窗玻璃拆装后，应密封良好。

三、子任务 1：汽车密封条的拆装

（一）汽车密封条概述

密封条用来保持车身的门、窗、玻璃等可动部分，及前、后窗，三角窗等不动部分的密封。密封条的形状与断面应适应不同的使用部位及不同功能的要求。常用密封条断面如图 7-1 所示。

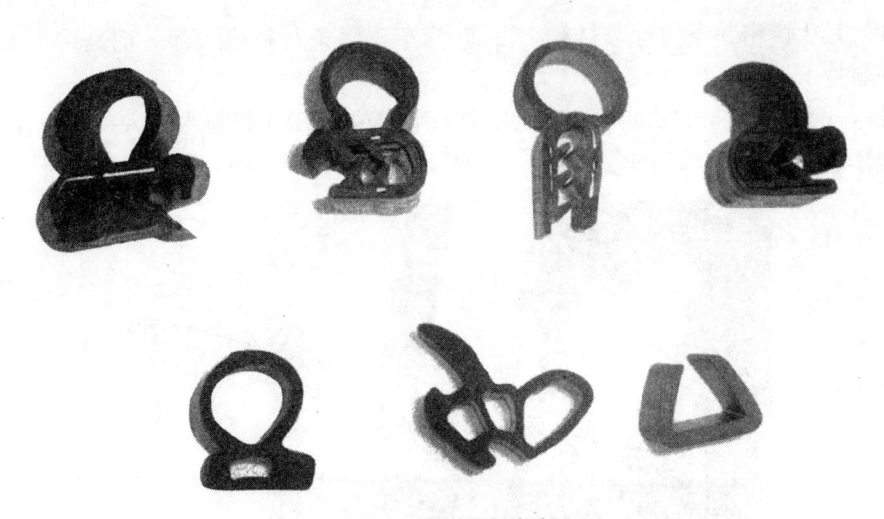

图 7-1 常用密封条断面

现代汽车常用密封条的位置与名称如图 7-2 所示。

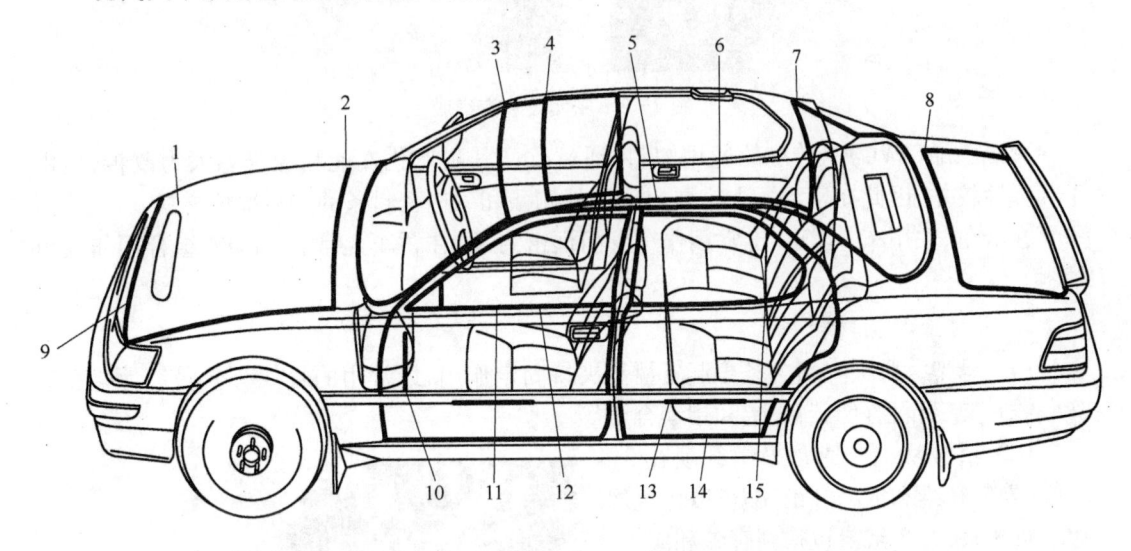

图 7-2 汽车常用密封条的位置
1—散热器密封条；2—流水槽密封条；3—前风窗密封条；4—顶窗密封条；5—顶篷密封条；
6—车门头道密封条；7—后风窗密封条；8—行李箱密封条；9—发动机罩密封条；10—车窗玻璃下导轨密封条；
11—车窗外侧密封条；12—车窗内侧密封条；13—玻璃托槽密封条；
14—车门框密封条；15—车窗玻璃导槽密封条。

1. 设置密封条的目的
(1) 保持车内避风雨、防尘、隔热、隔声。
(2) 当车身受到振动与扭曲时，密封条还起到缓冲、保持玻璃的作用。
(3) 对门窗交接的边缘起装饰作用。

2. 密封条的材料
密封条的材质早期常使用天然橡胶，现在常用乙烯丙烯橡胶（EPDM），又称三元乙丙橡胶。EPDM 具有优良的耐候性、耐热性、耐臭氧、耐紫外线性以及良好的加工性能和低压缩永久变形,是生产密封条的首选材料。目前,汽车密封条材料绝大部分都是采用 EPDM 作为主要原料。

根据各部位密封条的功能不同,在实际应用中,在 EPDM 材料中加入一些操作,形成密实胶和海绵胶,如图 7-3 所示。

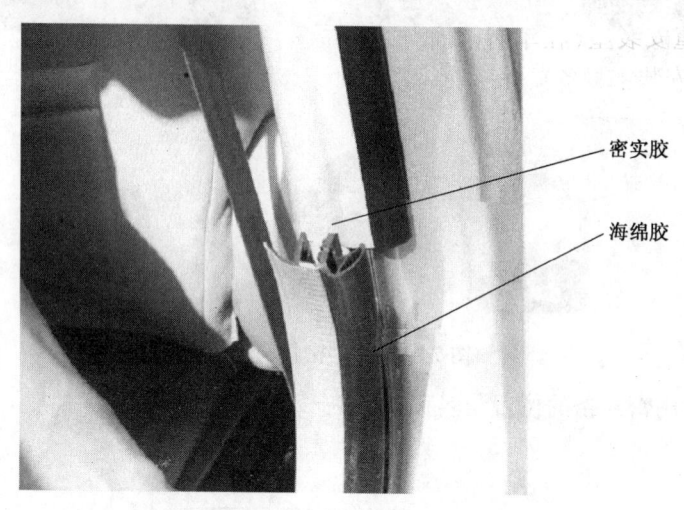

图 7-3　密实胶和海绵胶

聚氯乙烯(PVC)是传统的通用塑料,通过改性其耐老化性能和橡胶感大为改善,但由于其弹性较差,因此在密封条上主要用作内外侧条和一些密封条的夹持部位材料。

在卡车、农用车上 PVC 也常用作车身门框密封条,在轿车上常和 EPDM 组合用作浅色辅料。

3. 密封条的辅助材料

(1) 骨架。骨架在密封条中起支撑和夹持固定作用,最常用的骨架有金属带骨架和钢丝联线骨架,材料有低碳钢、铝和铝镁合金等。

(2) 植绒绒毛。通常采用纤度在 3-4D 的聚酯纤维和锦纶纤维,颜色以黑色居多。近年来,彩色绒毛也得到青睐和应用,如图 7-4 所示。

(3) 涂层材料。涂层材料分为聚氨酯类和硅树脂类,有良好的减磨作用;而且可部分替代植绒,有良好的降低摩擦系数的作用。

(4) 不干胶。在门框和行李箱密封条的夹持部位起着辅助密封作用。

图 7-4　车门密封条静电植绒的部位

(二) 车门密封条的拆装

车门与车身的密封是一个比较困难的部位,密封要求比较严格,应密封的部分比较长,各密封部位的断面形状不尽相同,而且车门启闭频繁。

车门密封条的布置形式有:车门安装型(密封条固定在车门的四周),车身安装型(密封条固定在门洞周围的骨架上),车门、车身双重安装型(在车门四周及门洞周围外侧均安装密封条),如图7-5所示。为了保证高速行驶的密封性,在车门和车身两面都装有密封条的双层密封结构和在此基础上再装一个密封条的三层密封结构为目前的主要方式,对应的车门密封条有车门头道密封条和门框密封条。

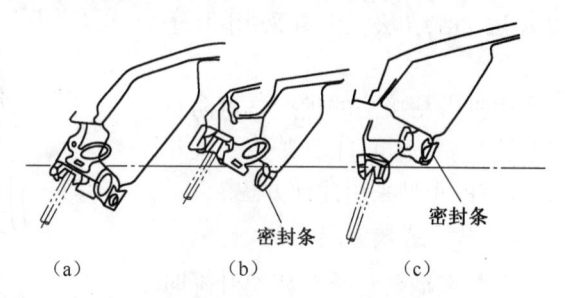

图7-5 车门密封条的布置形式
(a)车身安装型;(b)车门安装型;
(c)车门、车身双重安装型。

车门密封条材料及要求的性能。材料性能要求:①高耐候性;②高耐磨损性;③高耐热老化性;④低吸水率;⑤低温时具有较高的可挠曲性;⑥不侵蚀车辆外表漆膜。为能够满足上述性能,一般采用EPDM制海绵。另外,为了提高耐磨损性,降低与车身的摩擦声及提高在寒冷地带车身和密封条之间的防冻性能,一般都在密封条上施以表面涂层。

1. 门框密封条

门框密封条是镶嵌在门框上的密封条,如图7-6所示。门框密封条不但要保证密封性,还要承受关门时的冲击力,因此它既要有弹性,也要有韧性,主要由密实胶基体和海绵胶泡管两部分组成。

密实胶内含有金属骨架,起到加强胶条的定型和固定作用。海绵胶泡管柔软并富有弹性,起着受压变形、卸压反弹的功能。此外,有一些密封条的唇边部分由彩色胶构成或者贴有织物,色调美观有装饰作用。

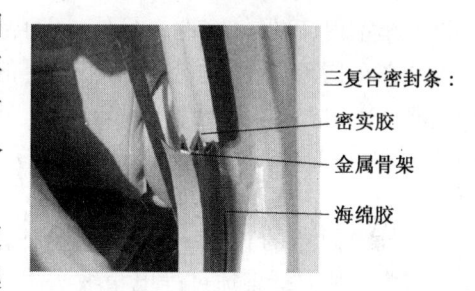

图7-6 门框密封条

2. 车门头道密封条

车门头道密封条的材料有两种,一种为全海绵胶泡管;另一种由密实胶基体和海绵胶泡管组成。

这种密封胶粘贴或镶嵌在车门上,与门框密封条配合,以增加车门与车体的密封作用。

车门头道密封条并不是每种轿车都采用,例如一些经济型轿车就没有,这主要是从节省成本方面考虑。

3. 车门密封条的拆装

车门密封条的安装方法有3种:

(1)用卡子安装:尼龙夹的尾部有钩刺,插入板件孔中就可起到固定作用,但必须用于板件有空心处。拆换时,必须使用专用工具拆卸夹子。

(2)镶入(或压入)配合件。

(3)用胶带粘接。

车身结构与附属设备

一般来说，车身腰线上侧采用镶入法、粘结法，下侧采用卡子安装。

用胶带粘接法的优点是可防止卡子孔生锈，并可自动夹住。近年来，也有的车型采用此种方法。

4. 车门玻璃密封条的拆装

车门玻璃密封条有玻璃升降时的玻璃导向及行车和关闭车门时吸收玻璃振动的功能。另外，还有玻璃和车窗框间的防水及密封的功能。图 7-7 为车门玻璃密封条的形状。

车门玻璃密封条的材料采用 EPDM 和 PVC。为了减少与玻璃的摩擦阻力，进行了表面处理。其处理方法有植绒式和非植绒式两种。

车窗下沿的双面密封可以防止灰尘和噪声进入车室内，确保气密性。另外，还可减少脏物挂在车门玻璃上，防止关闭车门时的振动。双面密封是以车门玻璃为分界线，外侧加外密封条，内侧加内密封条，如图 7-8 所示。

车外密封条的材料一般为软质聚氯乙烯。多为将尼龙纤维通过静电植绒法附于与玻璃的摩擦面上。安装方法有：用卡子固定或压入门板翻边处。密封条的前后末端有时也用螺钉固定。

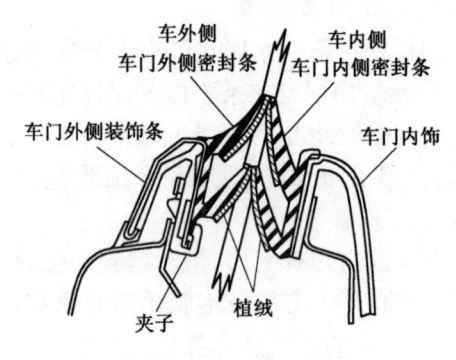

门内侧密封条的安装方法一般是在门板上以卡子固定或镶入车门板翻边处。

（三）行李箱盖密封条的拆装

行李箱盖密封条与车门密封条大致相同，使用橡胶连续加硫，并与其他安装配件同时挤出成型。由于密封操作性好，此处密封条断面形式全周都一致。

行李箱盖和车门密封条在更换时要注意：
(1) 要清理干净嵌槽或止口上的残留粘结剂。
(2) 更换后的密封条必须与罩盖均匀接触，且有一定的接触压力，以确保密封。
(3) 断头对接，并使接头处于下侧。

四、子任务2:汽车玻璃的拆装

(一)汽车玻璃介绍

1. 汽车玻璃类型

汽车专用玻璃根据用途和加工工艺,主要分为以下几种类型。

1) 钢化玻璃

通过淬火(钢化处理)可以使普通硅酸盐玻璃变得质地非常坚固。这种钢化玻璃是通过加热使之达到软化程度时(一般为600℃左右),然后向玻璃两面急速吹送冷风,通过急冷进行所谓"风淬"处理而得到的。玻璃表面冷硬后形成的压应力,是使强度得到提高的机理。钢化玻璃的强度和耐冲击能力要比普通玻璃高3~5倍。一旦受到碰撞损伤,就会瞬时变成带钝边的小碎块,不会给人员造成更大伤害。

然而,这个特点也有不好的一面,即重度撞击使玻璃微粒的平衡一旦破坏,就立即成为碎片状态。所以,这种全钢化玻璃不适合镶装在前风窗上。

将玻璃部分淬火形成的半(局部)钢化玻璃,是在驾驶员的主视线范围内不作淬火处理,其余部分则与全钢化玻璃相同。钢化与非钢化部分有逐渐的过渡。

2) 夹层玻璃

夹层玻璃是针对淬火玻璃存在的不完善之处而产生的,它是迄今为止最适合于用作前风窗的安全玻璃。用两块或三块薄玻璃板,中间夹入聚丙烯酸甲酯或聚乙酸乙烯酯透明薄膜,使两层或三层玻璃粘接成为一体,形成夹层式安全玻璃。由于夹层玻璃中间的透明胶层能与玻璃取得一样的曲率,故透明度并不受夹胶层的影响。

夹层玻璃的抗弯强度虽不及钢化玻璃那样高,但也并非属于不足。因为安全玻璃的弹性也是主要评价指标之一,夹层玻璃的弹性恰恰比钢化玻璃优越得多。而且还具备了钢化玻璃所没有的其他特性,即当汽车发生冲撞时的抗冲击能力和抵抗变形能力较强;当玻璃受到重创破损时,粘接起来的玻璃也不会像钢化玻璃那样倾刻变成碎片。许多试验和实践都证明,夹层玻璃可以有效减轻撞击事故发生时玻璃碎片对人员的伤害。

3) 特种用途玻璃

特种用途玻璃一般是在钢化玻璃基础上,通过专门的工艺加工出来的具有特殊功能的汽车玻璃。

为了使车窗玻璃具有遮挡阳光照射的功能,在硅酸盐玻璃中加入微量的Co(钴——蓝色)、Fe(铁——红褐色)或其他金属元素便成了能够抵抗紫外线照射的着色玻璃。有些着色玻璃还能随阳光的强弱自动变换色度,以减小乘客眼睛的疲劳程度,增加了乘坐的舒适性。

前风窗的上部也适于着色,以遮挡阳光对驾驶员的照射。但这种着色玻璃的颜色是逐渐过渡的,在驾驶员正常视野范围内仍为无色透明的。

另外,将能够接收无线电信号的天线夹在玻璃内或印刷于玻璃表面,就使风窗玻璃有了接收无线电信号的功能;将电热金属粉按一定的宽度与间隔,在生产过程中与玻璃烧结在一起，通电后就有了除霜的功效等。这些都是近年来汽车玻璃家族中涌现的有特殊功能的新产品。

汽车上常用两种车窗玻璃，即固定式玻璃（前后风窗玻璃、车门上的小三角玻璃、客车侧窗玻璃等）和可拆卸式玻璃（车门或侧身上的升降玻璃）。

2. 汽车玻璃的固定方法

汽车玻璃的固定方法有粘结法、密封条法和螺栓螺母固定法。采用何种方法由玻璃所需要的功能决定。

1）粘结法

如图 7-9 所示，在粘结法中，玻璃通过使用以聚氨酯为基底的密封胶安装到车身上。

在施涂密封胶前，应在玻璃侧的粘合表面施涂玻璃底漆，并在车身侧的粘合表面施涂油漆表面底漆。这些底漆可以大幅加强玻璃和车身的粘着力。

粘结法可用于安装各种玻璃，但不能用于安装可移动的玻璃，如车门玻璃和可滑动玻璃。

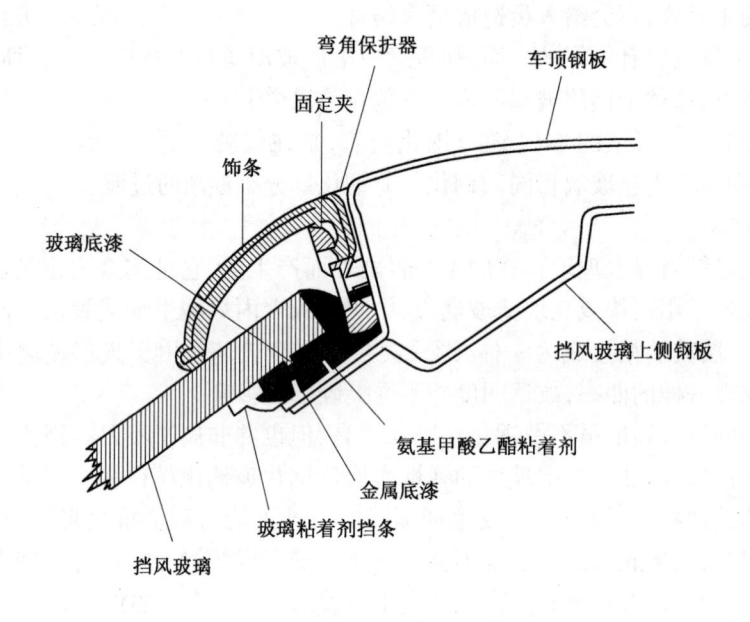

图 7-9 粘结法

2）密封条法

在密封条法中，玻璃通过使用具有 H 形截面的硬质橡胶密封条安装在车身上，如图 7-10 所示。

为了改善防水性能并加强密封条与车身的安装，密封条与车身/玻璃之间的空隙内填充了以聚氨酯为基底的密封胶或丁基橡胶。

密封条法可用于安装除车门玻璃外的各种玻璃。

3）螺栓螺母固定法

在螺栓螺母固定法中，玻璃通过使用螺栓和螺母（直接或通过塑料固定器）安装在车身上，如图 7-11 所示。

为了改善防水性能，玻璃与车身接触的地方使用了弹性发泡橡胶密封条。

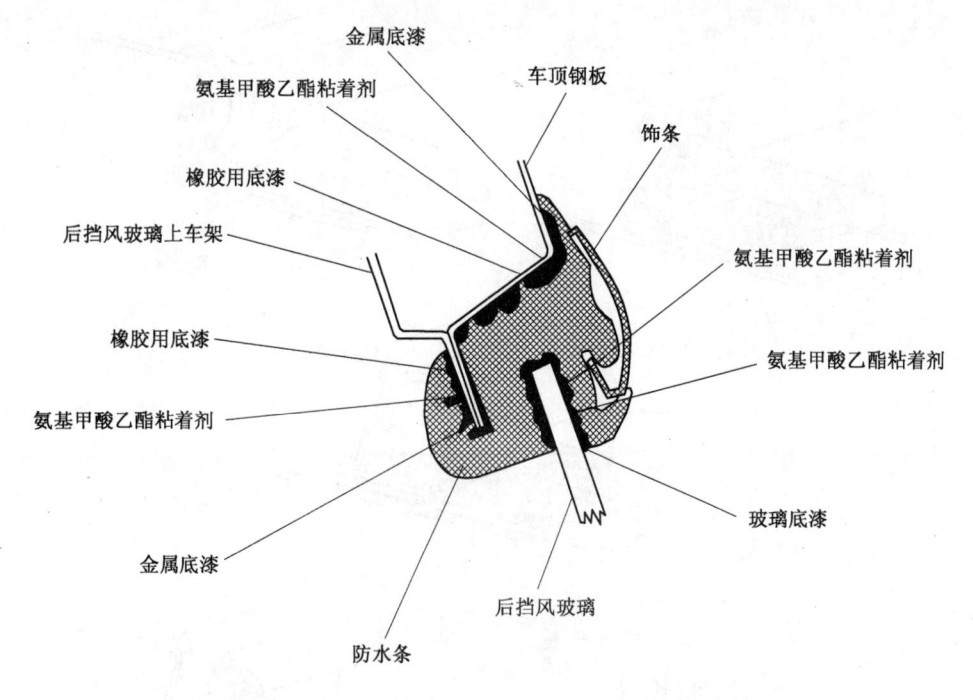

任务7 汽车玻璃、密封条的拆装及车身密封性的检查

图 7-10 密封条法

螺栓螺母固定法可以用于安装可移动玻璃,例如车门玻璃和侧窗玻璃。

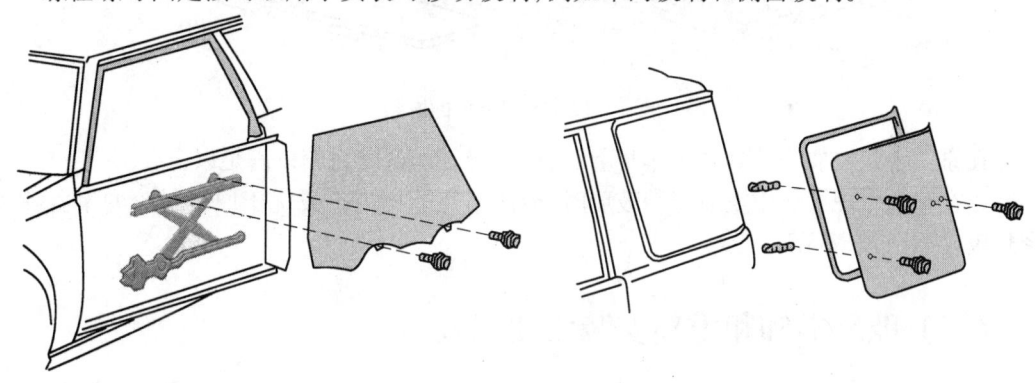

图 7-11 螺栓螺母固定法

3. 汽车玻璃嵌条

使用嵌条可使汽车各种性能得到改善,包括外观、对玻璃边缘的保护、雨帘以及空气动力性能的改善。图 7-12 为一些类型的嵌条。

有些车型采用无嵌条设计,不使用嵌条将玻璃安装在车身上。

用作嵌条的材料包括塑料、橡胶、钢以及包塑钢。

4. 汽车玻璃密封胶

每块玻璃必须使用玻璃密封胶牢固地安装到车身上。这一点非常重要,因为每块玻璃不仅可充当车内和车外的屏障,同时通过牢牢地封住车身开口部分,增加车身的强度。

玻璃密封胶应具有的特点包括高强度的粘合性能、理想的防水性能、空气密封性能、长久耐用性能以及合适的物理属性。

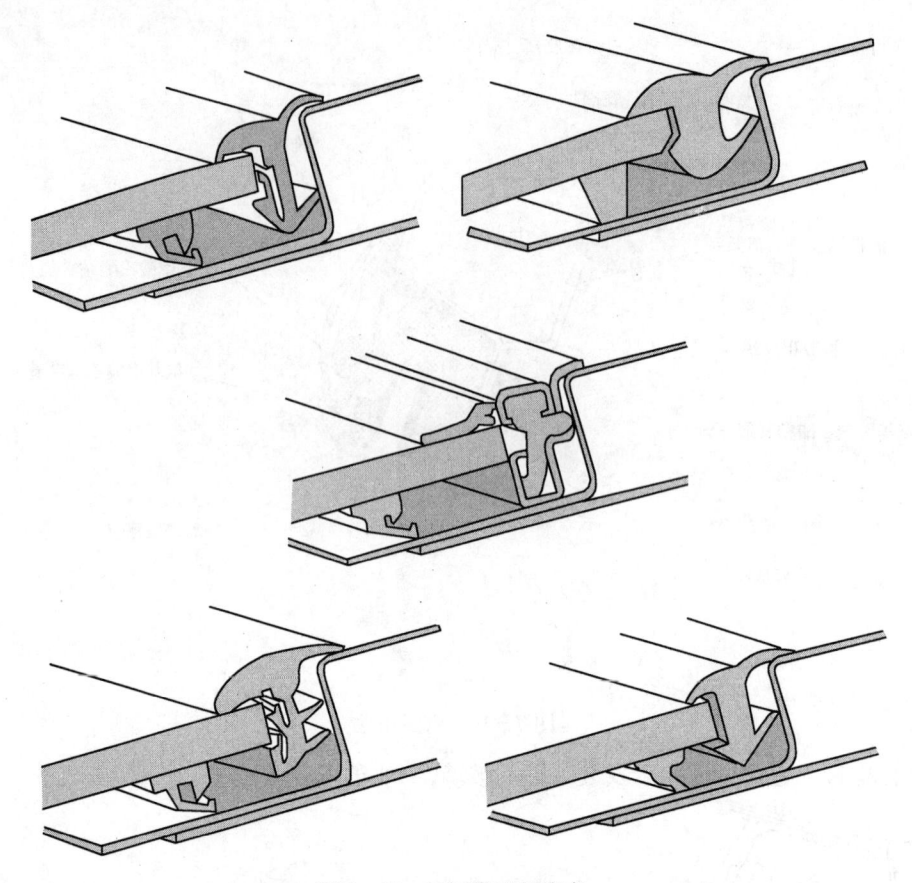

图 7-12 不同类型的嵌条

在原厂中将玻璃安装到新车车身上时,使用聚氨酯型密封胶以满足以上要求。

当在车身修理操作中重新安装玻璃时,应使用性能相当于或优于原密封胶的聚氨酯型密封胶以达到较高品质。

(二) 玻璃拆卸和重新安装常用工具

玻璃拆卸和重新安装常用工具如表 7-1 所列。

表 7-1 玻璃拆卸和重新安装的常用工具

名称		作　　用	图　示
个人防护用品	防护手套	防护手套可保护双手不被尖锐的边角或锐物所伤。通常情况下可戴上棉手套或"尼龙纤维"手套,但在处理玻璃碎片时应戴皮手套,处理锐物或玻璃时须戴"尼龙纤维"手套。当处理有机溶剂、密封胶或底漆时,应戴防溶剂手套	

任务7 汽车玻璃、密封条的拆装及车身密封性的检查

(续)

名称		作用	图示
个人防护用品	护目镜	护目镜可防止眼睛被尖锐工具、钢丝头或有机溶剂所伤	
	有机溶剂防护口罩	当处理有机溶剂、密封胶或底漆时,应戴上有机溶剂防护口罩	
切割工具	美工刀	美工刀用于切割饰条,清除密封胶残余物或者切割粘合层	
	垫片刮刀	垫片刮刀用于切割饰条或清除密封胶残余物。为了达到此目的,可以使用垫片刮刀取代美工刀,但必须确保刮刀锋利。垫片刮刀不能用于切割玻璃密封胶	
	钢琴线或"专用纤维"线	建议使用直径 0.6mm 的钢琴线或"专用纤维"线。此类线可以用于切割玻璃密封胶。还可以用来切割粘合车门饰条等部件的双面粘合胶带层。"专用纤维"线不会像钢琴线那样卷回或扭结,因为它可以更灵活地弯曲,受弹性变形或塑性变形的影响更小	
	玻璃刀	玻璃刀是具有 L 形刀刃的特殊切割刀。因为玻璃刀有不同长度的刀刃,所以使用前必须准备好刀刃,可有效、安全地分步切割密封胶	

(续)

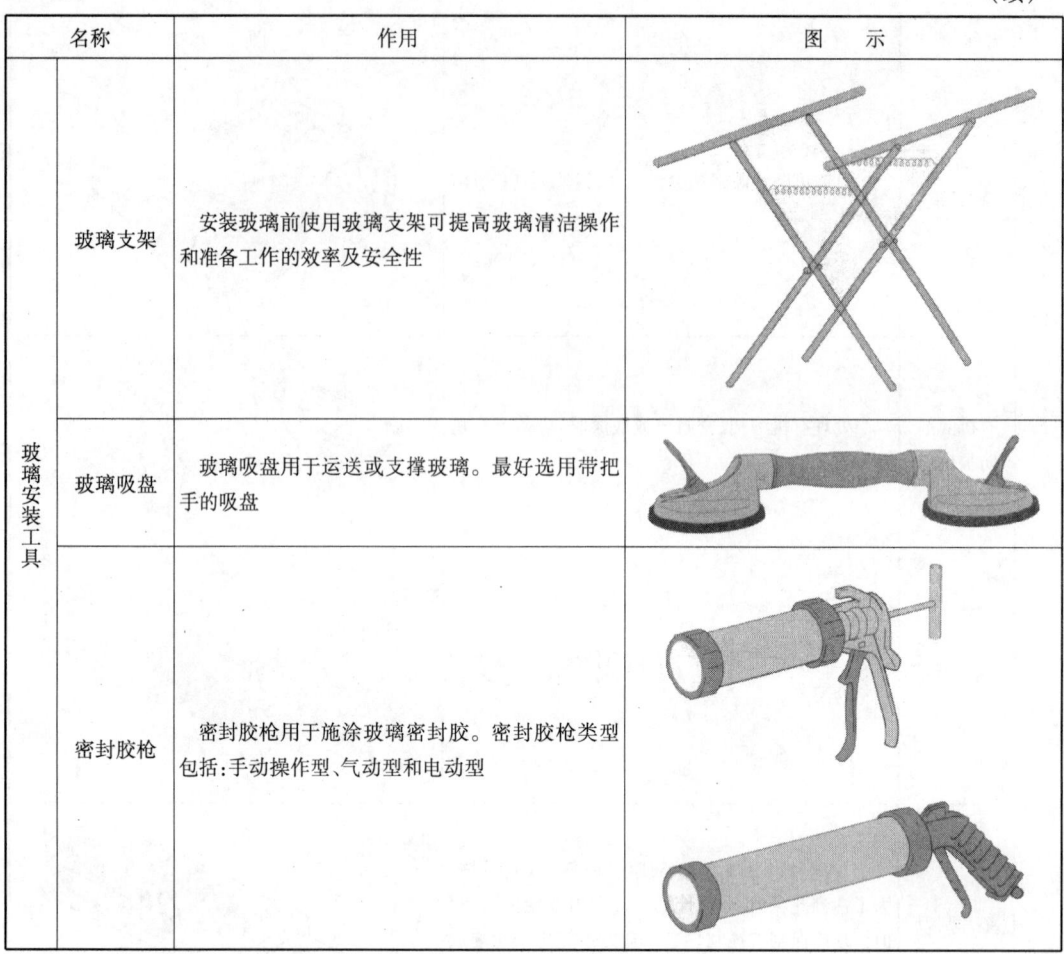

名称		作用	图示
玻璃安装工具	玻璃支架	安装玻璃前使用玻璃支架可提高玻璃清洁操作和准备工作的效率及安全性	
	玻璃吸盘	玻璃吸盘用于运送或支撑玻璃。最好选用带把手的吸盘	
	密封胶枪	密封胶枪用于施涂玻璃密封胶。密封胶枪类型包括:手动操作型、气动型和电动型	

（三）密封条式固定前风窗玻璃的拆装

1. 风窗玻璃的拆卸

（1）拆除风窗玻璃密封条内外的装饰物及附属物件。如显露嵌条、刮水杆杆臂、车内后视镜、遮阳板等。

（2）沿密封条外侧用胶带粘贴一周,以防拆卸时损坏漆层,如图 7-13 所示。首先粘上易于去除的胶带,例如遮蔽胶带;然后在上面粘上强力胶带,例如棉质胶带。

（3）采用专用工具从汽车内外将密封条与窗框结合部撬松动。

（4）两人协作,先从车内沿玻璃边缘向外试推几圈,再均匀地将玻璃连同密封条向外推出。操作时用力不能过猛,着力点尽量靠近密封条。

（5）将拆下的玻璃放在铺有垫布的工作台上。若玻璃拆卸是为了车身修理,且不更换密封条时,可将密封条保留在玻璃上。

如果玻璃在拆卸前已破碎,则取下密封条并清理玻璃碎片。

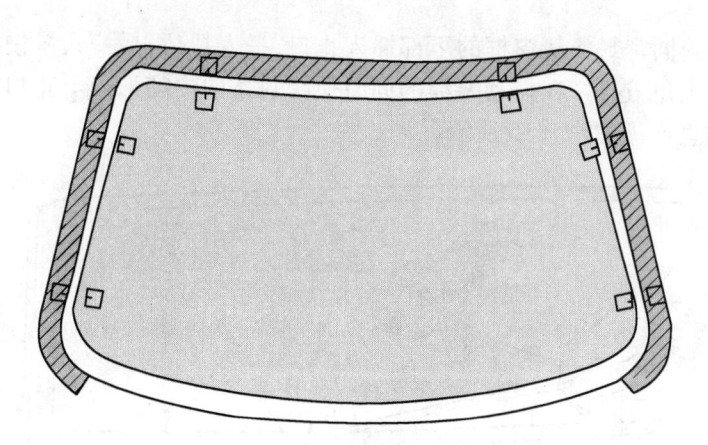

任务7　汽车玻璃、密封条的拆装及车身密封性的检查

图7-13　密封条外侧用胶带粘贴一周

2. 风窗玻璃的安装

（1）清除框架、止口上的密封剂，并检查校正止口。

（2）如果是装新玻璃或碰撞修复后的车辆，应认真检查玻璃与框架止口之间的配合情况。取同类车型的旧密封条四块作为挡块，单个长度为50mm。把四个挡块分别安装在玻璃的四边中间位置。

（3）小心地将装好挡块的玻璃试装在框架上，使玻璃对准中心，检查玻璃与框架止口之间的距离，特别是对四角的检查。如果距离不合适，应取下玻璃对框架止口进行校对。如果距离合适，应在玻璃与框架之间用胶带做好记号，如图7-14所示。

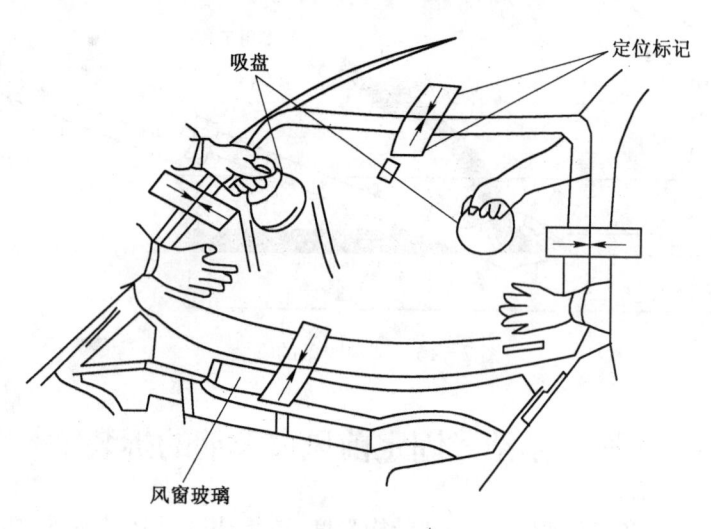

图7-14　试装玻璃并做记号

（4）拿下玻璃并取掉挡块。在密封条的玻璃槽中加入少许密封剂，把密封条装在玻璃上。

（5）在密封条的窗框止口槽中塞入尼龙塞绳，并从上往下绕至下部中间，将塞绳的两端用胶带固定在玻璃上，再向塞绳槽中加入皂化液以便拉绳安装。

（6）在密封条和玻璃框架止口上涂抹一定的粘结剂，增强密封条与窗框之间的结合力和密封性。

(7) 将玻璃连同密封条从窗框的下部插入止口,一人扶住,另一人慢慢拉动塞绳末端并与止口成一定夹角,这样,在拉动塞绳的同时使密封条向内变形而与止口结合。边拉绳边将玻璃从外向里推,如图 7-15 所示。

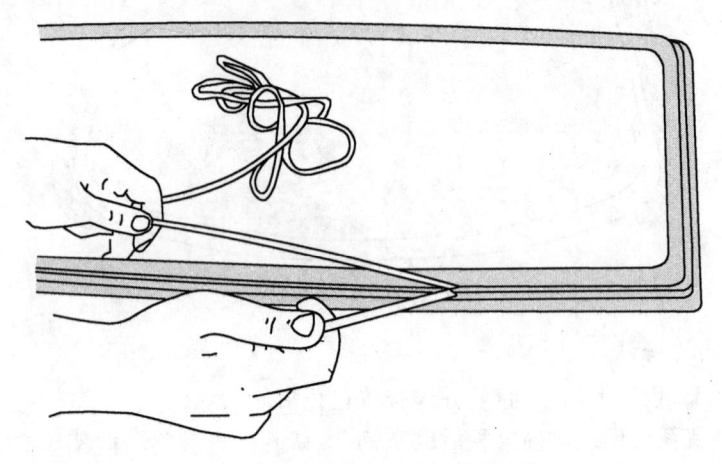

图 7-15 拉绳并将玻璃从外向里推

(8) 在窗框与密封条之间涂抹一层密封剂。

(9) 安装显露嵌条及附件,用溶剂清理残余密封剂。

如果是有嵌条式的密封条,其安装步骤与上述相同,只是最后还要安装橡胶嵌条。安装嵌条一般使用自制的工具,如图 7-16 所示。

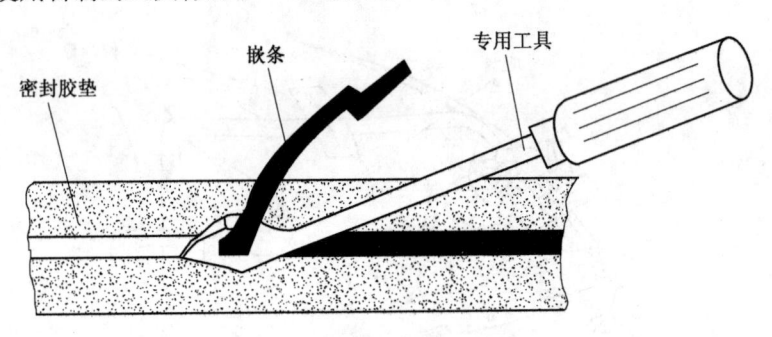

图 7-16 某种嵌条的安装

(四)粘结式固定前风窗玻璃的拆装

采用粘结式固定前风窗玻璃,不论从结构强度,还是从密封效果来看,都明显优于密封条式固定,是目前国内外较先进的装配方法。

1. 风窗玻璃的拆卸

(1) 拆卸前的准备工作与密封条式固定相同。

(2) 使用专用工具除去夹子及显露嵌条,有些可以使用钳子从车身和玻璃之间将嵌条拉出,如图 7-17 所示。

(3) 使用锐利的小刀切除玻璃边缘到止口之间的粘结剂,并使玻璃边缘有内外相通的孔隙。

（4）将一根细钢丝从孔隙中穿过，两端捆上木棒。两人里外合作，交替拉动钢丝以切割粘结剂，最终使玻璃与框架分离，如图7-18所示，推荐切割顺序如图7-19所示。（注：也可使用特制小刀切割密封胶层）

（5）小心取下玻璃并妥善保管，如图7-20所示。

2. 风窗玻璃的安装

（1）清除玻璃边缘及框架止口上的粘结剂，如图7-21所示。视需要对框架进行打磨除锈和防锈处理。

说明：

① 如果玻璃以前没有拆卸过，并且是在原厂装配线上使用标准密封胶进行的安装，在清除密封胶时可留下约1mm的薄薄的密封胶。

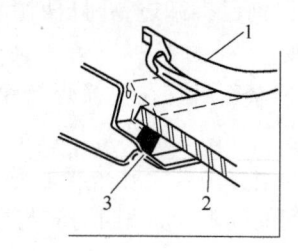

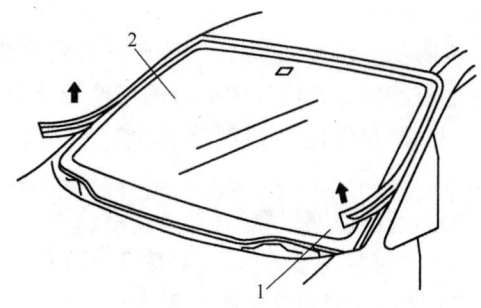

图7-17 拆除嵌条
1—嵌条；2—前风窗玻璃；3—粘结剂。

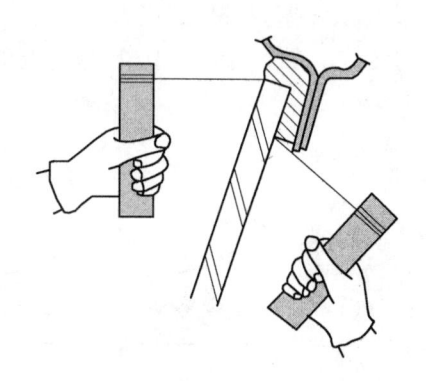

图7-18 用细钢丝切割玻璃粘结剂

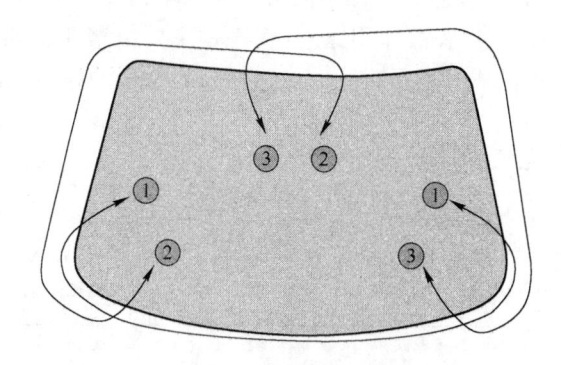

图7-19 推荐切割顺序

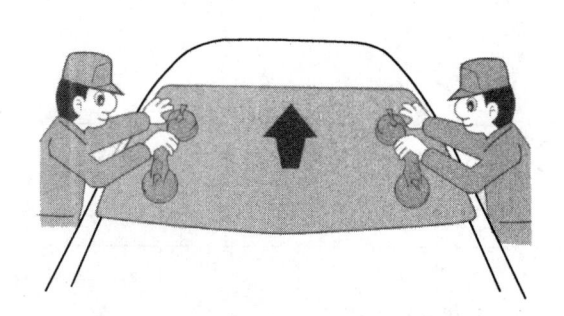

图7-20 用吸盘从车身上拆下玻璃

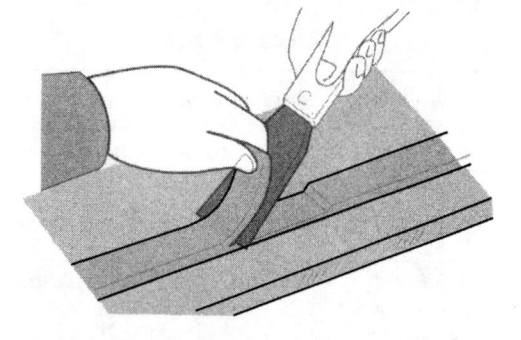

图7-21 清除玻璃边缘及框架止口上的粘结剂

② 如果玻璃以前已拆卸过，并且使用了未知类型的聚氨酯密封胶进行了重新安装，则必须彻底清除密封胶。

③ 如果玻璃以前已拆卸过,并且使用了丁基胶带或硅类密封胶进行了重新安装,则必须彻底清除密封胶。

④ 如果部分残余密封胶在更换焊接钢板(例如更换前柱或后翼子板)期间已烧熔,请使用研磨机或相应工具彻底清除烧熔的部分。

(2) 在框架四边分别放上几个橡胶垫块(左右各一个,上下各两个或三个),按需要调整玻璃与框架之间的间隙(玻璃四周应与框架保持均匀的 6mm 间隙),最后做好记号,取下玻璃。

说明:此处针对的是玻璃已破碎需要安装新玻璃的情况,需要先定位;如果是好玻璃应在拆之前就做好定位标记。有的玻璃带预安装嵌条的应装上嵌条后再定位。

(3) 用足够的粘结剂把各个垫块对称粘结在框架上,为玻璃提供支撑和防止左右滑动。

(4) 清洗玻璃里侧边缘,擦干后涂上一层约 12mm 宽的底漆,并使其完全干燥。

知识链接:底漆的作用(如图 7-22 所示)。

① 当将底漆施涂到物体表面时,它会在密封胶和物体之间形成牢固的粘合。

② 应根据不同的用途和材料施涂适合的底漆。

③ 底漆应具有的特点:底漆应与物体形成牢固的粘合,同时又不会产生化学影响。在使用试样的拉伸试验中,必须证明破裂发生在密封胶层,而不是发生在物体不同层、底漆和密封胶之间。(即不同层之间的单位面积上粘合强度必须大于密封胶层的张力。)

④ 底漆作用原理:底漆是主要由聚亚氨酯构成的液体。在不同的应用中,每种类型底漆的成分不尽相同。应选择与要粘合的材料相配的底漆。

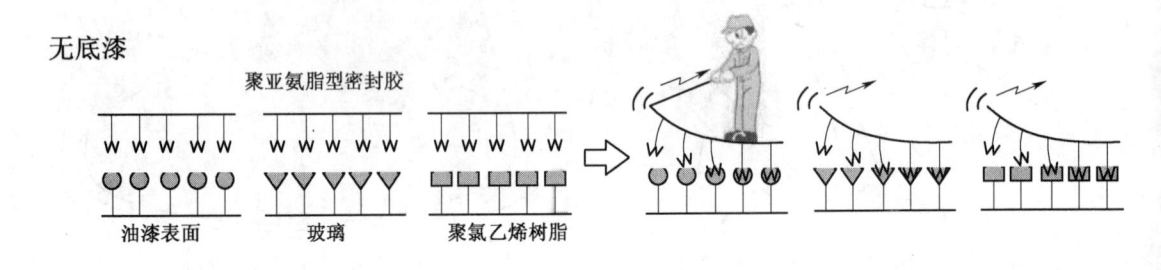

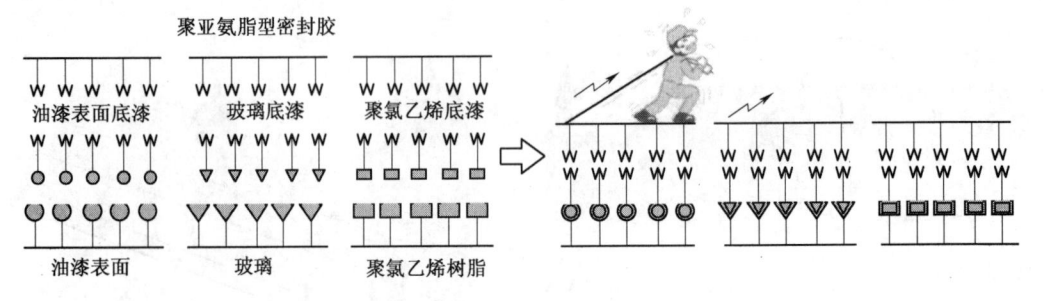

图 7-22 底漆的作用

(5) 将氨基甲酸乙酯粘结剂的料筒削成 45°,使挤出的粘结剂略大于胶带的厚度,并直接涂布在窗框止口和胶带之间,如图 7-23 所示。

(6) 两人协作,使用玻璃吸盘小心地将玻璃置于框架止口上,并与事先的记号对齐,适当压紧。这样,玻璃就和粘结带、氨基甲酸乙酯粘结剂相接触,如图7-24所示。

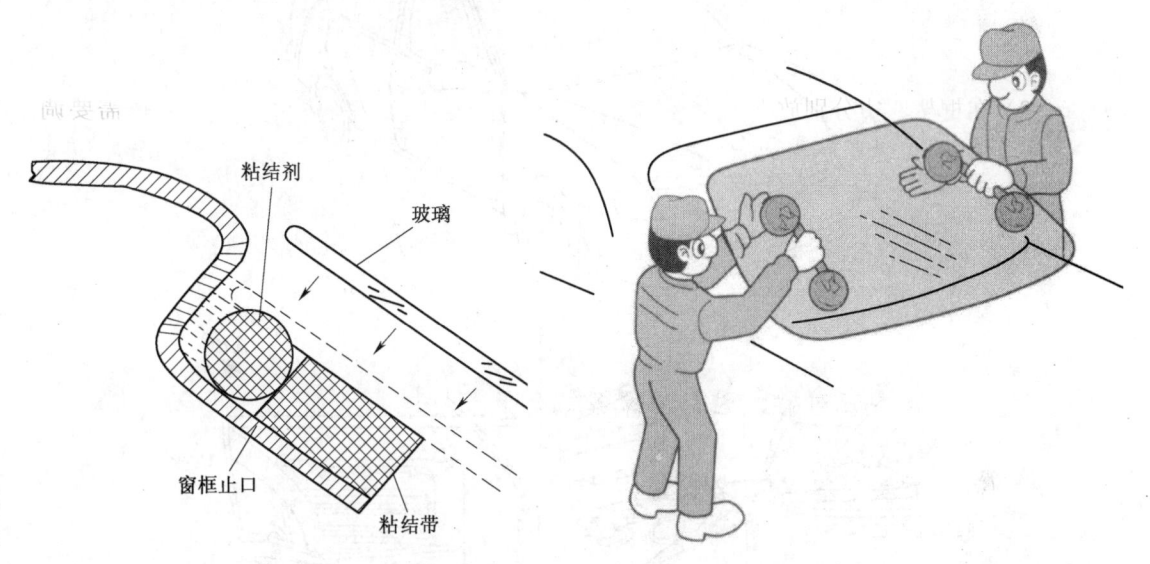

图7-23 粘结剂涂布在窗框止口和胶带之间　　图7-24 使用玻璃吸盘将玻璃置于框架止口上

(7) 使用比较柔和的水流喷淋风窗玻璃粘结处,若有漏水处,可用粘结剂填补。

(8) 将外露压模装饰条及其他附件安装好。氨基甲酸乙酯粘结剂的完全固化时间约需12h(具体根据所使用粘结剂的性质而定)。即玻璃安装完后,不能立即使用。

五、子任务3:车身密封性检查与修理

(一) 车身漏水和风的原因

用户往往由于漏水和风的噪声而抱怨车身修理厂的服务质量。这些问题通常难以检测。

图7-25显示了一些汽车在天窗上使用天窗框架排水系统。排水系统将天窗框架中积聚的水引导到车外。

排水软管周围漏水表明排水管堵塞或断开。如果排水管被树叶或其他碎片堵住,那么水会渗入到乘客舱。有时可以用喷气嘴朝管内吹入空气将排水管清理干净。

空调系统也使用排水管排出蒸发器冷凝出的水。蒸发器通常安装在车内右侧或乘客侧的仪表板后面。如果蒸发器排水管堵塞,那么水一般会泄漏到右边的地毯上。为了清洁堵塞的排水管,必须用千斤顶举升汽车。蒸发器排水管的顶端沿着前围板伸出。通过夹紧和打开软管的顶端,通常可以将其清理干净,而不必拆卸主要部件。

漏水也常在板的接口和玻璃与金属的接合处发生,这是由于裂纹或密封剂不足造成的。如果密封条损坏或松开以及门或窗玻璃调整不当,则门、窗、后备箱盖及风窗玻璃也会进入尘土和发生漏水,如图7-26所示。

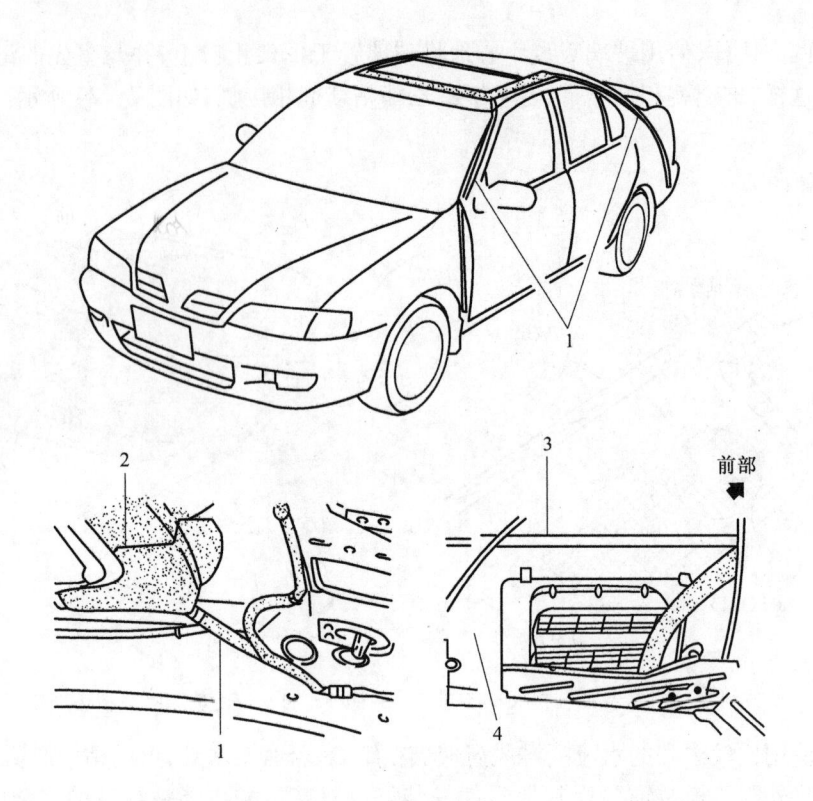

图 7-25　天窗框架排水系统
1—排水软管；2—天窗框架；3—天窗排水软管；4—左侧内翼子板。

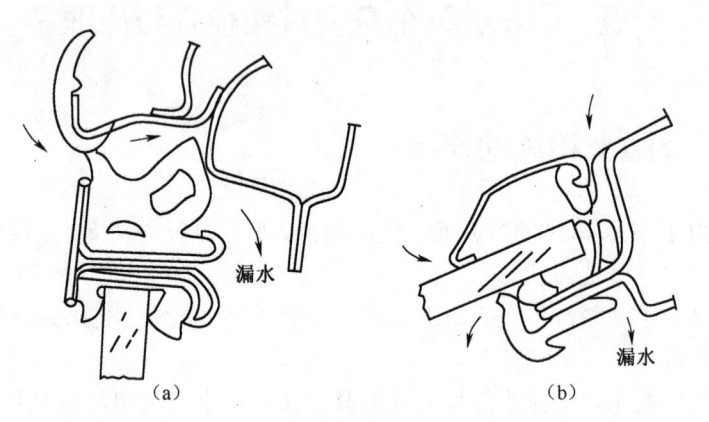

图 7-26　漏水分析
(a) 车门密封条附近；(b) 风挡玻璃处。

风噪声是在驾驶时听到的高频率声音。当窗关上时，这种声音主要从门缝进来。一般来说，这是由于密封条松动、损坏或使用不当，因而乘坐室漏风所致，如图 7-27(a) 所示。风碰到凸起处也会产生风噪声，如图 7-27(b) 所示。这种扰动导致在物体后面形成涡流，从而产生噪声（与笛声和喇叭声的原理一样）。

产生风噪声的原因有车身装饰条松动、前翼子板未对准及发动机罩调整不适当等。表 7-2 为鉴别风噪声的故障原因及排除方法。

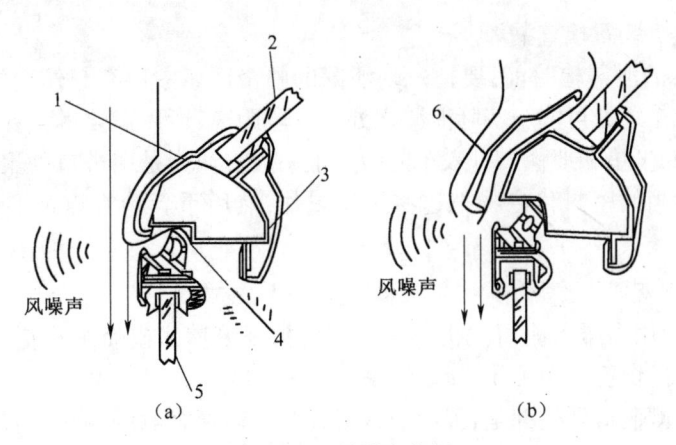

图 7-27 风噪声分析
(a) 松动的密封条;(b) 松动的嵌条。
1—正常的前柱嵌条;2—前窗玻璃;3—前柱内侧;4—漏风噪声;5—左前门玻璃;6—隆起的前柱嵌条。

表 7-2 风噪声的故障原因及排除方法

漏风位置	原因	排除方法
风窗玻璃	接触表面粘合不严及窗唇由于分离、断裂、挤压和硬化接触不良	修理或更换密封条
门框及有关零件	1. 由于门框弯曲以致密封条接触不良; 2. 角部安装不良而留下间隙; 3. 角框加工不良而留下间隙; 4. 门玻璃滑槽上的橡胶密封条分离、断裂	1. 修理; 2. 正确安装; 3. 用车身密封剂和遮蔽胶带修理; 4. 修理
门组件	由于门安装不良以致密封条接触不良	调整门的安装
门玻璃	门玻璃安装不良而留下间隙	校准门玻璃
车身	与门密封条接触的车身表面加工不良(板接口不平、密封剂安装不当及焊接飞溅)	修理接触表面
滴水嵌条	嵌条凸起和脱落	修理或更换
前柱	嵌条凸起和脱落	修理或更换
与乘客室有装配关系的部位	各类管、线及转向传动等零部件,在通过车身底板、发动机室中间隔板等部位时,由于装配或密封措施不当造成漏风	重新检查并进行密封处理

(二)车身密封性检查

检测漏风和漏水通常有以下几种方法:
(1) 用水检查泄漏,即进行渗水试验。
(2) 使用肥皂水和气枪检查泄漏。
(3) 驾驶汽车通过尘土很大的地区检查泄漏。
(4) 用强光束照射汽车来检查板件之间的漏光。

(5)使用监听装置检查漏风。

在进行实际的泄漏检验前,要把发现泄漏的整个区域中所有起作用的内装饰物拆除。尘土或水进入汽车之处可能与实际泄漏之处有一段距离,所以需要拆下在怀疑造成泄漏区域的所有装饰物、坐垫和地毯。进入车内的尘土一般被认为是在进口处聚成一堆的尘土或泥沙。应当用适当的密封化合物把这些进口封住,然后重新检查以证实泄漏处已被密封起来。

1. 渗水试验方法

注意:切勿使用高压水流清洗机。只需使用常规喷嘴式或喷头式花园浇水软管即可。试验前确认所有门窗已完全关闭。

由于水通常溅洒得到处都是,因而通常很难对车辆乘客舱的漏水位置进行定位。鉴于这个原因,在渗水试验之前必须把乘客舱弄干。任何阻碍视野的辅助部件都必须被移除。在渗水试验期间,在用水喷洒车辆的时候将目标锁定可疑渗水部位。同时,需要另外一个人检查乘客舱以便找出水渗入车辆的具体位置。根据试验及车辆的不同,在发现渗水之前需要花费一定时间。因此建议将吸水纸放于试验部位之下,以便找出渗水位置。

喷头式渗水试验(又称淋雨试验)如图 7-28 所示。

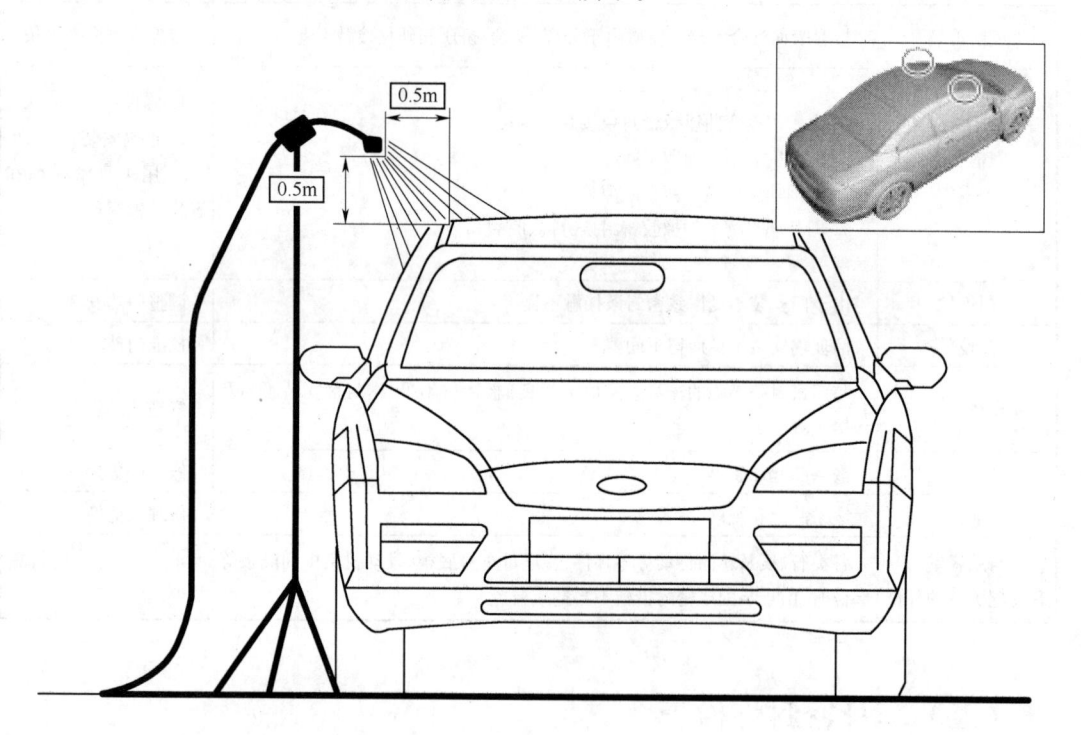

图 7-28 喷头式渗水试验(淋雨试验)

2. 使用肥皂水和压缩空气检查泄漏

在风窗玻璃或后车灯处检查漏水的另一个方法,是在窗的外缘周围涂上肥皂溶液,然后在车内用压缩空气从窗吹到板接合处。肥皂溶液起泡的地方就表明密封剂有缝隙(图7-29)。

3. 用光检查泄漏

简单的泄漏往往可用强的光源环绕汽车进行检查,由一人在车内观察。此法仅适用于泄漏通路为直道的情况。对于曲折的泄漏通路来说,光束不能通过拐弯处和有曲线的地方。

4. 使用监听装置

拆下金属探头的听诊器(医用监听装置,如图7-30所示)或一根真空软管也可以帮助找出漏风位置。当其他人驾驶汽车的时候,用软管在可能泄漏的位置移动。当软管通过漏风的位置时,任何空气泄漏发出的声音都会变得非常响。

也可以使用监听空气或真空泄漏发出的高频声音的超声波测试装置,如图7-31所示。超声波传输器置于车内,其发出超声波。在可疑区域运行探测器即可找到泄漏地点。接收到噪声发出的最大漏超声波的位置即是不密封的地方。

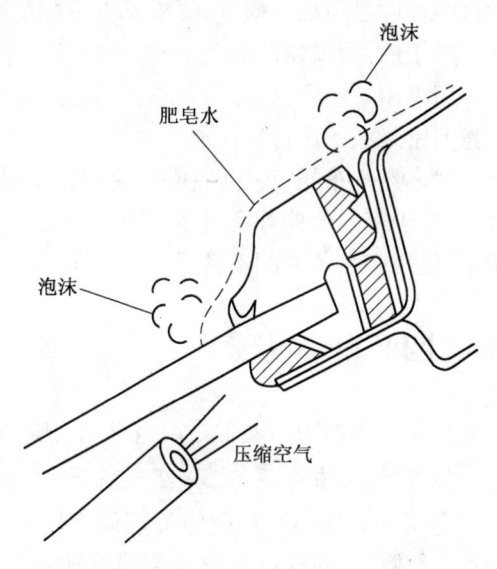

图7-29 用肥皂水和压缩空气检查泄漏

其具体的操作流程如下:
(1) 将超声波发射器放置在车辆内。
(2) 将车辆完全关闭。
(3) 使用检查头检查车辆的外部。
(4) 检查头将非常容易地检查出任何的泄漏。

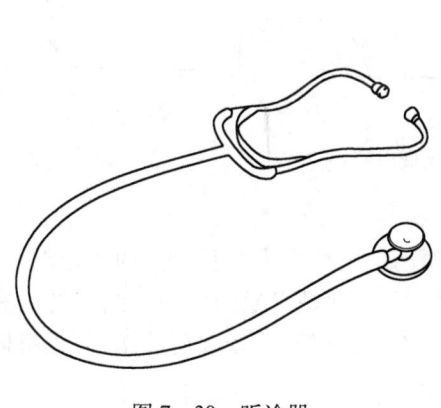

图7-30 听诊器

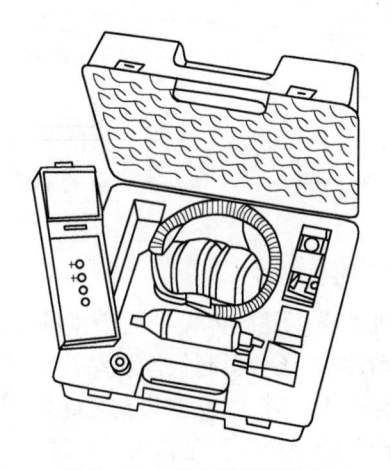

图7-31 超声波测试装置

(三) 泄漏修理

对于底板、前围板及后备箱处的泄漏,可用塞子或橡胶密封圈来防止尘土和水进入。

对这些板件必须细心检查,要求基本装配情况良好。

对于前、后风窗玻璃漏水时,一般需要重新拆卸和安装玻璃。

门窗用橡胶密封条通常粘在凸缘处或槽内,可用胶粘、螺钉或卡子固定等方法安装,也可按照密封条的设计来简便地固定。

大多数汽车的门或后备箱的密封条都是粘结固定的,可将厚薄规(0.8mm左右)或塑料片等,置于密封处检查密封条是否安装可靠。如果能够抽出厚薄规或塑料片且受到的阻力很小,说明密封条装配不良或需要更换。

(四) 车身防噪

轿车车内的噪声通常是由空气动力噪声、机械噪声及空腔共鸣引起的。

1. 空气动力噪声(也称空气噪声)

空气动力噪声是由气体振动而产生的,包括发动机及其附件的工作噪声及排气噪声、传动系统噪声,轮胎噪声及悬架等行驶系噪声,这些噪声主要是通过前围板及底板传入车身内的,此外还有从汽车周围传入的各种环境噪声。

风噪声是轿车在高速行驶时产生的"风笛声""风啸声"等,轿车易产生风啸声的部位如图7-32所示。当汽车高速行驶时,除了从门窗框周围及车身底板和前围板的孔隙透进空气时产生的风啸声、冷暖通风口的风啸声,还有空气经车身表面突出物(如手柄、后视镜、流水槽等)产生的涡流而引起的噪声。

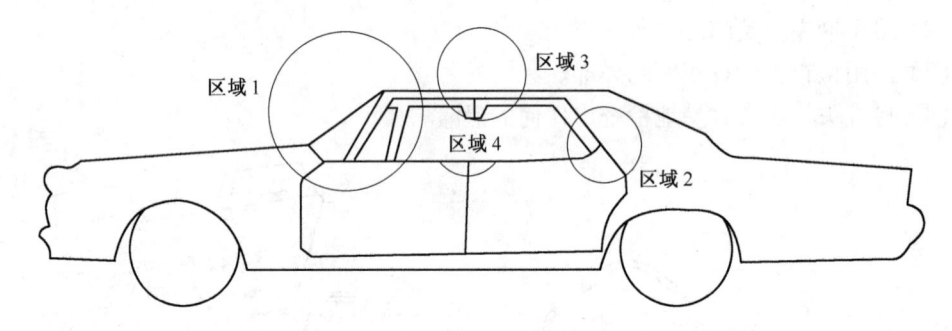

图7-32 轿车易产生风噪声的部位

2. 机械噪声

机械噪声是固体振动而产生的,如车身受到振动激励后产生车身总体的弯曲振动、扭转振动,同时还会引起板件或结构件产生的局部振动,特别是当激励频率与结构的固有频率吻合或相近时,将发生共振。此外,由于机械的撞击摩擦以及交变载荷的作用,车身内的装备产生的噪声等都是机械噪声源。

3. 空腔共鸣

空腔共鸣是因车身振动产生的向车内辐射的声波,遇到障碍物反射回来时,若恰好与原来的声波相同,则这部分声波会被增强,而且会作为一种激励加剧结构的振动。这种二次激励诱发结构振动的本身就是一个噪声源,称为车厢共鸣。车身作为共鸣箱,对低频声,其作用尤为明显。对轿车,会出现两个共鸣箱(车厢和行李箱),而且两者会相互影响。

由上述车内噪声的成因分析可知,要控制车内噪声,首先要从减少声源着手。例如,为了抑制风噪声,最有效的方法就是消除漏气流的间隙或改进密封元件,增加密封压力等,将缝隙堵住;防止排气噪声采用消声器;防止机械噪声采用减振器等。此外,车身结构上还必须采取防振、隔振、阻尼等办法。防振、隔振主要是通过对汽车悬架装置的减振性能的改善来实现,并可通过选择适当的悬置结构和位置,以减少振动的传递,起到隔振作用。对于发动机和车外噪声,可用各种隔声材料和结构措施来隔振。例如,前置发动机的噪声主要是通过前围挡板传入车内的,为减少噪声传入,常将单层隔壁改为双层隔壁。对前围板、底板上的许多穿线孔、安装孔等,应尽量采取密封(如采取密封效果较好的穿线胶套)等。对传入车身内的噪声,通常可通过利用吸声材料(如多孔性吸声材料等)的内饰来吸收射到其上的声波,减弱反射的声能。同时,吸声处理通常与隔声、防振等一起处理。

对于一些易产生振动的钣金件,如底板、顶盖、前围挡板等,应涂以防振阻尼材料来减少噪声辐射,使其衰减。阻尼材料是一种内损耗大的材料,如沥青物质和其他高分子涂料(橡胶、树脂等)。

图 7-33 所示是防振、隔振和阻尼材料综合应用的一个实例。在设计车身内饰时,既要考虑造型及安全方面对室内软化的要求,也要满足控制振动和噪声的要求。

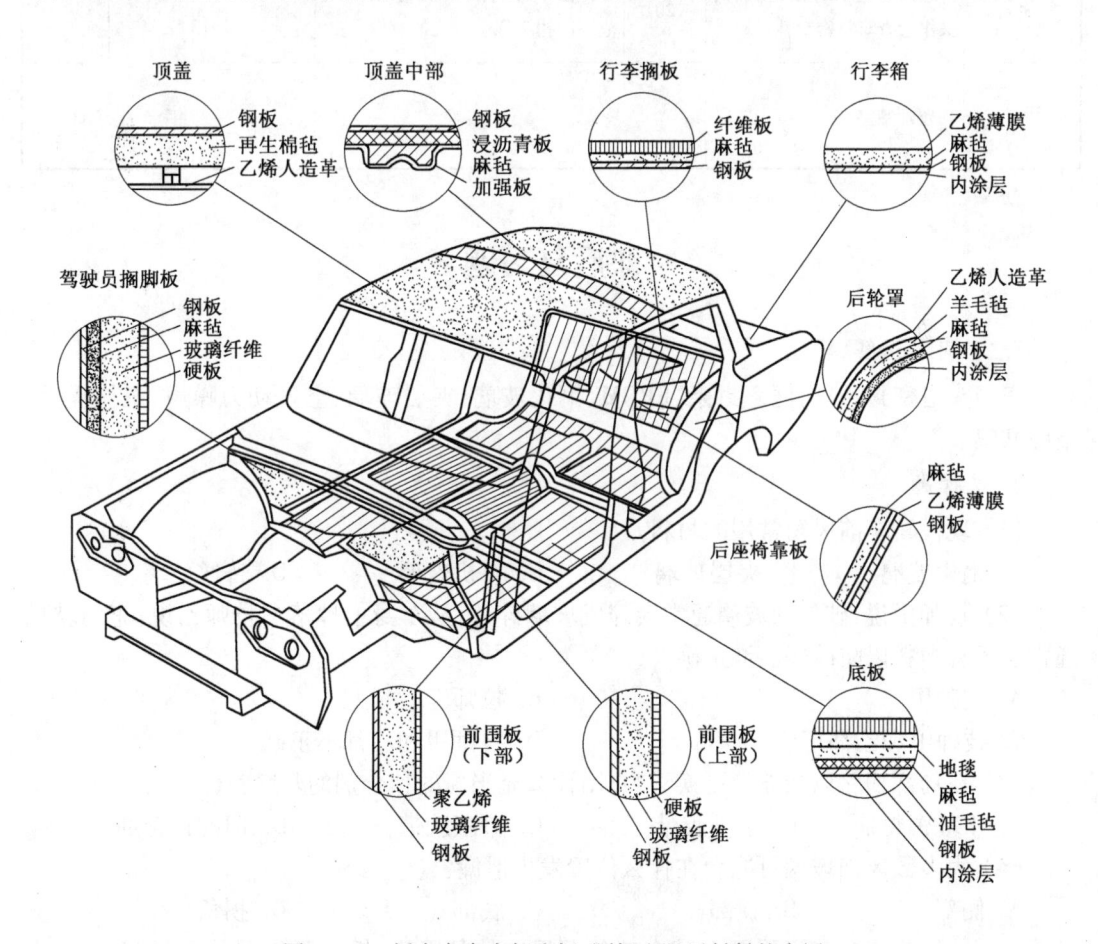

图 7-33 轿车车身内部防振、隔振和阻尼材料的应用

六、技能考核表

汽车玻璃、密封条的拆装及车身密封性的检查技能考核表如表7-3所列。

表7-3 汽车玻璃、密封条的拆装及车身密封性的检查技能考核表

序号	考核内容	配分	评分标准	考核记录	扣分	得分
1	拆卸、安装车门和行李箱舱的密封条	20	拆装使用工具不当每次扣2分;拆装不规范每次扣4分;安装不到位,每个扣5分			
2	描述拆装风窗玻璃的类型和特点	10	类型不正确扣4分;特点描述错误一次扣2分			
3	拆卸、安装前后风窗玻璃	50	拆装使用工具不当每次扣2分;拆装不规范每次扣4分;安装不到位,每个扣10分			
4	选择合适的方法,正确的操作检查车身密封性	20	方法不合适扣10分;操作不规范一次扣2分			
	教师签字			年 月 日		

课后复习题

1. 名词术语解释

车门头道密封条、门框密封条、EPDM、钢化玻璃、夹层玻璃、空气动力噪声、机械噪声、空腔共鸣。

2. 选择题

(1) 现代轿车前风窗常用的材料是(　　)。
A. 钢化玻璃　　　B. 夹层玻璃　　　C. 有机玻璃　　　D. 普通玻璃

(2) 技师甲说:破裂的玻璃通常会碎成玻璃碎片,从车身上掉落。技师乙说:车门玻璃通常层压有塑料以防破碎。谁正确?(　　)
A. 技师甲
B. 技师乙
C. 技师甲和乙都正确
D. 技师甲和乙都不正确

(3) 在局部切除风挡玻璃更换法中,用什么充当新的粘合剂的基底?(　　)
A. 丁基密封剂　　B. 丁基胶带　　　C. 遮蔽胶带　　　D. 旧的粘合剂

(4) 大多数风挡玻璃可能会在什么位置发生泄漏?(　　)
A. 侧部　　　　　B. 顶部　　　　　C. 底部　　　　　D. 拐角

(5) 一辆汽车在车门周围有某个部位漏风。技师甲说:拆下听诊器的金属探头,用它来充当漏风监听装置。技师乙说:用压缩空气吹一吹可能泄漏的位置,同时请另一名技师

坐在车内倾听。谁正确?(　　)

A. 技师甲　　　　　　　　　　B. 技师乙
C. 技师甲和乙都正确　　　　　D. 技师甲和乙都不正确

(6) 技师甲说:使用肥皂水和喷气嘴来找出泄漏位置。技师乙说:可以用橡胶锤轻敲来找出漏风位置。谁正确?(　　)

A. 技师甲　　　　　　　　　　B. 技师乙
C. 技师甲和乙都正确　　　　　D. 技师甲和乙都不正确

(7) 车身维修时应关注密封性,其主要部位是(　　)。

A. 门窗缝隙　　B. 轮罩　　　　C. 挡泥板　　　　D. 地板

3. 思考题

(1) 目前汽车使用的玻璃有哪些类型?各有什么特点?

(2) 密封条式和粘结式固定的风窗玻璃在拆装时有哪些异同?

(3) 怎样检查车身密封性?

任务 8 乘客舱主要部件与车身装饰条的拆装

【学习目标】
1. 能够识别乘客舱中的主要部件
2. 能够拆卸、安装汽车前后座椅
3. 能够拆卸、安装汽车仪表板
4. 能够拆卸、安装车身装饰条

一、乘客舱的各个总成

现代汽车的内部更加豪华。大量的新型固定方法、电动座椅、音响系统和导航系统，都增加了维修内部损坏的成本和复杂程度，如图 8-1 所示，为现代轿车乘客舱内部零部件。

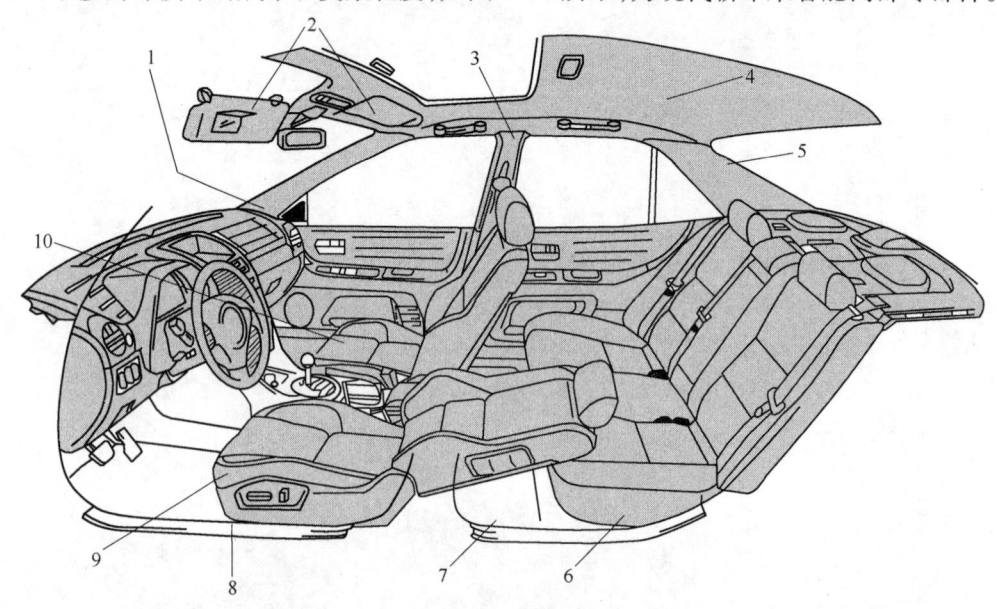

图 8-1 乘客舱
1—前立(A)柱装饰；2—遮阳板；3—中立(B)柱装饰；4—车顶内衬；5—后立(C)柱装饰；
6—后座椅；7—地毯；8—防滑板；9—驾驶员座椅；10—副驾驶座椅。

汽车碰撞力非常大而且极具破坏性。现代的乘客舱被设计得漂亮而且安全。工程师和设计师意识到,内部表面上任何凸起的部件在汽车受到严重碰撞时都可以变成一把刀,乘客舱内的乘员与之相撞会产生严重的伤害。

这一点还促进了汽车制造商采用一些安全的设计和紧固方法,使内部表面更柔软,人撞在上面时内饰件可破碎。更软的静音塑料卡夹正在取代许多锋利的金属紧固件,例如螺钉。只有装在塑料装饰件后面的较重部件才使用金属紧固件。

除了车门、玻璃以外乘客舱和内部的主要部件包括:

(1) 仪表板总成,包括仪表板、仪表组、暖风空调通风装置、音响系统及相关部件。

(2) 仪表组,装在仪表板总成内,通常包括报警灯、各种仪表和车速表表头。

(3) 座椅总成,包括座椅调节滑轨、坐垫、头枕和装饰件,有时还包括一些电动座椅附件(如座椅电动机、传动总成和加热元件等)。

(4) 内饰,如图 8-2 所示。包括装在乘客舱内的立柱、顶盖、门槛和其他不美观的部件上的塑料板、塑料盖和嵌条。

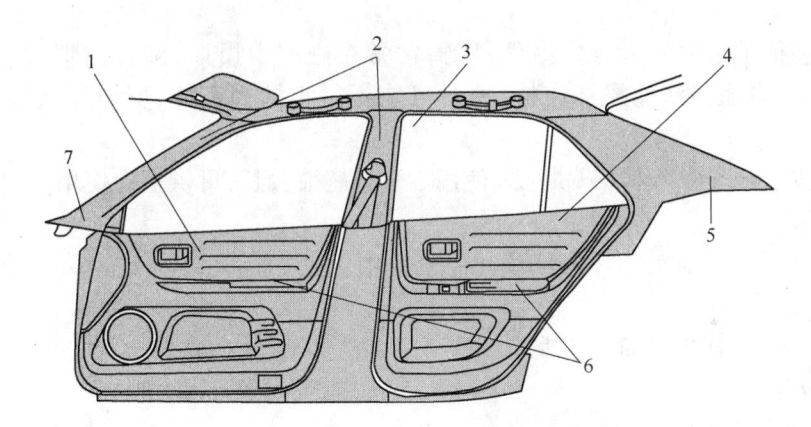

图 8-2 内饰
1—前门装饰板;2—上部装饰;3—B 柱装饰板;4—后门装饰板;
5—后部装饰或 C 柱装饰;6—扶手垫;7—A 柱装饰。

(5) 转向柱总成,它使用一根长的钢轴将方向盘的转动传递给转向器总成。转向器再将这个转向动作传递给前轮。

(6) 车顶内衬总成,它是车顶板内侧的布制或乙烯树脂罩盖。有时装有把手、内部照明灯装饰件和静音衬料。

(7) 地毯,它是装在底板上面的织料保护层,常常衬有静音材料。

(8) 密封条,围绕在车门框周围以防空气和水从车门周围渗入。

(9) 乘员约束系统(安全气囊和安全带)。

二、设备、工具和材料准备

(1) 乘客舱内各部件配置齐全的轿车车身 2 辆。

(2) 各种扳手、起子、钳子等通用工具。

(3) 铲刀、强力胶粘剂、红外线烤灯。

（4）对应车型的车身修理手册。
（5）安全防护用品：工作帽、工作服、安全鞋、棉手套、护耳器。

三、技术标准及要求

（1）座椅拆装时，要使用扭矩扳手将座椅紧固件拧紧至厂家规定的扭矩值。
（2）仪表板应安装到位。
（3）车身装饰条安装应牢固，并与车身整体造型相协调。

四、子任务1：汽车座椅的拆装与座罩的维护

（一）汽车座椅介绍

前、后座椅是重要的车身内附件，座椅常常在碰撞中损坏，乘客的惯性、乘客舱受到侧面碰撞或者血污都能损坏座椅，这时可能不得不拆卸座椅、更换地毯或修理浅盘形地板。

斗式座椅是一个单座椅，只供一人使用。长条座椅较长，可供多人使用。这两种座椅修理方法相似。

如图8-3所示，前座椅的典型部件包括：

（1）坐垫：座椅的底部，包括护罩、填料和框架。
（2）座椅靠背：后部总成，包括护罩、填料和金属框架。
（3）头枕：装在座椅靠背顶部的带衬垫的支架。
（4）头枕导杆：一个安装头枕支柱的套管，装在座椅靠背上。
（5）倾斜调节器：一个调整座椅靠背角度的铰链机构。
（6）座椅调节滑轨：前后调整座椅的机械滑动机构。

1. 座椅的基本构造

前、后座椅在结构上是有一些差异的。良好的座椅，通常是由椅身骨架、弹性元件、缓冲垫、调节机构、饰面等主要部件以及安全带、靠枕、扶手等辅助部件构成的。这里仅以前座椅为例，说明其基本构造，如图8-4所示。

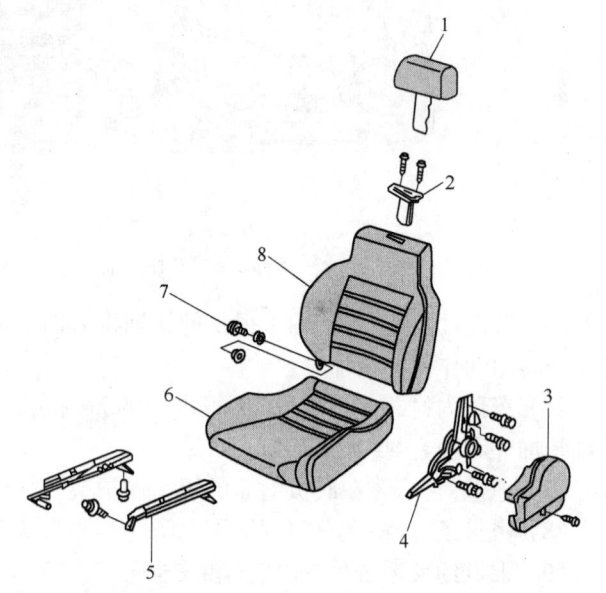

图8-3 前部座椅总成的各种基本部件
1—头枕；2—头枕导杆；3—倾斜调节器护罩；4—倾斜调节器；
5—座椅调节滑轨；6—坐垫；7—枢轴螺栓；8—座椅靠背。

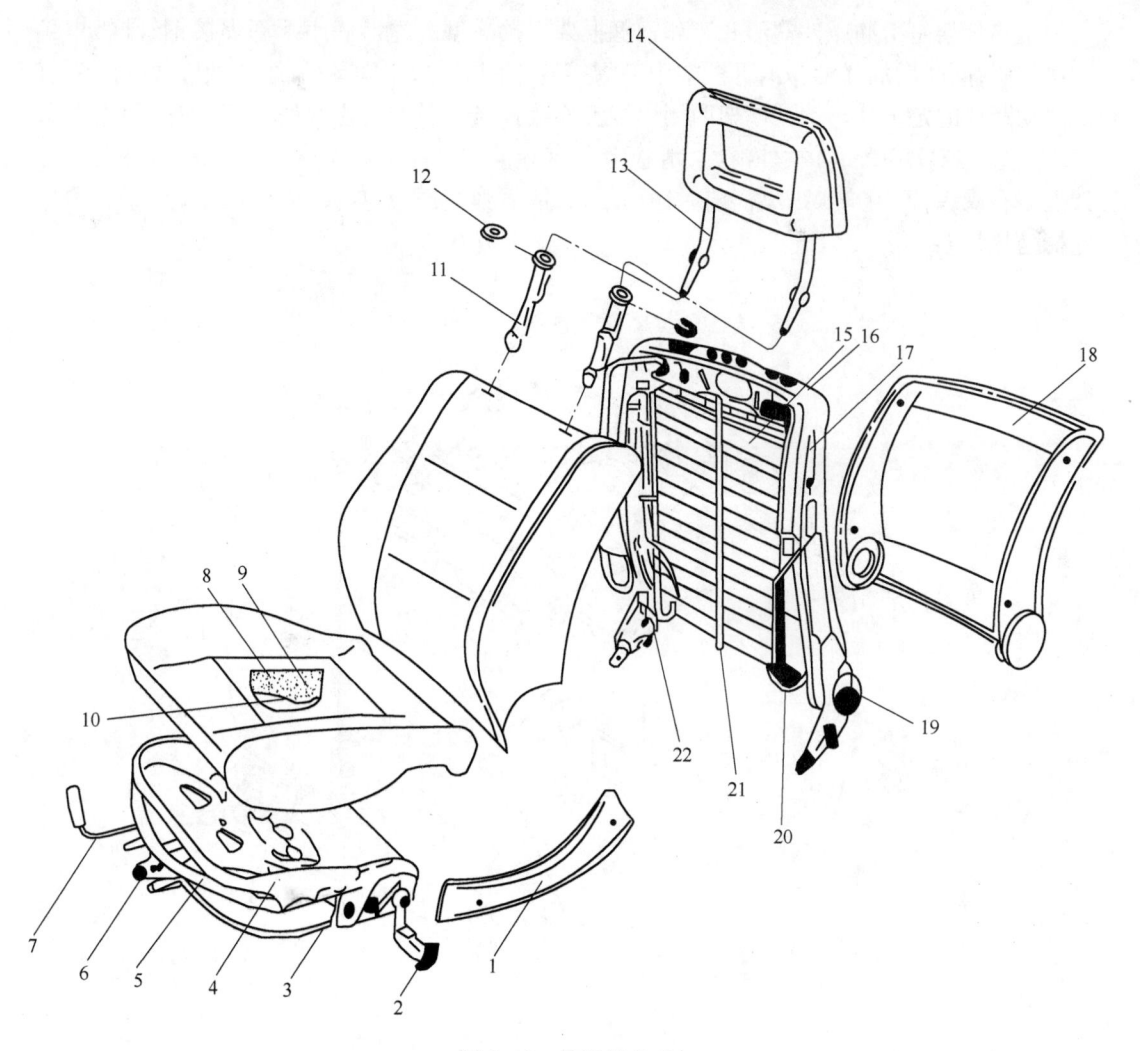

图 8-4　前座椅总成

1—罩板总成；2—滑板；3—尖角夹片；4—盘形底座；5—座椅骨架；6—中间导轨；7—操纵杆总成；8—护面；9—软垫；10—棉衬垫；11—导向套；12—卡簧；13—支杆；14—靠枕总成；15—靠背骨架总成；16—连接板上框加强板；17—侧骨架；18—靠背罩盖；19—靠背调角器；20—成形框；21—钢丝骨架总成；22—拉簧。

1) 椅身骨架

椅身骨架是座椅的支承部件，承受人体及座椅本身的重量，同时是座椅的传动构件。骨架包括坐垫骨架和靠背骨架，按其相互关系可分为整体式骨架和分开式骨架两种。

(1) 整体式椅身骨架。整体式椅身骨架又称为独立式椅身骨架，坐垫骨架和靠背骨架连接在一起，形成整体式结构，坐垫和靠背垫安装在同一骨架上。整体式椅身骨架结构复杂，但靠背与坐垫运动协调，便于调整，舒适性好，多用于驾驶员座椅。

(2) 分开式椅身骨架。分开式椅身骨架的坐垫骨架与靠背骨架相互独立，坐垫和靠背垫分别安装在各自的骨架上，安装到车上后再组合成座椅。具有这种骨架的座椅靠背与坐垫运动不协调，舒适性较差。

坐垫骨架是由冲压件盆形底座和钢管框架焊接成型。盆形底座下部焊接钢管框架,起连接作用,同时增加强度。钢管框架中部焊接有中间导轨,中间导轨呈"Z"形,冲有调节前后移动距离的定位孔。钢管框架两侧焊接侧连接板、连接轴、内螺纹座,用于连接和固定靠背。钢管框架上还装有内、外滑板,滑板上装有导向块。座椅移动导轨焊接在车身上。骨架上装有操纵杆,用来操纵座椅前后移动距离,依靠弹簧回位,如图8-5所示,为奥迪轿车座椅坐垫骨架。

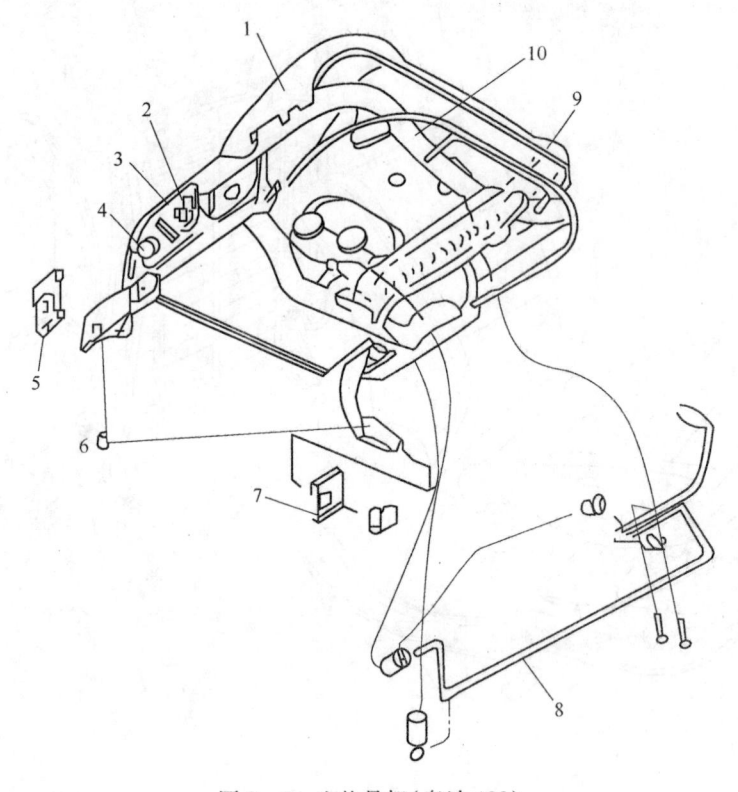

图8-5 坐垫骨架(奥迪100)
1—盆形底座;2—侧连接板;3—连接轴;4—内螺纹座;5—导向块;6—内、外滑板;7—导向块;8—操纵杆总成;9—中间导轨;10—钢管框架。

靠背骨架由左、右侧骨架,连接板,上框加强板,左、右侧成形框,连接管,靠背调角器左、右总成焊接成型。左、右侧成形框由钢丝冲压成型,焊接在侧骨架上,加强靠背骨架侧支撑,使之符合人体工程的要求。连接管由钢管制成,内有传动管通过,用以传动力矩,使靠背调角器达到同步,控制靠背角度调整。靠背调角器靠齿轮啮合,传递力矩。钢丝骨架总成用8个拉簧安装在靠背骨架焊接总成上,起支承作用。

座椅框架所用的材料通常为外径20~25mm的电焊无缝钢管,或用1~3mm厚的钢板冲压或滚压成型的钣金结构。也可以采用钢丝结构、树脂结构、铝合金结构、镁合金结构、塑料结构或者木质结构等,从而实现轻量化。为保证乘员的安全,骨架应该有足够的强度和刚性。

2) 弹性元件

座椅弹性元件主要指弹簧,起弹性减振作用,用以减缓和吸收由车身传到人体的振动和冲击。座椅弹性元件按其材质不同,主要分为金属弹性元件和非金属弹性元件。

(1)金属弹性元件包括螺旋弹簧、S形弹簧等。螺旋弹簧按其形状可分为圆柱形、圆锥形、双曲线形三种,圆柱形螺旋弹簧结构简单,刚度稳定,制造容易,但阻尼较小,一般用在座椅和靠背骨架的边框周围起联结作用。圆锥形螺旋弹簧当负荷达到一定程度时,弹簧由大圈到小圈依次逐渐并紧,有利于消除和缓和共振峰,减振性能较好。双曲线形螺旋弹簧外形相当于两个锥形弹簧连接在一起,这类螺旋弹簧减振性能较好,多安装在坐垫上。与其他弹性元件相比,螺旋弹簧衰减性能差,多与其他阻尼元件配合使用,现已基本淘汰。

S形弹簧的两个相邻簧节构成"S"形,这种弹簧衰减性能好,减振能力强,与非金属弹性元件配合使用,可令座椅有较好的舒适性。

除了上述两类弹簧外,还有其他座椅弹簧结构,多与非金属元件配合使用,应用较少。

(2)非金属弹性元件主要包括乳胶海绵,聚氨酯泡沫塑料,空气弹簧和橡胶弹簧等。

乳胶海绵和聚氨酯泡沫塑料都是发泡成型,结构和性能基本相同。由于其内部有无数个微气孔,里面充满空气,空气与空壁相对运动,产生摩擦,形成阻尼。这种弹性元件振幅小,振动衰减快,共振时传递率低,减振性好。但是乳胶海绵成本高,相对而言,泡沫塑料坐垫应用广泛,但其透气性、透湿性较差。空气弹簧和橡胶弹簧应用较少。

3)座椅衬垫

衬垫用于座椅弹簧和蒙皮之间,防止乘员与座椅弹簧直接接触,分散弹簧与人体之间的压力,同时具有辅助衰减振动的作用,令人感觉柔软舒适。衬垫的材质包括棉絮、毛絮、乳胶海绵、泡沫塑料、棕丝等。浇铸型合成泡沫塑料按所定形状成型,与乘客接触的一面是软层,座椅弹簧侧是用粗毛毡等整体成型后的硬层,用来支撑座椅弹簧,同时根据人体坐态特性,固定坐姿,使乘员的腰部、肩部保持正常的腰曲弧形,在汽车高速行驶或者转弯时,防止人体侧滑,提高安全性能。有的衬垫在成型时,内部注入镶嵌钢丝,有固定饰面和成型的作用。有时也用棕丝或者聚酯类化学纤维取代合成泡沫。棕丝与动物毛按比例相混合,经喷胶、热成型、固化形成衬垫。这种衬垫的显著特点是透气性好。多用作靠背软垫。

为了增强座椅的造型效果,提高座椅的透气性,在表皮和衬布之间,加有一层罩垫。罩垫可以根据需要,形成一定的曲面形状。罩垫所用的材料多为自由发泡低熔点聚氨酯泡沫、聚醚泡沫或者聚酯泡沫。在座椅框架的角部或者棱部成型时,为了防止表皮破损和提高表面触感,有时也加其他衬垫。

4)座椅饰面

包裹坐垫与靠背总成的表面材料称为饰面,一般用绵织品、毛织品、皮革、人造革等材料缝制。饰面应具有良好的弹性和伸缩性,应耐磨,应有良好的透气性、透湿性。对于透气性差的材料,例如人造革,在面包皮制作时,应有意识的热和或缝制成各种形状的沟槽。饰面多与罩垫、衬布复合在一起整体成型,因此有利于提高外观品质,整体成型的方法包括将衬垫和饰面粘合的粘结法和把饰面安装在发泡模具上与衬垫一体发泡的方法等。

5)座椅辅助装备

座椅的辅助装备包括头枕、安全带、靠背振动器、座椅加热器、后装饰板、兜袋、烟灰缸等安全件和功能件。

头枕用来减少颈部疲劳,防止车辆在追尾时引起颈部的损伤,当人体脊椎与垂直面30°夹角时,需设置头枕。头枕分为整体式和分开式头枕。头枕的结构如图8-6所示。其总成包括骨架、软垫、饰面等。分开式头枕通常通过支杆插在镶入靠背顶部的导向套内,靠卡簧锁止,因此可以根据需要,进行高度和角度调整。饰面及软垫材料与靠背相同,关于头枕的尺寸、向后方的移动量、接触面积及冲击的吸收性,各国有不同的标准。

座椅减振器分为简单式和与弹性元件合为一体的复合式两种。简单式座椅减振器往往是不可拆的。复合式座椅减振器则多为可拆的,可以随时更换元件。

座椅加热器直接安装在座椅饰罩内或者座椅衬垫中间,产生热量,令乘员感觉温暖舒适。

6）调节机构

轿车座椅一般都装有调节机构。调节机构是调节乘员乘坐位置的装置。乘员可以根据需要,将座椅进行前后、角度、高度、翻转、支撑刚度等调节及转动座椅等。

前后上下调节机构装在坐垫骨架与车身底板之间,通过手动或其他动力操纵。前后调节机构多采用滑轨式,滑轨相对于车身坐标而言,可以水平布置,只起前后调节作用;也可以前高后低倾斜布置,这样则可以进行前后、高低调节。

角度调节主要是靠背角度调节,坐垫的调节与高度调节机构结合考虑。靠背倾斜角度调节机构,装在靠背骨架与坐垫骨架之间,同时将靠背与坐垫联结起来。靠背调节机构调节角度较大,调节方式可分为微调和无级调节两种。

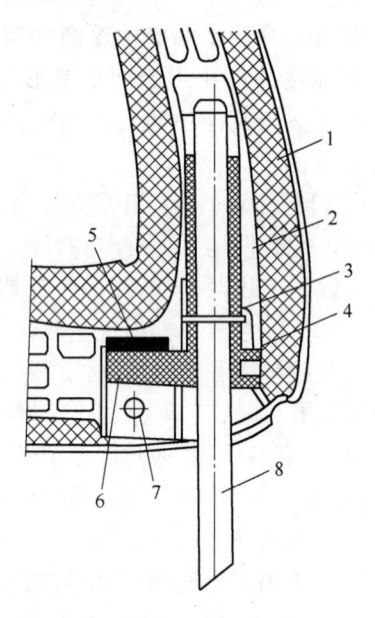

图8-6 头枕的结构
1—头枕软垫；2—头枕骨架；3—卡簧；
4—铰链臂；5—卡圈；6—铰链臂套筒；
7—固定螺栓；8—支杆。

高度调节机构用以调节座椅上下位置,按调节方式可分为座椅整体水平上下平行升降机构和座椅前后单独升降的前后单独升降机构两种,后者可以兼起调节座椅坐垫角度的功能。按结构可分为丝杠式、螺旋弹簧式、油缸式、四连杆式。

后背支撑调节机构用以改变乘员腰椎支撑力,减轻长时间乘车带来的疲劳。

侧支撑调节机构是调节转弯时横向支撑的机构,根据乘员体形调整座椅后背、座椅及缓冲垫侧部形状。

旋转机构用来将座椅前后左右旋转,提高使用方便性。

常见的座椅调节机构及特点如表8-1所列。不管哪种调节机构,都必须设置可靠的锁止机构,以保证行车安全。

2. 电动座椅

电动座椅实质上是将座椅的各种调节机构由手动操纵改为电动操纵的座椅。如图8-7所示,电动座椅中布置有多台电动机,电动机带动传动机构,使座椅的相应部位产生位移,实现坐椅位置的前后、上下、倾斜调整,电动座椅用按钮代替手柄,因而极大的提高了轻便性和方便性,应用日益广泛。

表 8-1　常见座椅调节机构及其特点

型式		组成元件	特点	应用范围
前后调节	不带滚珠的滑轨机构	上滑轨、下滑轨	结构简单,制造容易;摩擦面大,易发卡,易生锈,寿命低	少用
	带滚珠的滑轨机构	上滑轨、下滑轨、滚珠(滚柱)、保持架	运动自如,寿命长;结构较复杂,成本较高	广泛采用
上下调节	丝杠机构	丝杠、丝母	调整方便,寿命长;结构与加工复杂,调整速度慢	少用
	螺旋弹簧结构	上支座、下支座、螺旋弹簧	调整方便、速度快、调整范围大;结构复杂,稳定性差,底板受集中载荷	少用
	油缸机构	油缸	调整方便,乘坐舒适;密封困难,使底板受集中载荷	少用
	四连杆机构	四连杆、轴类等	便于制造,调整方便,成本低	广泛采用
靠背倾斜角调节	滑槽式	滑槽	结构简单,调整不太方便	少用
	棘轮机构	棘轮等	调整方便,工作可靠,制造方便	广泛采用
刚度调节	扭杆式	扭杆等	调整方便,工作可靠,能满足不同体重乘员的要求	仅用于悬挂座椅
阻尼调节	油气悬挂式	油气系统	可满足不同车速及不同道路条件的使用要求;结构复杂,密封困难	仅用于悬挂座椅

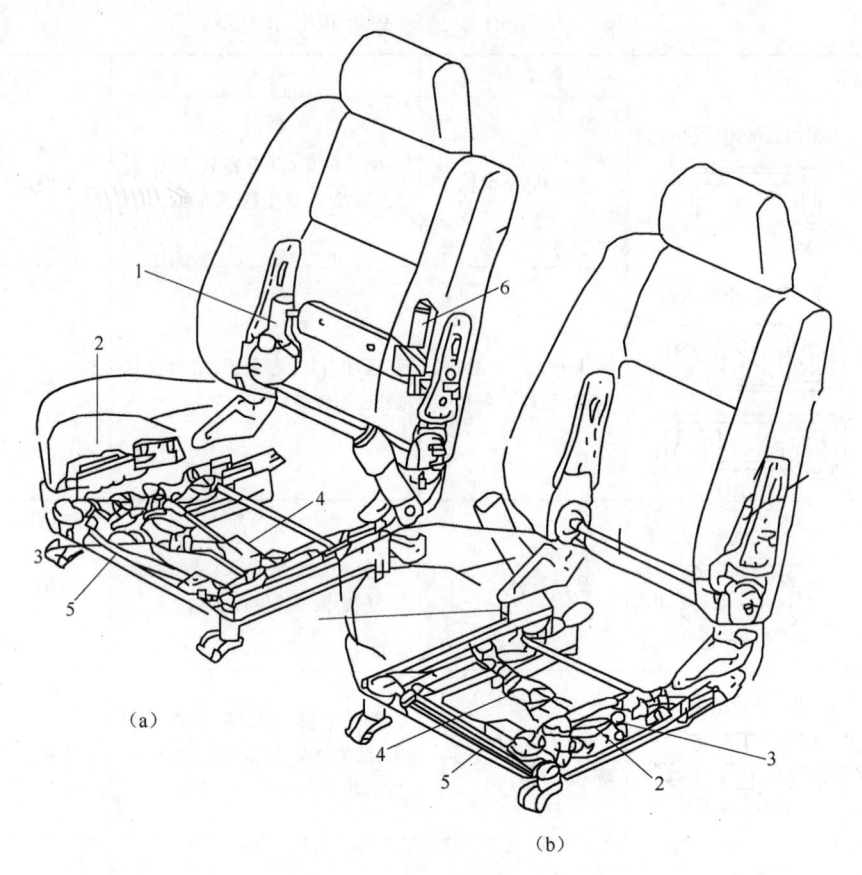

图 8-7 电动座椅
(a)驾驶员座椅;(b)乘客座椅。
1—倾斜调整电动机;2—电动座椅开关;3—前方上下调整电动机;
4—后方上下调整电动机;5—前后滑动调整电动机;6—腰支撑调整电动机。

(二)汽车座椅的拆装

1. 前座椅的拆装

座椅固定螺栓将座椅调节滑轨固定到底地板结构上,固定螺栓通常有四个。有时,座椅固定螺栓上包有压合的或螺钉固定的塑料装饰件。要找到座椅固定螺栓,可能必须要拆下这些装饰件,如图 8-8 所示。

拆卸前座椅固定螺栓时,将座椅向后滑动到头。这样可以更容易找到前部螺栓。然后,向前滑动座椅,拆下后部的两个固定螺栓。

如果准备检修电动或加热型座椅,则将座椅上的线束拔掉。倾斜座椅,找到线束接头。小心地将座椅抬出汽车,放到安全的地方。可能需要用帆布盖住座椅。

安装前座椅时,确保从浅盘形底板上清除所有会发出声音的工具和物体(硬币和紧固件等)。将座椅抬入汽车内部。找个同事帮助抬动和安置座椅,因为它们很笨重。

重新连接所有的电动座椅线束。先用手装上座椅固定螺栓,向下拧。然后,用扭矩扳手将座椅固定螺栓拧紧至工厂规范值。如果一定要更换座椅固定螺栓,确保使用与抗拉强度(螺栓头上的斜体数字)相等或更大的螺栓。强度不够的固定螺栓会在事故中断裂。

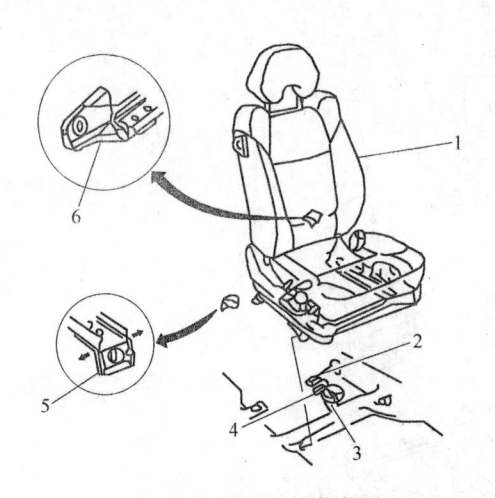

图 8-8 前座椅的装备图
1—前座;2—乘员位置探测系统电气接头;
3—座椅线束探测接头;4—侧气囊电气接头;
5—外侧座椅滑轨端盖;6—内侧座椅滑轨端盖。

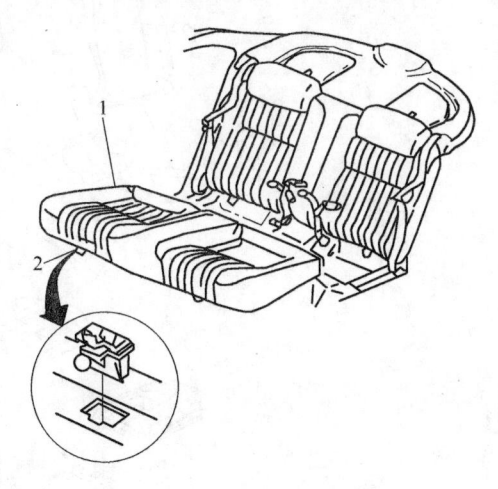

图 8-9 后排座椅的装备图
1—后座坐垫;2—固定装置。

注意:如果没有使用扭矩扳手拧紧座椅固定螺栓,则会增加使用汽车的人员的危险。拧得过松或过紧的螺栓会在严重碰撞中断裂。这样会使座椅总成和乘客在乘客舱内飞离原位。如果没有将座椅固定螺栓拧紧到正确的扭矩,则会导致重伤或死亡。安全带固定螺栓也一样。

2. 后排座椅的拆装

后排座通常由螺钉或簧压式卡夹固定。螺钉通常位于坐垫的前方底部,如图 8-9 所示。有时必须挨着后排座椅躺下才能看到紧固件。

当后部座椅螺钉拆下后,可以向后推座椅,然后向上抬出座椅。

如果使用的是弹性夹箍,用手向下和向后压座椅。为了脱开弹性夹箍,有时必须要用手掌向后猛击坐垫。这样可以使长条座椅被抬出。

安装使用弹性夹箍的座椅时,先将座椅装到位。用膝盖或掌击向下和向后推动座椅。这样可以啮合大多数弹性夹箍。如果是由螺钉固定,拧紧前需先将它们装正。

(三)座罩的维护

座罩是一个布制的、乙烯树脂或皮制的护罩,包在座椅总成上。座罩损坏较大时可能需要更换;损坏较小时,有时装饰人员就可以修理小孔或裂缝。更换座罩必须分解座椅,如图 8-10 所示。

卡圈和卡夹通常拉紧并将座罩固定在座椅骨架和填料上。它们位于坐垫底部或座椅靠背后部。拆卸它们,然后可以取下座罩。最后可以按照拆卸的相反顺序装上新座罩。

注意:拆装座椅时,参照厂商维修手册中的详细内容。程序各有不同。不正确地安装

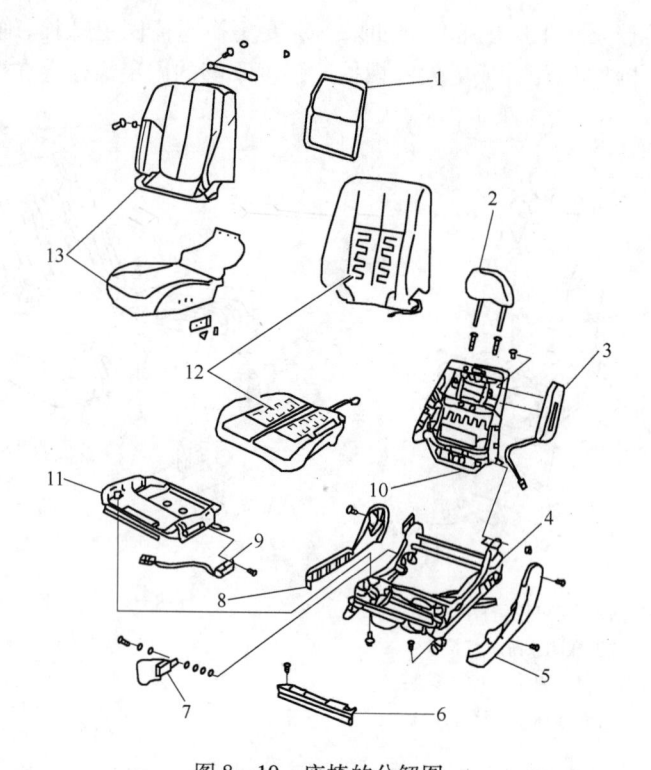

图 8-10　座椅的分解图

1—座椅靠背罩；2—头枕；3—侧面碰撞气囊模块；4—座椅滑轨；5—侧盖；
6—装饰盖；7—安全带；8—侧盖；9—电动座椅开关；10—座椅靠背框架；11—坐垫框架；
12—带加热元件的座椅；13—座套。

座椅会增加乘客的危险。一定要使用扭矩扳手将座椅紧固件拧紧至厂家规定的扭矩值。

五、子任务2：仪表板的拆装

仪表板总成是汽车内饰件中最重要的组成部分，也是车厢内最引人注意的部分。一方面它具有在行车过程中，为驾驶员方便、安全地提供内部各种信息的功能；另一方面，仪表板的造型设计也体现了轿车的个性，可以将其作为衡量各不同生产厂家的工艺水平及艺术风格的标准之一。

仪表板总成安装在前围上盖板总成上，多采用塑料件为框架，将各部件组装到框架上之后，再用螺栓固定到车身上，形成封闭的承载式结构。

当仪表板的部件在碰撞中受到损坏时，必须拆下它们进行更换。图 8-11 是桑塔纳 2000 型轿车的仪表板的分解图。

许多仪表板部件不必拆下仪表板衬垫就可以进行更换。当仪表板的主要部件保持完好时，可以拆下更换仪表组、通风装置和许多装饰件。通风装置常常卡在安装位置，可以使用薄的旋具松开和拆下大多数通风装置。

然而，一些固定仪表板部件的螺钉和螺栓很难被发现并进行拆卸。一些沿着仪表板顶部安装，另一些装在侧面，如图 8-12 所示。

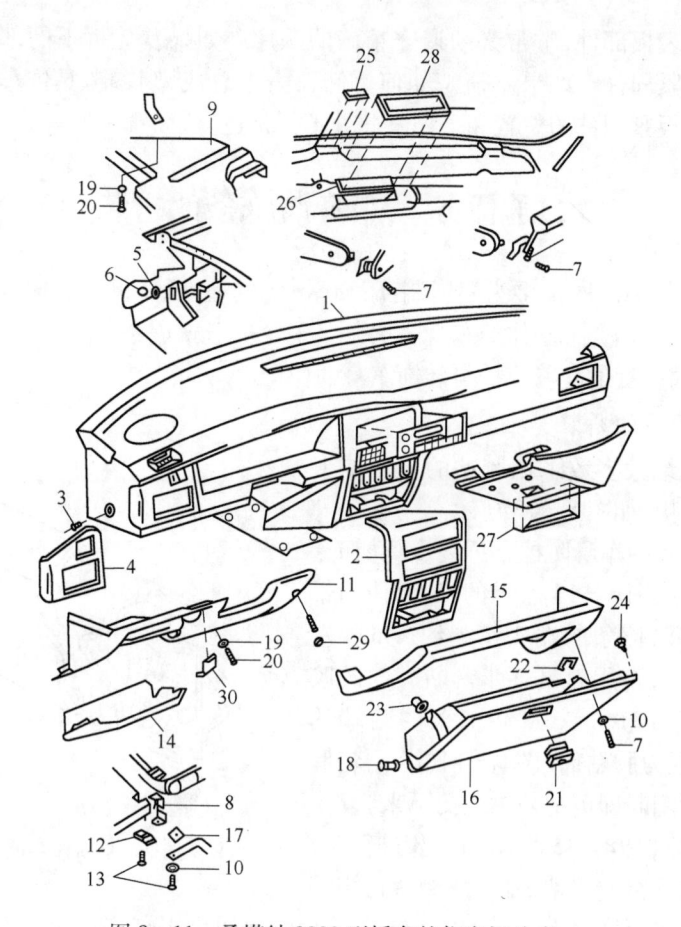

任务 8　乘客舱主要部件与车身装饰条的拆装

图 8-11　桑塔纳 2000 型轿车的仪表板总成

1—仪表板总成；2—中心饰板总成；3—铆钉；4—左饰板；5、6—垫圈、螺母；7—扁头螺钉；8—左固定支架；9—左下封盖；10—弹簧垫圈；11—左饰框；12、13、17—螺母夹、自攻螺钉；14—杂物箱；15—右饰框 16—杂物箱盖；18—铰链销钉；19、20—垫圈、自攻螺钉；21—锁体；22—锁体固定卡钉；23、24—弹性缓冲块；25、26、27、28—隔音垫；29—隔罩；30—闷盖。

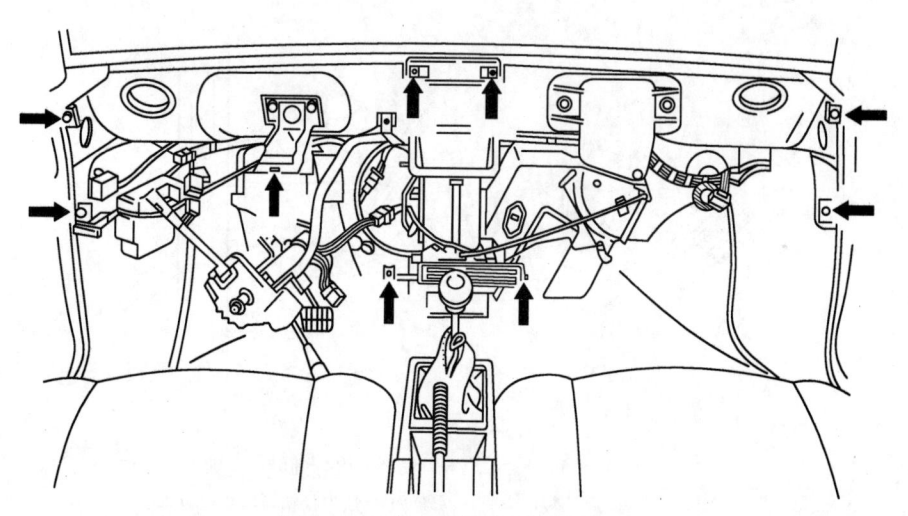

图 8-12　仪表板的常见紧固部位

为了拆下仪表板部件,常常必须遵守精确的顺序。如果首先拆下的部件正确,那么就可以找到隐蔽的紧固件。如果不清楚如何拆卸仪表板总成,则参考具体车型的维修资料。插图会给出仪表板紧固件的位置和类型。此处不再赘述。

六、子任务 3:车身装饰条的拆装

车身防擦条与装饰嵌条多为塑料制品,质量轻、成型性好、拆装方便、易与车身色调协调。也有用薄钢片、轻合金制作的车身防擦条。车轮拱形罩嵌条、车顶引流嵌条、车门槛板嵌条等,也都不同程度地起着保护与装饰车身的作用。

1. 车身防擦条的拆装

车身防擦条绝大多数采用胶粘的方法或卡扣方式与车身连接,如图 8-13 所示。

对于粘接方式的车身防擦条拆装步骤如下:

拆卸时可对照图 8-14 所示的步骤,使用带保护套的铲刀将防擦条的端头铲起约 30mm 左右(图 8-14(a)),再用刀具逐步割断其间的胶粘剂(图 8-14(b))。一般,防擦条的两端约 30~80mm 处用强力胶粘剂(图 8-14(c)),将此范围内的胶粘剂割断即可把防擦条揭下来。

安装时可对照图 8-15 所示的步骤进行,应先用汽油将原来残留的胶粘剂擦掉;然后再用清洁的布蘸酒精将表面擦拭干净(图 8-15(a));用红外线烘干灯将拟涂胶部位分别加热(图 8-15(b)、(c)),其中车身壁板加热至 30~50℃(胶粘时温度会有所下降,但不应低于 20℃),防擦条加热至 30~60℃(注意:加热时烘干灯与防擦条的距离不宜太近);分段涂敷底漆和胶粘剂(图 8-15(d)和图 8-15(e));然后趁热将防擦条装于车身壁板上(图 8-15(f))并注意对准标记;随即把溢出的胶粘剂清除掉。

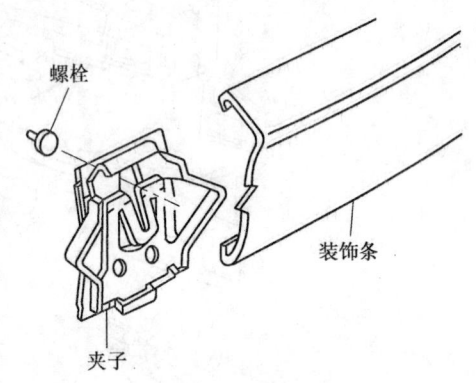

图 8-13 车身防擦条的卡扣固定方式

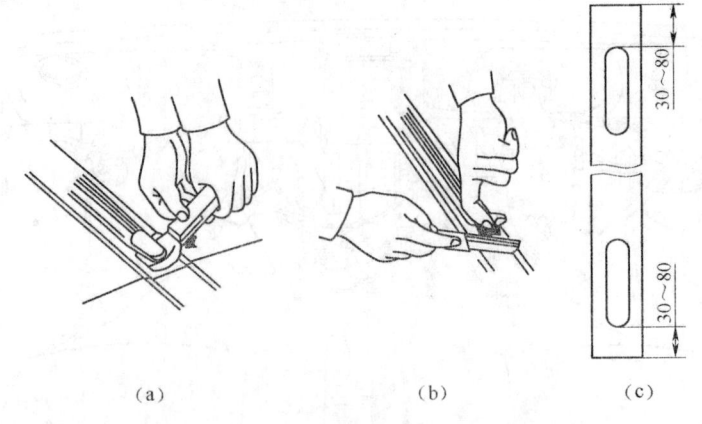

(a)　　　(b)　　　(c)

图 8-14 粘结式车身防擦条的拆卸
(a)先铲起一端;(b)用刀具割断胶粘层;(c)强力胶粘剂所在部位。

任务 8 乘客舱主要部件与车身装饰条的拆装

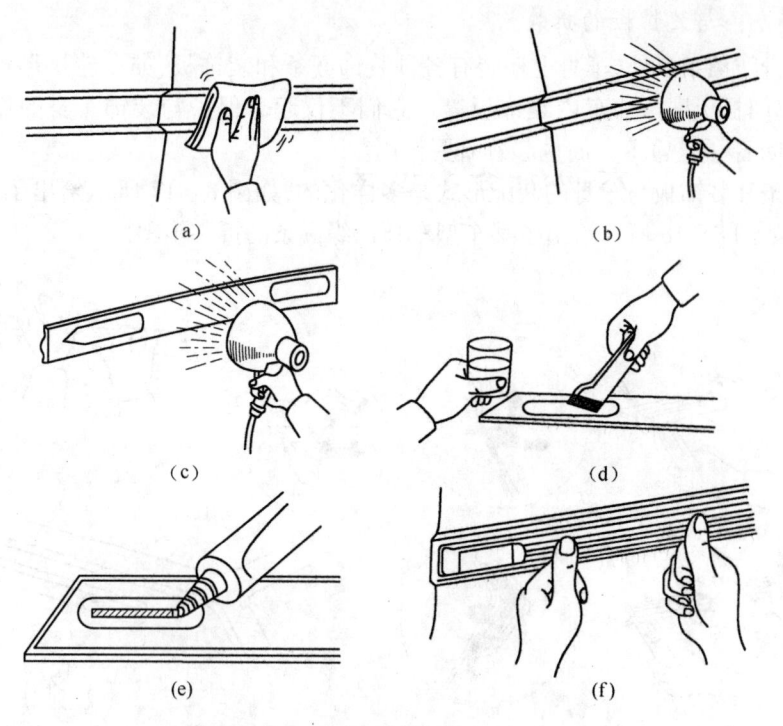

图 8-15 粘结式车身防擦条的安装

(a)清洁安装部位;(b)加热车身壁板上拟涂胶部位;(c)加热防擦条上拟涂胶部位;
(d)、(e)分段涂敷底漆和胶粘剂;(f)趁热将防擦条粘牢。

用这种方法安装的防擦条,只有在18℃以上温度下经24h后方可用水洗车。

有些新防擦条上预涂了压敏型胶粘剂,更换时揭去胶面上覆盖的分离纸,就可直接将防擦条胶粘于车身壁板上。这种压敏型胶粘剂还广泛地应用于标志牌、装饰件等的粘接。压敏型胶粘剂不含溶剂、不需要固化时间,是用于胶粘车身饰件等的理想材料。

如图 8-16 所示,也是车身防擦条的几种典型安装方式。其中,a 类和 b 类需要使用专用拉夹工具方可进行拆装,c 类和 d 类紧固件拆卸时需要在车内侧进行。

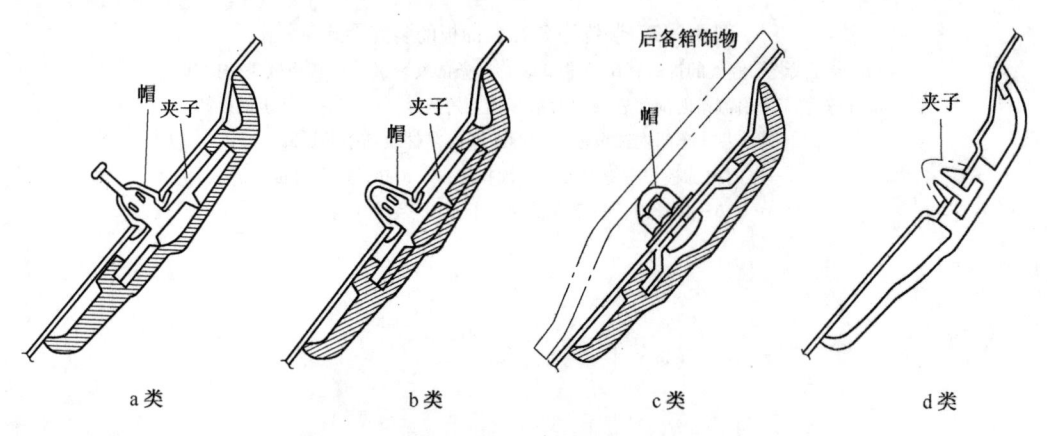

图 8-16 其他几种车身防擦条的固定方式

2. 装饰嵌条与装饰板的拆装

除了车身防擦条以外，车身上还装有各种装饰嵌条和装饰板，如车轮拱形罩嵌条、车顶引流嵌条、车门槛板嵌条和车内装饰板等。它们不仅起着保护与装饰车身的作用，而且在密封、绝缘（防音、隔热）等方面也起着重要作用。

装饰嵌条和装饰板与车身的装配形式是多样化的，如图8-17所示给出了几种常见的装配形式。如图8-18所示给出了某车型车顶边缘嵌条的拆装步骤。

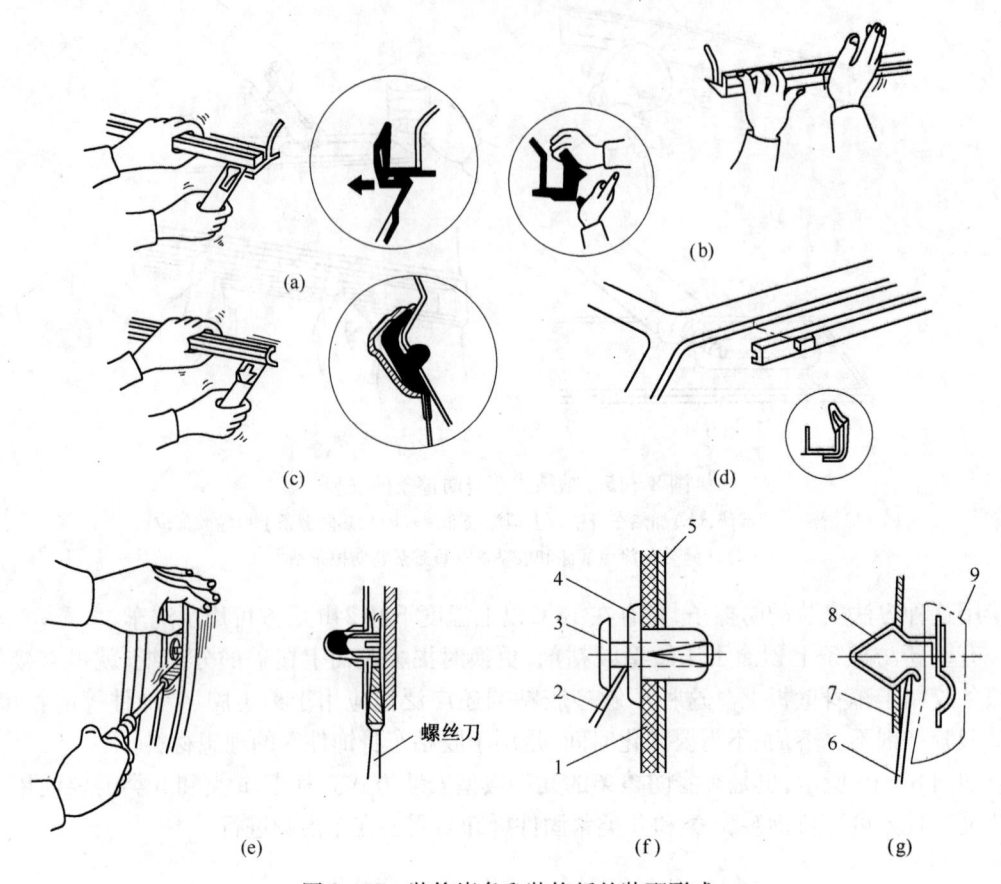

图 8-17 装饰嵌条和装饰板的装配形式

(a)卡板式装饰嵌条的拆卸；(b)卡板式装饰嵌条的安装；(c)门槛板嵌条的拆卸；
(d)安装车身引流条时应将密封块对准车身上的凸缘；(e)车身内饰板的拆卸；
(f)抽芯式车门内饰板锁扣的拆卸；(g)窗柱装饰条的拆卸。
1—车门内饰板；2—螺丝刀；3—锁扣芯；4—锁扣；5—车身板；
6—螺丝刀；7—车身板；8—卡扣；9—装饰罩。

任务 8　乘客舱主要部件与车身装饰条的拆装

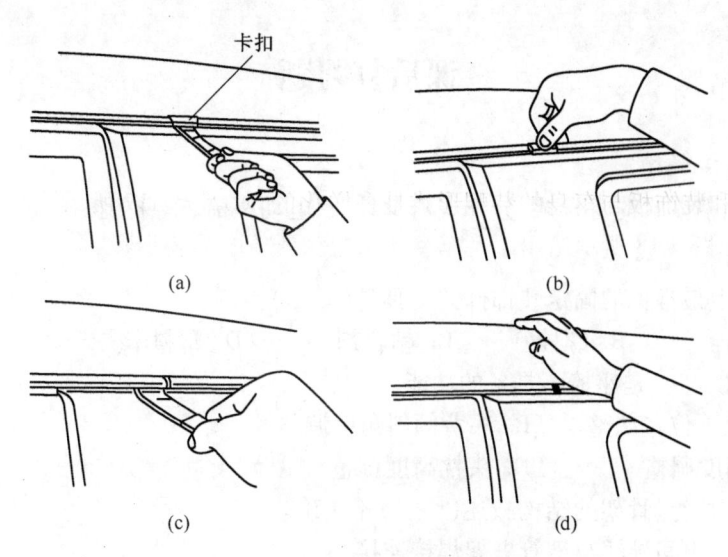

图 8-18　车顶边缘嵌条的拆装
(a)车顶引流条卡扣的拆卸；(b)车顶引流条卡扣的安装；
(c)用专用工具从下边逐渐撬开；(d)安装时先将下边缘钩妥再用手轻轻拍入。

七、技能考核表

乘客舱主要部件拆装技能考核表如表 8-2 所列。

表 8-2　乘客舱主要部件拆装技能考核表

序号	考核内容	配分	评分标准	考核记录	扣分	得分
1	描述乘客舱部件的名称	10	错误一次扣2分			
2	拆卸、安装前座椅	30	拆装使用工具不当每次扣2分；拆装不规范每次扣4分；安装不到位扣10分			
3	拆卸、安装仪表板	50	拆装使用工具不当每次扣2分；拆装不规范每次扣4分；有一处安装不到位扣5分			
4	拆卸、安装车身防擦条	10	拆装使用工具不当每次扣2分；拆装不规范每次扣2分；有一处安装不到位扣4分			
	教师签字				年　月　日	

163

课后复习题

1. 名词术语解释

椅身骨架、整体式椅身骨架、分开式椅身骨架、电动座椅、车身防擦条。

2. 选择题

（1）汽车上最常见的固定装饰件的工具是（　　）。

A.金属螺栓　　　B. 螺栓　　　C. 粘合剂　　　D. 塑料卡夹

（2）下列（　　）是座椅不具备的功能。

A.前后、上下位置调整　　　B. 靠背倾斜角度调整

C. 靠背高度调整　　　D. 头枕高度调整

（3）下列对坐垫骨架的结构叙述（　　）不正确。

A.坐垫骨架中间导轨与钢管框架焊接连接

B. 钢管框架两侧的侧连接板与钢管框架为螺栓连接

C. 内、外滑板与钢管框架为焊接连接

D. 座椅移动导轨焊接在车身底板上

（4）下面机构中不可进行座椅上下调节的是（　　）。

A.滑轨机构　　B.丝杠机构　　C.螺旋弹簧机构　　D.四连杆机构

3.判断题

（1）座椅骨架与盆形底座是靠螺栓连接起来的。　　　　　　　　　　（　）

（2）座椅饰面是通过夹钉或尖角卡片固定在软垫和骨架总成上的。　　（　）

4.思考题

（1）汽车乘客舱主要有哪些部件？各有什么作用？

（2）拆装汽车座椅时应注意哪些问题？

（3）拆装仪表板时应注意哪些问题？

任务9 乘员约束系统的拆装与修理

学习目标
1. 能够拆装安全带
2. 能够拆装安全气囊
3. 熟悉安全带和安全气囊的结构与工作原理

一、设备、工具和材料准备

(1) 配置安全气囊、安全带的轿车2辆。
(2) 常用拆装工具。
(3) 对应车型的车身修理手册。
(4) 安全防护用品：工作帽、工作服、安全鞋、棉手套等。

二、技术标准及要求

安全气囊和安全带拆装时，要使用扭矩扳手将紧固件拧紧至厂家规定的扭矩值。

三、子任务1：座椅安全带的拆装与修理

(一) 座椅安全带介绍

座椅安全带是防止乘员在车内冲撞或被抛出车外的廉价而有效的保护装置。目前在世界各国的交通法规中都规定了机动车必须装备座椅安全带。

依照座椅安全带在车上的固定点，分为两点式和三点式座椅安全带。

在两点式安全带中有单独约束腰部的（腰带），或单独约束乘员躯干的（肩带）。这两种安全带单独使用都不理想，在轿车的后座有使用两点式腰带的，如图9-1(a)所示。

同时约束乘员的腰部及躯干的三点式座椅安全带应用很普遍。其中一种是肩带锁舌

插入腰带带扣的型式,如图9-1b)所示。即取其肩带的上半部,下半部由腰带的一部分代替,要两次操作才能完成系住身体的动作。另一种是肩带与腰带连续起来的型式(也称腰肩连续带),如图9-1(c)所示。锁舌在带子上的位置可以调整,锁舌插入带扣就可以完成系住身躯的动作。这种型式操作方便,提高了使用性。

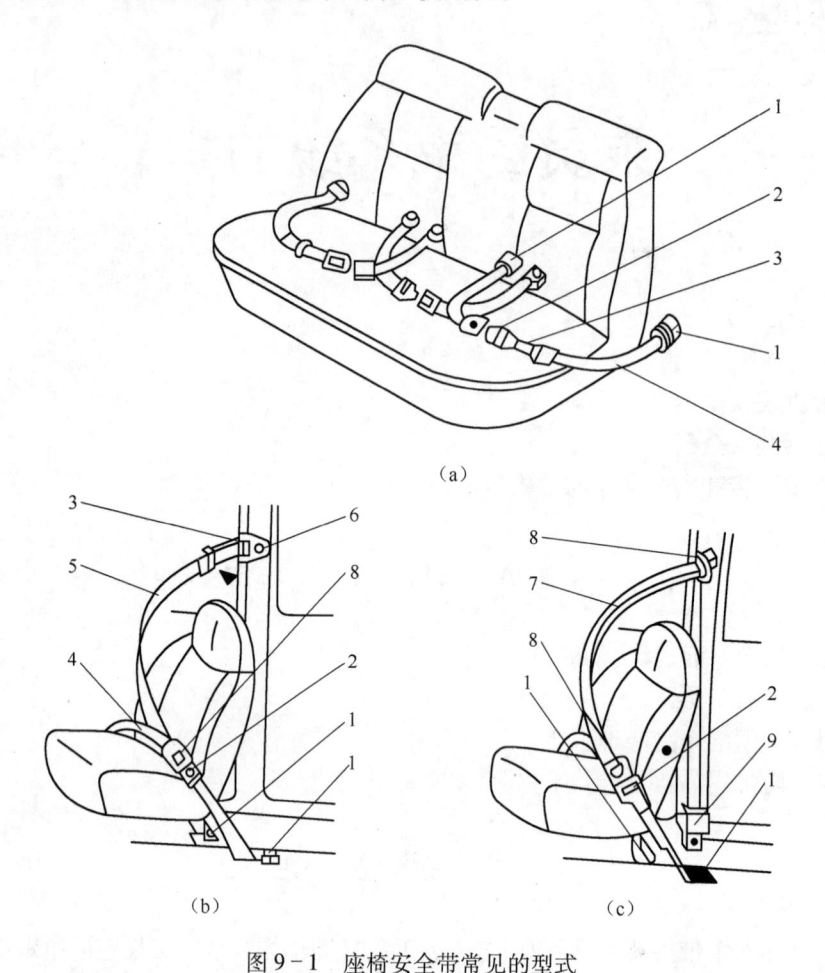

图9-1 座椅安全带常见的型式
(a)后座椅两点式腰带;(b)肩带锁舌插入腰带带扣的型式;(c)肩带与腰带两带连续起来的型式。
1—下部安装装置;2—带扣;3—长度调节器;4—小腰带;5—肩带;6—上部安装装置;
7—腰肩带;8—滑动导向装置;9—卷收器。

以前座椅三点式腰肩连续带为例,它主要由织带、卷收器、带扣、高度调节器、导向板、支架、限位钮及安装附件等组成。其中,织带、卷收器及带扣是安全带的重要组成部分。

1. 织带

织带是构成安全带的本体,通常由尼龙、聚酰酯、聚酯的合成纤维的原丝织成。织带必须有足够的断裂强度和一定的伸长量。在事故发生时,安全带不仅将乘员控制在座椅上,而且能够靠其自身的适当延伸和缓冲作用来减轻人体受到的伤害。

此外,织带还具有耐磨、耐光、耐污、耐寒、耐热、耐水染色、牢固、阻燃等性能。

2. 卷收器

卷收器是指座椅安全带总成中部分或全部储存织带的装置。

卷收器可分为无锁紧型(NLR)、手调锁紧型(MLR)、自动锁紧型(ALR)和紧急锁紧型(ELR)四大类。其中自动锁紧型卷收器可以从收藏盒中连续地把织带拉出,一旦停止,就由棘轮机构锁止。乘员使用安全带时,本身就处于经常受约束的状态中,有受压迫的感觉。因而开发了紧急锁止式卷收器。使用带有紧急锁止式卷收器安全带时,织带可以自由地拉出和卷入。在紧急的时候,例如由于碰撞、追尾、滚翻等原因引起加速度急剧变化时,卷收器的锁止机构能随时起到锁止作用。使用这种卷收器的优点是,在正常佩带安全带的状态下,可以自由地拉出或收缩安全带,不妨碍乘员的正常活动。

根据感知车辆紧急状态的方法,这种卷收器有三种形式:感应车辆加速度型,感应织带拉出的加速度型,可同时感知车辆加速度与织带拉出加速度的型式。

一般用铅合金制的重锤来感应车辆加速度,而用织带轴上配置的惯性板检测织带的拉出加速度,如图9-2所示。

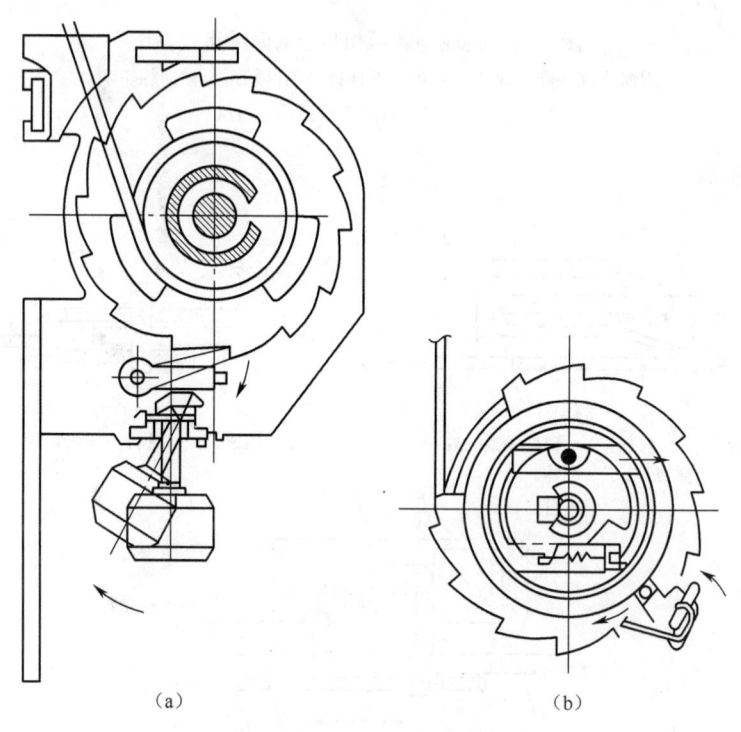

图9-2 紧急锁紧型卷收器
(a)感应车辆加速度型;(b)感应织带拉出加速度型。

使棘轮与棘爪相啮合以达到制动目的的方案有多种型式。主要型式有两种:一种是用惯性直接推动棘爪,如图9-3(a)所示,其结构简单,但尺寸较大;另一种是用惯性体推动辅助棘爪与辅助棘轮啮合,主棘爪是利用辅助棘轮的转动力来带动的,可使惯性体小型化,如图9-3(b)所示。

3. 带扣

带扣是将乘员束缚在座椅安全带总成内的快速系脱连接件,如图9-4所示。带扣由锁

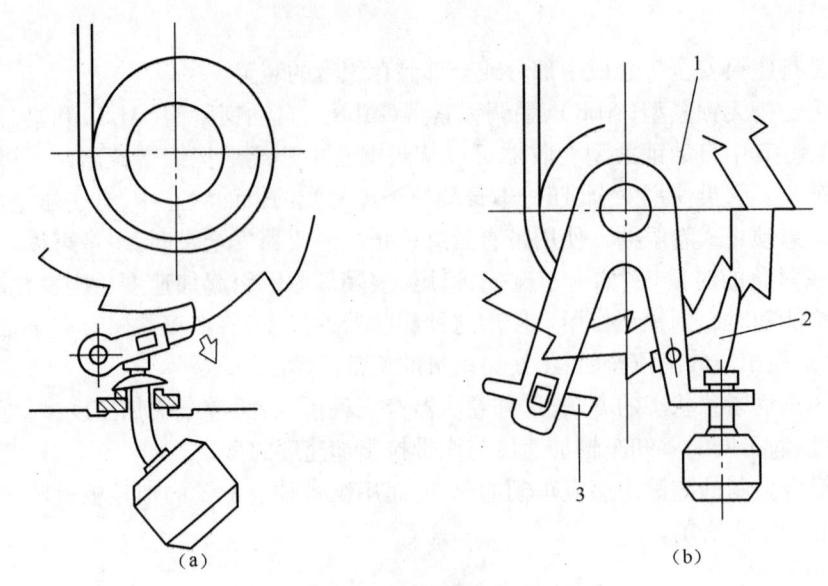

图 9-3 棘轮与棘爪相啮合的两种型式
(a)用惯性直接推动棘爪;(b)用惯性体推动铺助棘爪与辅助棘轮啮合。
1—辅助棘轮;2—辅助棘爪;3—主棘爪。

扣 1 和锁舌 2 组成。

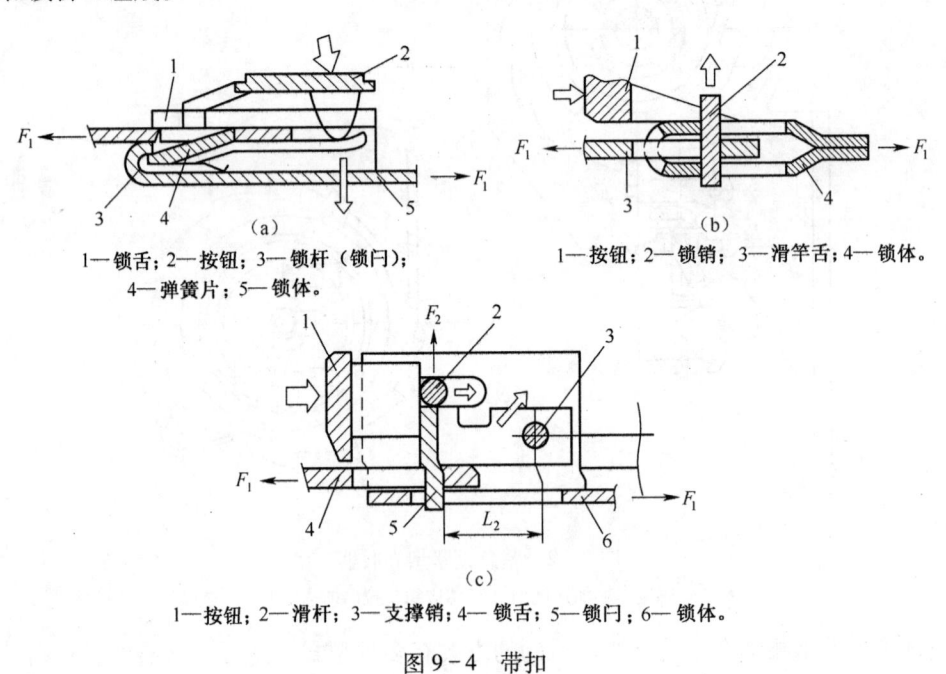

1—锁舌;2—按钮;3—锁杆(锁闩);
4—弹簧片;5—锁体。

1—按钮;2—锁销;3—滑竿舌;4—锁体。

1—按钮;2—滑杆;3—支撑销;4—锁舌;5—锁闩;6—锁体。

图 9-4 带扣

4. 高度调节器

高度调节器是使织带长度调整到适合使用者身材的机构。高度调节器一般设置在肩部转向点处,如图 9-5 所示。也有将高度调节器和带扣、安装部件、卷收器制成一体的。

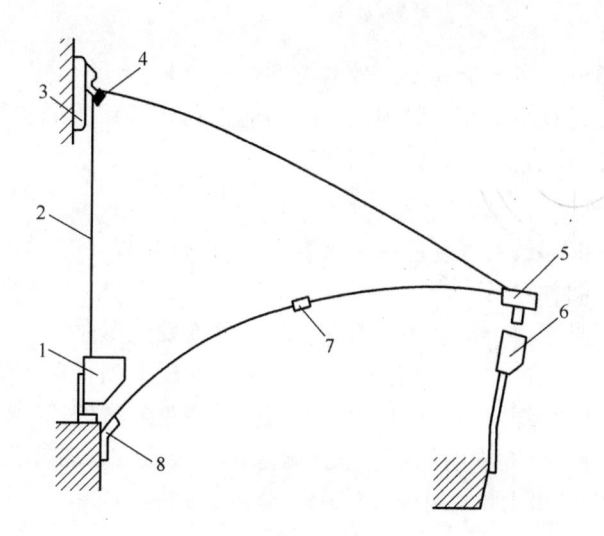

图 9-5　三点式座椅安全带

1—卷收器；2—织带；3—高度调节器；4—导向板；5—锁舌；6—锁扣；7—限位钮；8—底支架。

5. 安装附件

安装附件是指将座椅安全带总成固定在车辆上任一位置的所有固定件的总称。例如奥迪 100 座椅安全带的安装附件主要是螺栓、螺母、垫圈和支架等。有些螺母焊在车身底板或侧围上。这些附件都具有很高的强度和耐蚀性能。

另外，在一些中高级轿车上，采用电动式紧急锁紧卷收器。

（二）安全带的拆装与修理

严重碰撞后，正确地维修安全带是至关重要的。汽车正面受到碰撞快速减速时，人体的重量可以在安全带上产生极大的力。在翻车事故中，安全带可以避免乘客从车窗摔出去。乘客舱从侧面受到撞击时可以使车门和立柱上钣金件变得很锋利像一把小刀一样切断安全带。

为了使汽车恢复到事故前的状态，必须检查所有的安全带以确保以后汽车受到任何撞击时会对乘员进行保护。例如，如果安全带织物边缘出现小的缺口，那么当汽车再次遇到严重事故时安全带织物会撕裂断开。

维修或更换腰部和肩部安全带时，牢记下列指示：

（1）用扭矩扳手将所有的座椅和肩式安全带固定螺栓拧紧至符合厂商规范。拧紧不足或过度拧紧都会使固定螺栓在将来的事故中出现故障。未拧紧的固定螺栓会松开并自行脱落。过度拧紧的固定螺栓会拉伸并且强度降低，导致故障和伤害。

（2）使锋利的边缘和损坏物体远离安全带。安全带织物上的最小缺口也能使安全带在汽车受到碰撞时撕裂断开。

（3）避免弯曲或损坏安全带锁扣或锁板的任何部分。一定要检查所有的锁扣机械机构是否能正确接合和脱扣。

（4）不要试图维修腰部或肩部安全带卷收器机构或腰部安全带卷收器护罩。换上新的或回收的替换件。

(5) 绝不要混淆前后座椅上的安全带的类型。

(6) 固定安全带时只使用原厂紧固件。它们通常具有特殊的形状与固定板形状匹配。而且,固定器紧固件抗拉强度非常高以防碰撞时断掉。

1. 安全带的检查

为了确保安全带能够最大程度地保护乘客,对它进行直观检查和功能检查是至关重要的。在安全带检查期间,应当:

(1) 检查安全带是否由于接合锁扣时定位不正确而发生扭曲。

(2) 从卷收器中完全拉出安全带进行检查,如果发现下列情况则需更换新的安全带:①扭曲;②裂口或损坏;③纤维断开或拉出;④割伤;⑤褪色或染色;⑥卡在导向板中。

参照检查是否有图9-6中的问题。任何缺陷都会导致安全带在汽车受到碰撞时强度变小或可能失效。很小的问题也能增大使用安全带的乘客的危险,一旦发现任何问题,则应更换新的安全带。

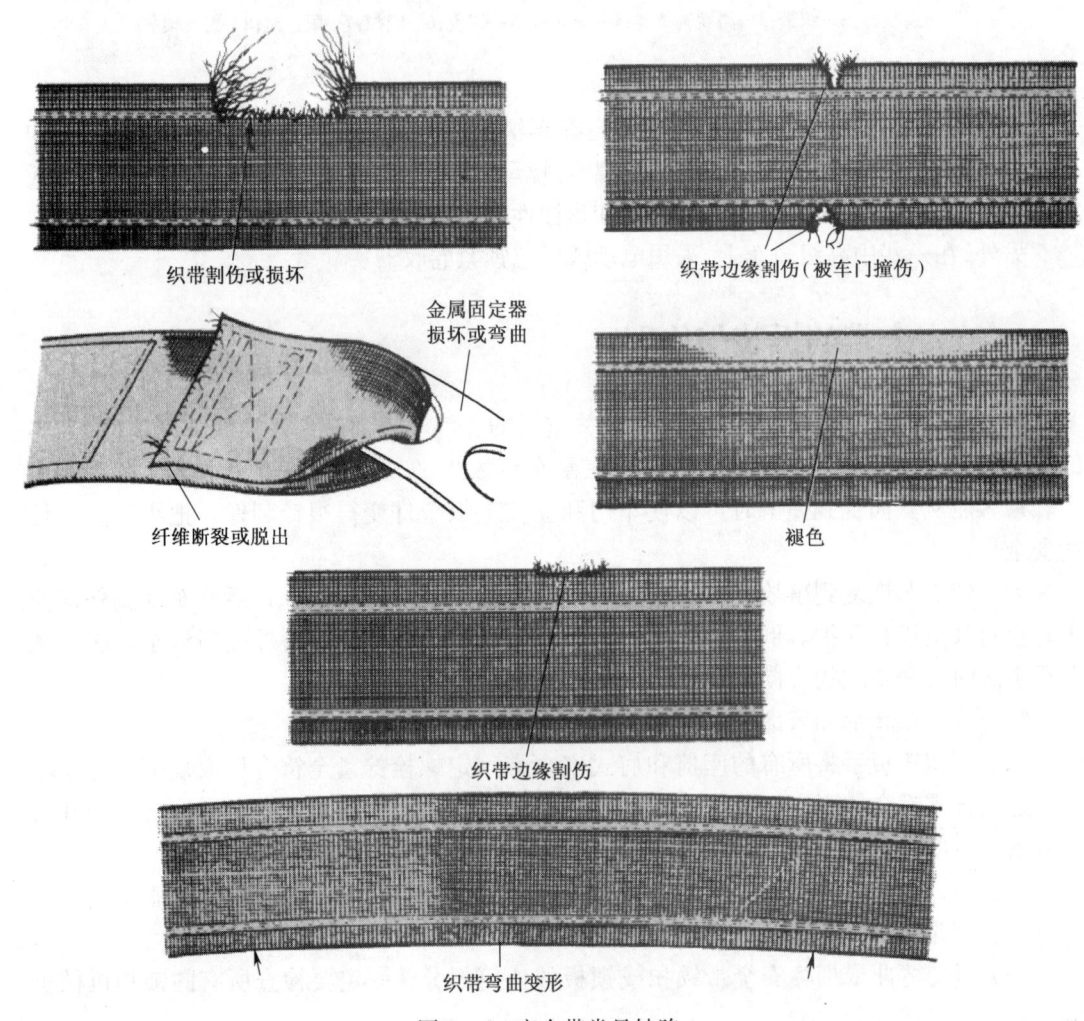

图9-6 安全带常见缺陷

警告:绝不要将安全带漂白或染色,这样会降低织带的强度。如果需要,可用中性肥皂液进行清洗。

2. 锁扣的维修

检查安全带锁扣时,执行下列步骤:

(1) 将安全带舌部插入锁扣,直到听到一下咔嗒声。快速向回拉织带以确保锁扣正确扣上。

(2) 如果锁扣无法扣上,则更换安全带总成。

(3) 压下锁扣上的按钮以松开安全带。用正确的手指力量应该可以松开安全带。

(4) 如果锁扣护罩出现裂缝或按钮松动,则更换安全带总成。如果松开锁扣需要的压力过大,也要更换安全带总成。

3. 固定器的维修

检查安全带固定器时,拆下金属固定板上的所有塑料装饰件。检查安全带固定器和螺栓是否有活动或变形的迹象。如有必要,进行更换。将更换的固定板装到原始位置。安全带和固定板应朝向座椅或安全的布置位置。

在安全带固定器上只使用原厂紧固件。按正确的方向装上安全带固定板后,使用扭矩扳手将固定螺栓拧紧至规范值。固定螺栓拧紧规范应该可以在汽车的维修手册或电子信息中找到(图9-7)。

4. 卷收器的维修

检查安全带卷收器总成时,执行下列步骤:

(1) 抓住安全带。从卷收器中拉的同时,快速地扯动安全带。安全带应锁上。

(2) 在一个远离其他车辆的开阔区域驾驶汽车。行驶速度为8~24 km/h。快速施加脚刹。安全带应锁上。

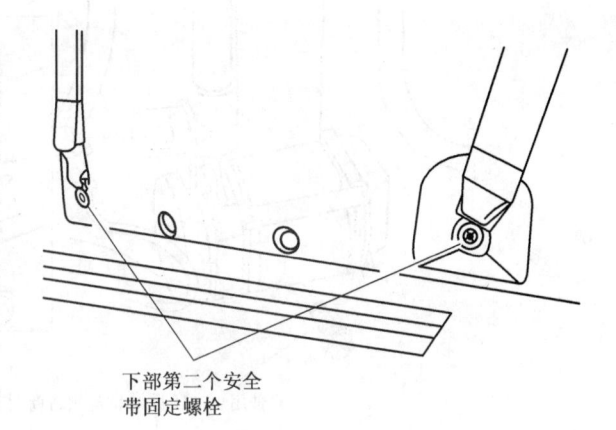

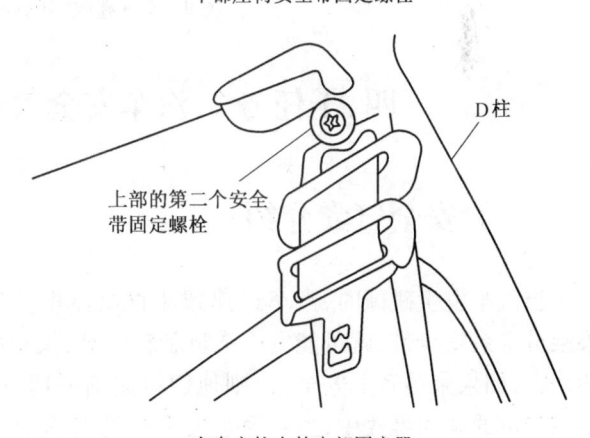

图9-7 安全带的固定螺栓

(3) 如果在这些情况下卷收器没有锁上,则应拆下并更换安全带总成(图9-8)。

如果卷收器不能正常工作或是一次性膨开型,则将其更换。拔出所有的导线,不要损坏接头。然后拆下螺栓,更换该装置。如果汽车装配的是烟火式安全带卷收器,那么气囊膨开后必须将其更换。推进剂已经在碰撞期间被安全带的拉力耗尽。

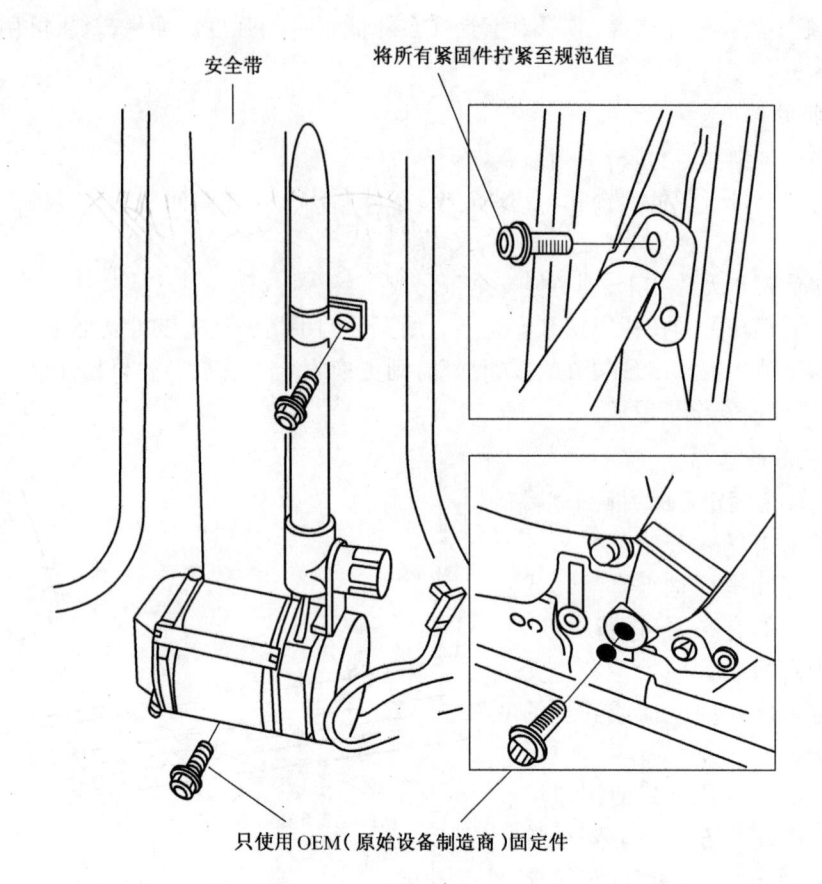

图 9-8　卷收器的固定螺栓

四、子任务 2：汽车安全气囊的拆装与修理

（一）安全气囊介绍

当汽车发生碰撞时，汽车迅速减速直至停止，但车内乘员仍以原来速度向前运动。如果乘员未系安全带，就可能发生乘员和转向盘、仪表板和风窗玻璃等之间的碰撞，造成严重的伤害；如果乘员系上安全带，则他们将逐渐减速，因此作用到他们身上的撞击力将减轻。但在严重的碰撞事故中，虽然系上安全带的碰撞力比未系安全带少了很多，但乘员仍可能会撞到车内部物件而造成伤害。如果此时装在转向盘或仪表板内的安全气囊充气弹出，就可以保护乘员减少与车内物件相撞的可能性，更均匀地分散头部、胸部的碰撞力，吸收乘员的运动能量，从而起到补充安全带效果的作用，图 9-9 显示了安全气囊的防护作用。大量统计和实测数据表明：在汽车相撞时，如果正确使用安全带和安全气囊可使头部受伤率减少 25% 左右，面部受伤率减少 80% 左右。

1. 安全气囊的组成

各车型汽车安全气囊系统采用控制部件的结构、数量和安装位置各有不同，但其基本

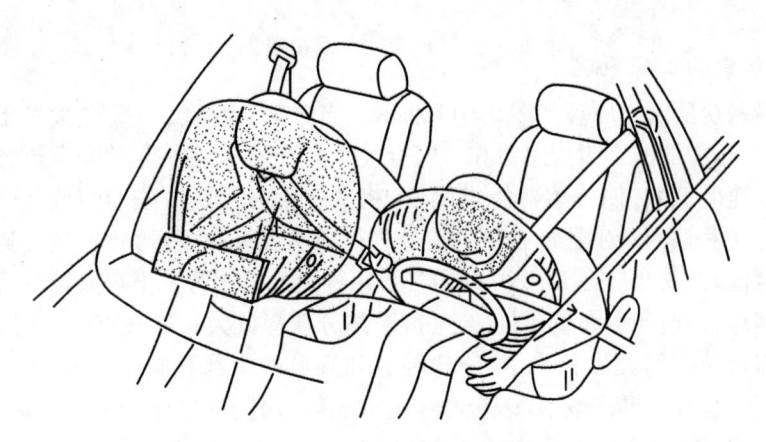

图 9-9 安全气囊的防护作用

组成大致相同，主要由碰撞传感器、安全气囊系统控制组件（SRS ECU）、安全气囊组件（SRS 组件）、安全气囊系统指示灯（SRS 指示灯）四个部分组成，其主要部件在车上的典型位置如图 9-10 所示。

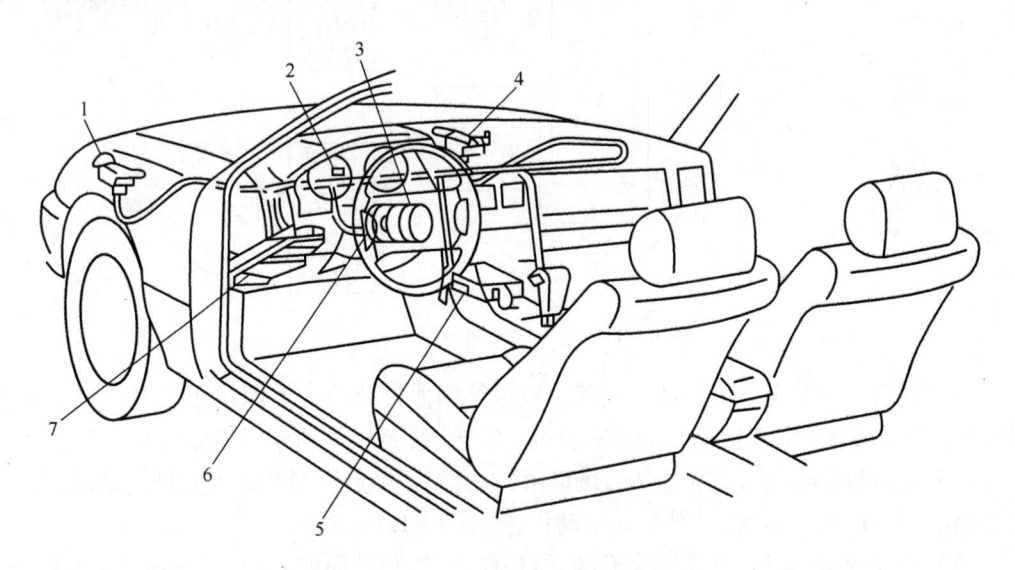

图 9-10 安全气囊系统的组成和布置
1—左前碰撞传感器；2—安全气囊警告灯；3—安全气囊组件；4—右前碰撞传感器；
5—安全气囊 ECU；6—螺旋电缆；7—接线盒。

SRS 一般设有 3~4 只碰撞传感器，分别装在车身前部和中部。如汽车前两翼子板内侧，两侧前照灯支架下面，发动机散热器支架左、右两侧，左右仪表台下面和 SRS ECU 内部等。

SRS ECU 一般安装在换挡操作手柄前面或后面的装饰板内、后排座椅下面中部位置或后备箱内。当 SRS ECU 内部装有碰撞传感器时，SRS ECU 应当安装在汽车纵向轴线上，以便该传感器准确检测碰撞信号。

SRS 组件主要由充气器、气囊、装饰盖和底板等组成。

SRS 指示灯用于指示安全气囊系统的工作状态。当系统发生异常时，指示灯自动发亮报警。

2. 安全气囊的工作原理

安全气囊系统的工作原理如图9-11所示。当汽车受到前方一定角度范围内的高速碰撞时,安装在汽车前端的碰撞传感器和与安全气囊ECU安装在一起的安全传感器就会检测到汽车突然减速的信号,使传感器触点闭合,将减速信号传送到安全气囊ECU;安全气囊ECU根据设定的程序对传感器所检测的信号进行数学计算和逻辑判断,当检测到的信号强度超过其设定值时,安全气囊ECU立即向气囊组件内的电爆管发出点火指令,引爆电爆管;点火剂受热爆炸,迅速产生大量热量,充气剂受热分解释放大量氮气充入气囊,气囊便冲开组件的装饰盖板鼓向驾驶员和乘员,使驾驶员和乘员的头部和胸部压在充满气体的气囊上,将人体与车内构件(转向盘、仪表板和风窗玻璃等)之间的碰撞变为弹性碰撞,并通过气囊产生变形吸收人体碰撞时所产生的动能,达到保护人体的目的。

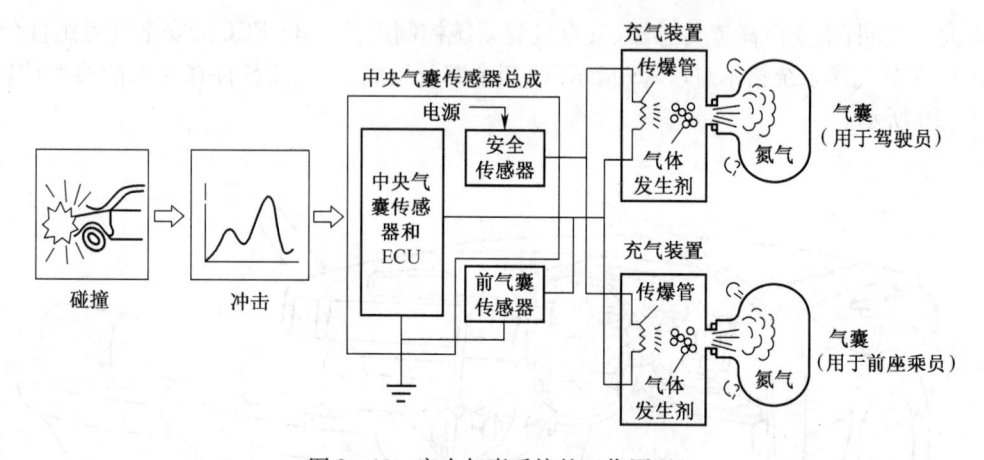

图9-11 安全气囊系统的工作原理

下面分析一下安全气囊的动作过程。根据德国博世公司在奥迪轿车上试验研究表明:当汽车以车速50km/h与前面障碍物碰撞时,安全气囊系统的动作时序如图9-12所示。

(1)碰撞约10ms后,SRS达到引爆极限,点火器引爆点火剂并产生大量热量,使充气剂(叠氮化钠药片)受热分解,驾驶员尚未动作,如图9-12(a)所示。

(2)碰撞约40ms后,气囊完全充满,体积最大,驾驶员向前移动,斜系在驾驶员身上的安全带被拉紧,部分冲击能量已被吸收,如图9-12(b)所示。

(3)碰撞约60ms后,驾驶员头部及身体上部压向气囊,气囊的排气孔在气体和人体压力作用下排气节流吸收人体与气囊之间弹性碰撞产生的动能,如图9-12(c)所示。

(4)碰撞约110ms后,大部分气体已从气囊逸出,驾驶员身体上部回到座椅靠背上,汽车前方恢复视野,如图9-12(d)所示。

(5)碰撞约120ms后,碰撞危害解除,车速降低直至为零。

由此可见,气囊在碰撞过程中的动作时间极短。从开始充气到完全充满约为30ms;从汽车遭受碰撞开始到气囊收缩为止,所用时间仅为120ms左右,而人的眼皮眨一下所用时间为200ms左右。因此,气囊动作状态和经历时间无法用肉眼确认。目前世界各国广泛采用模拟人体进行碰撞试验。

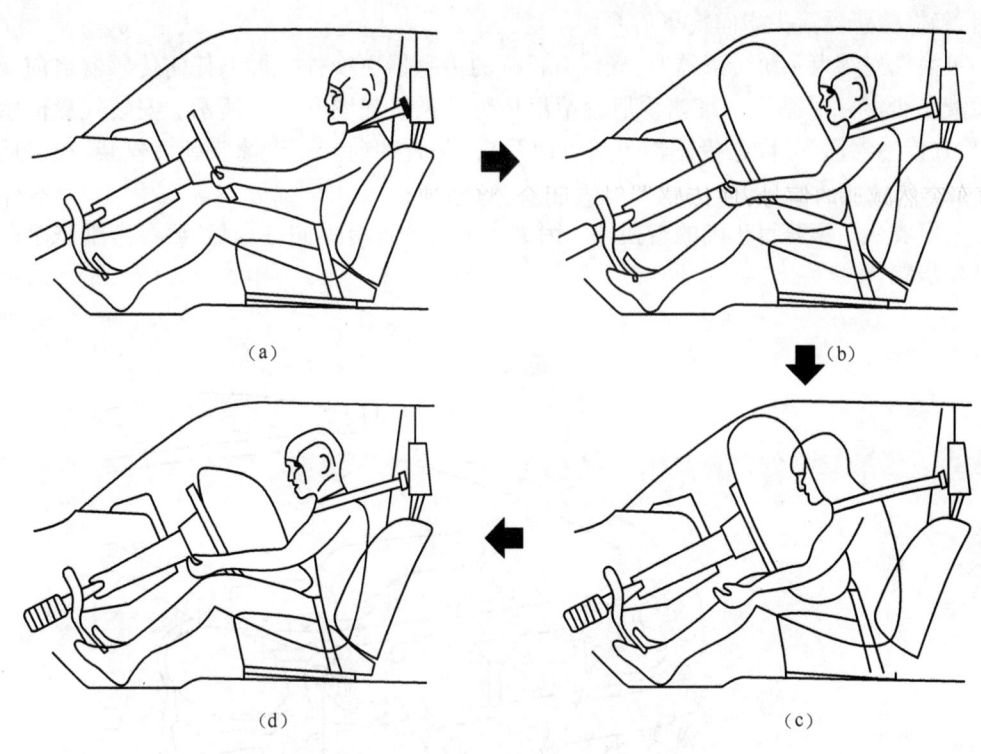

图 9-12 安全气囊系统的动作过程
(a)10ms；(b)40ms；(c)60ms；(d)110ms。

（二）安全气囊的拆装与修理

维修装有气囊的汽车之前，必须将系统解除。通过断开所有可以引爆气囊的电源来解除气囊约束系统。解除气囊约束系统的程序各有不同。许多汽车维修资料要求断开蓄电池负极电缆并用绝缘胶带包住电缆端部。胶带使金属电缆末端绝缘，这样就不会意外接触到蓄电池接线柱。

制造商可能还规定拆下系统熔断器或断开模块。一定要参考维修手册中解除系统的准确步骤。这样可以帮助避免电气系统损坏和新气囊意外膨开。

气囊约束系统可能装有储能模块，以保证在电源意外出现故障时也可以使气囊膨开。因此修理时必须将它从系统中拆下，或者断开蓄电池之后等待几秒到30min，进行放电。如果对储能模块的使用有疑问，则参考汽车的详细维修信息。

警告：即使断开了蓄电池，储能模块也能引爆气囊。如果正在气囊附近工作，则会受到严重伤害。如果要在未膨开的气囊附近作业，一定要先正确地解除气囊约束系统。

1. 气囊传感器的更换

对于不同的汽车，气囊膨开后更换系统部件的步骤不完全相同。关于部件是否更换应详细地检查厂商建议。许多汽车制造商建议维修已膨开的气囊时更换所有的传感器，有时也更换ECU。如果气囊损坏了或汽车制造商建议更换，那么应更换气囊传感器。传感器会因为严重碰撞而内部损坏。装新气囊之前还必须检查和维修气囊电路中的所有导线。更换时,确保传感器箭头指向气车前部。

更换气囊约束系统传感器时,确保有正确的传感器更换件。拆下任何传感器之前应反复检查是否解除了系统。维修手册会给出传感器位置如图9-13所示。安装气囊传感器时,检查传感器箭头(印在传感器上的方向箭头)是否朝前。如果箭头朝后安装,在以后遇到事故时气囊将无法膨开。

一定要从厂家获得正确的替换件。因为系统设计各有不同,所以还要参考维修手册中的准确步骤。

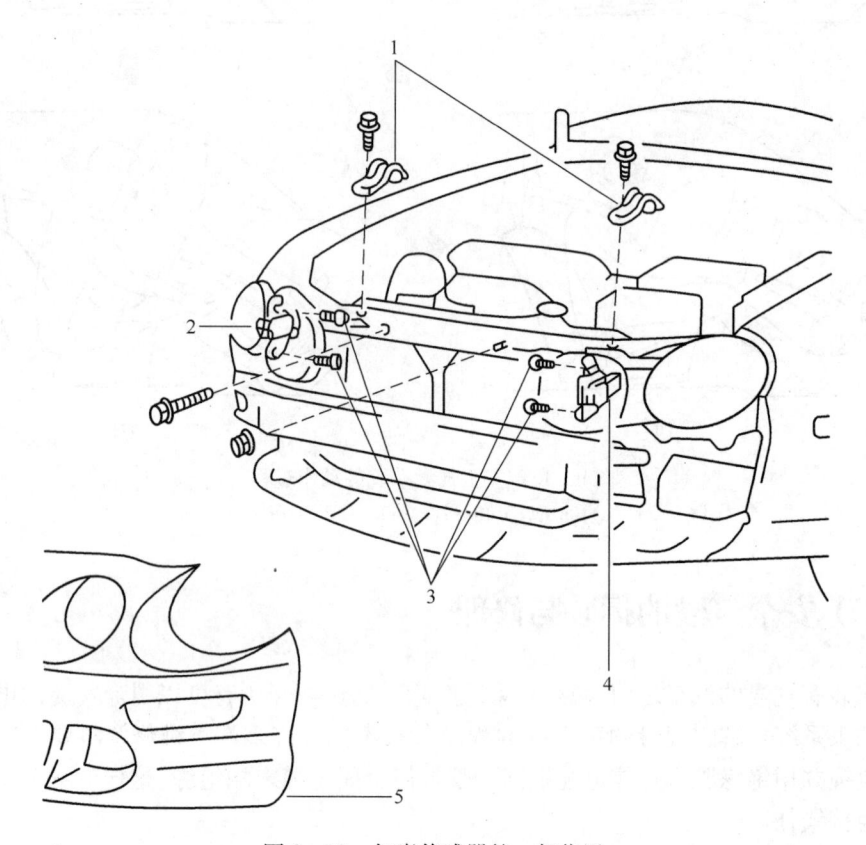

图9-13 气囊传感器的一般位置

1—散热器上部支撑;2—前部气囊传感器(右侧);3—不可重复使用的紧固件;4—前部气囊传感器(左侧);5—前保险杠面罩。

2. 已膨开气囊的拆卸

在气囊膨开后维修汽车时,使用真空吸尘器清洁乘客舱。乘客舱内会存在残留的粉末,这种粉末对眼睛和皮肤有刺激性。粉末是生产汽车期间添加的以减小气囊膨开时的摩擦力。用真空吸尘器清洁仪表板通风口、座椅、地毯和其他被这种粉末污染的表面。

警告:如果气囊已经膨开,在进行吸尘或拆卸作业时,要戴上护目镜、手套和防尘面具。这样可以避免接触到残留的粉末。乘客位气囊膨开时常常会打破风挡玻璃,使玻璃碎片散落到乘客舱内,当心不要被这些锋利的玻璃碎片割伤(图9-14)。

在拆卸膨开的驾驶员侧气囊时,从方向盘后部拆下小螺钉(图9-15)。表面硬化的螺栓将驾驶员位气囊总成固定在方向盘内。注意小装饰盖,必须将其拆下才能找到这些螺栓。然后可以按照厂商维修手册的步骤拿出旧模块并断开它的导线。气囊膨开后,通常必须更换螺旋电缆或时钟弹簧。

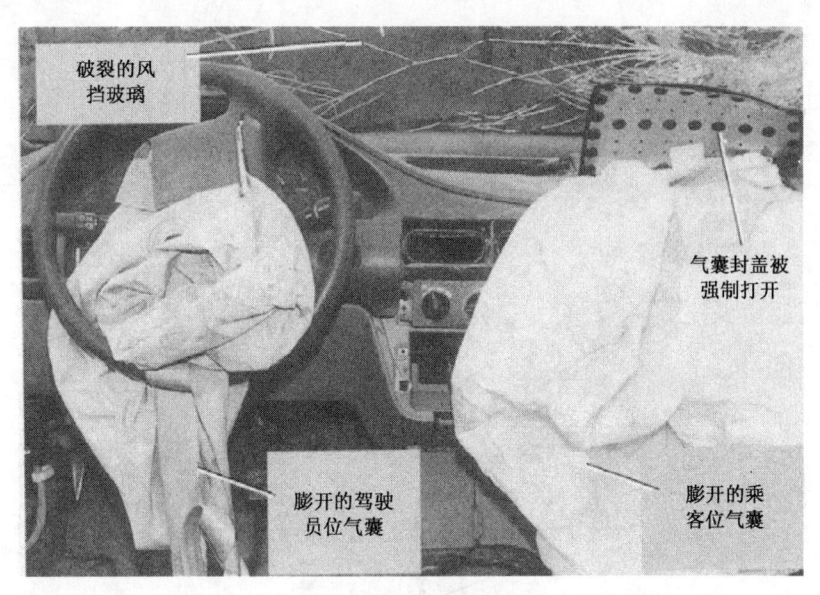

图9-14 乘客位气囊膨开时常常会打破风档玻璃

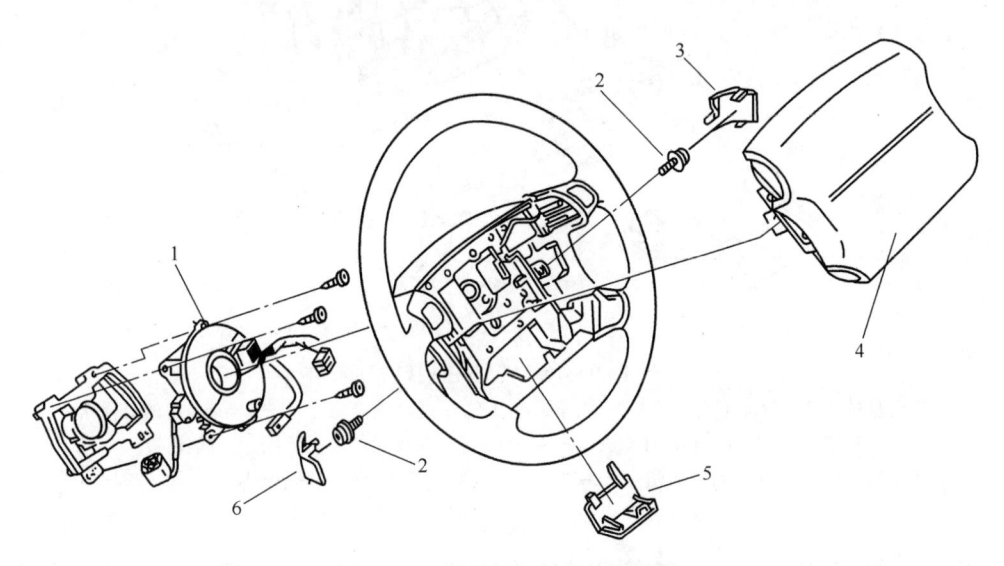

图9-15 驾驶员侧气囊的连接图
1—螺旋电缆;2—六角头螺栓;3—右侧护盖;4—气囊模块;5—下盖;6—左侧护盖。

检查所有部件的损坏情况。所有肉眼能够看出损坏的部件都应当更换,包括方向盘转向柱、螺旋电缆和相关部件。如果发现转向柱损坏,那么应在更换气囊时进行维修。注意大螺母怎样将转向柱固定在仪表板底部的。此时还应检查组合开关是否工作正常。损坏的电线可能还需要更换线束或仔细地维修导线(图9-16)。

3. 气囊的安装

在搬动未膨开的气囊模块时,一定要让气囊和装饰盖背向身体。这样可以减小气囊意

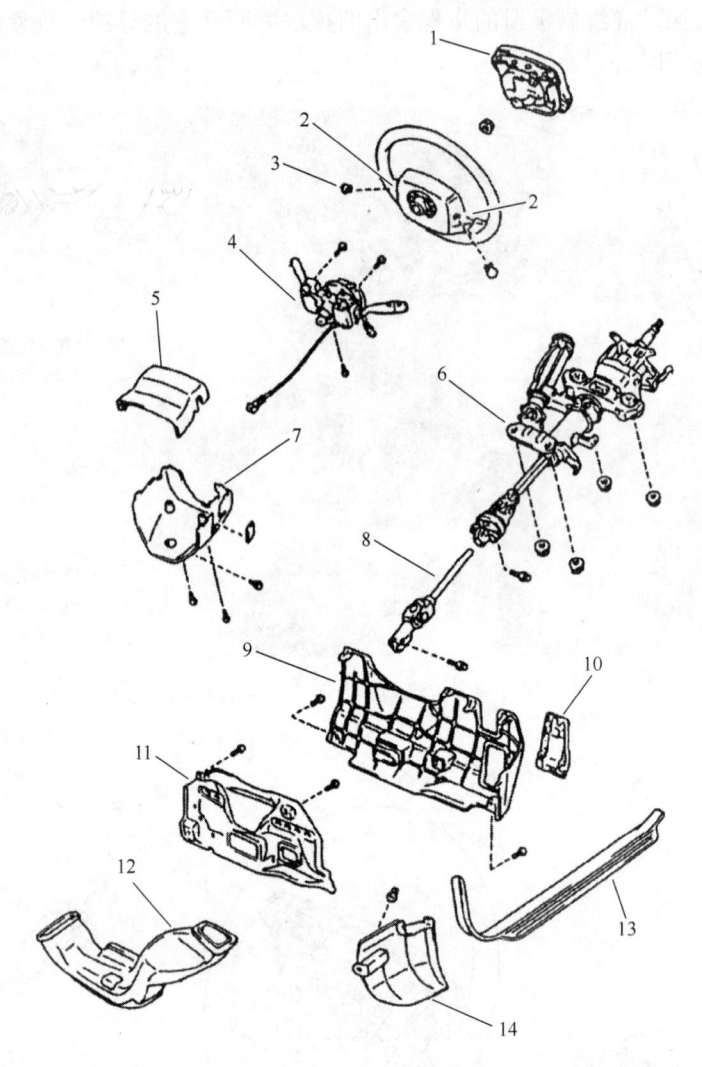

图 9-16 转向柱连接图

1—方向盘衬垫(装有驾驶员位气囊);2—六角螺钉;3—方向盘下部2号盖;4—带螺旋电缆的组合开关;
5—转向柱上罩;6—转向柱总成;7—转向柱下罩;8—中间轴;9—仪表组下部装饰板;
10—左下部仪表组盖;11—左下部插件装饰板;12—通风调节器风道;
13—前门内侧防滑板;14—前围侧面装饰板。

外膨开导致严重伤害的可能。将气囊模块放到工作台面上时,一定要让气囊和装饰盖朝上,这样可以减小气囊意外膨开时向上"发射"的可能。在气囊膨开后要遵照厂商的要求更换部件。

  绝不要用线束或引线拽动任何系统部件。对于任何摔过的或有明显损坏痕迹的部件,都要遵照厂商的要求进行处理。不要试图维修部件,除非制造商要求这么做。如果厂商没有说明,不要将任何部件通电。

  气囊膨开后,气囊总成必须更换。螺旋电缆通常也必须更换,螺旋电缆是转向柱和气囊模块之间的电气连接件(图 9-17)。在更换螺旋电缆时,必须来回转动螺旋弹簧总成,必须在安装紧固件之前对准箭头以便正确地装配(图 9-18)。

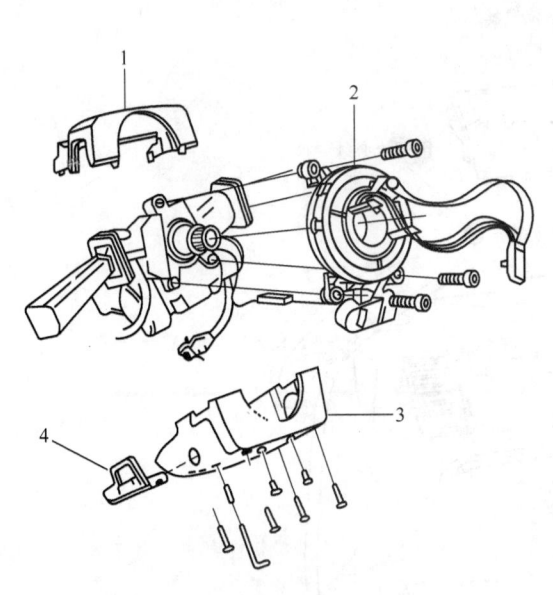

任务 9 乘员约束系统的拆装与修理

图 9-17 螺旋电缆固定在转向柱内
1—转向柱上部护罩；2—螺旋电缆；3—转向柱下部护罩；
4—方向盘调节控制器。

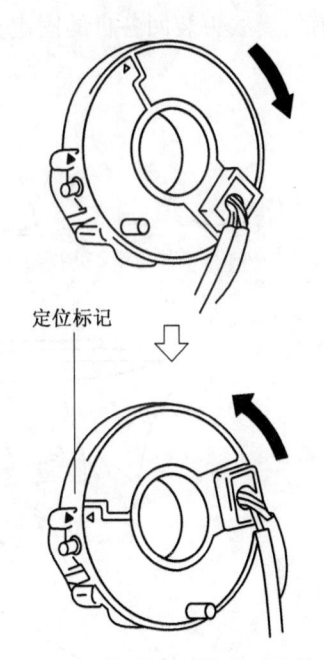

图 9-18 在安装紧固件前对准箭头

在安装驾驶员位气囊时，如图 9-19 所示，要反复检查所有的传感器是否更换了或是否没有损坏，以及蓄电池是否仍断开着。插入气囊电气接头，确保电气接头完全锁扣在一起。然后，将气囊向下装到方向盘上。安装并拧紧固定气囊的紧固件。

图 9-19 安装新气囊

新的乘客位气囊的安装程序与此相似。有时，为了够到固定气囊的紧固件，必须拆下杂物箱和暖风管。如果不确定如何够到这些螺栓，维修信息会给出详细说明（图 9-20）。还必须断开乘客侧气囊的线束接头，线束上可能有一些卡夹，用于固定通向气囊的导线。

确保所有气囊线束装回各自的固定夹中,将导线按原来的位置布线(图9-21)。

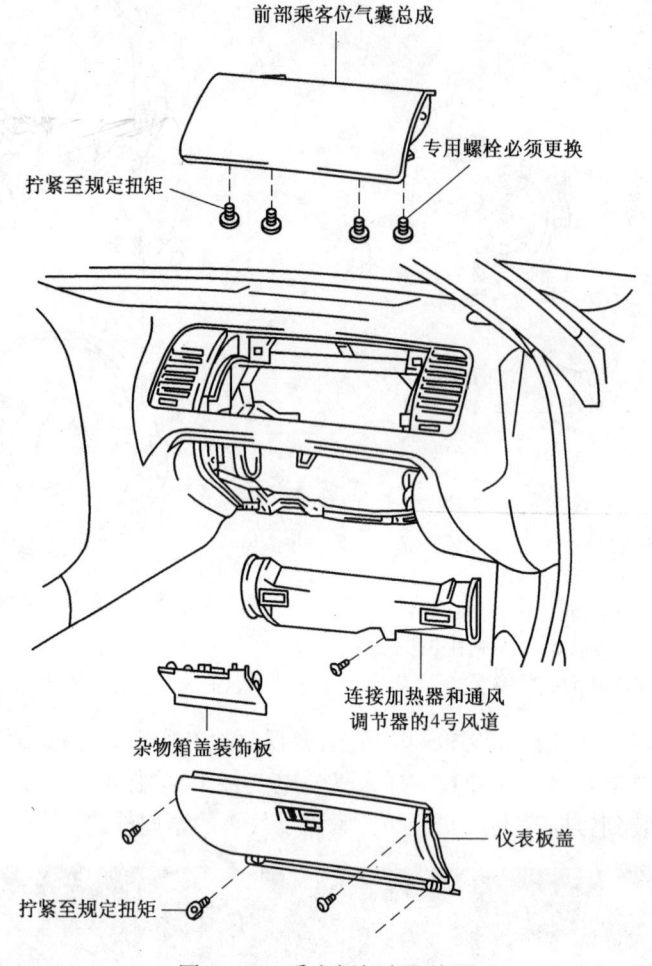

图9-20 乘客侧气囊连接图

拔开和重新连接气囊电气接头时要格外小心。如果操作不当,塑料接头很容易断开。图9-22中是气囊线束使用的一种双重锁定接头。双重锁定接头必须按下两个杆才能分开接头。

图9-23中技师正在安装一个装在车门上的新气囊。安装新的气囊时,例如装在车门上的侧气囊,身体和脸部应保持在一侧。这样会在气囊意外膨开时受到保护。拆下车门装饰板后,技师可以轻易找到侧气囊固定螺栓。应该用小的扭矩扳手将这些螺栓最后拧紧。

更换装在座椅上和装在车顶上的气囊的步骤相似。可以参考汽车厂商维修资料中的详细说明。

4. 维修气囊控制单元

对于气囊控制单元,少数汽车制造商建议只要气囊膨开就需要更换,而有些制造商则允许继续使用,但前提是经诊断测试合格。一般,气囊的电子控制单元安装在仪表板中部的下面、座椅下面或中央控制台下面(图9-24)。

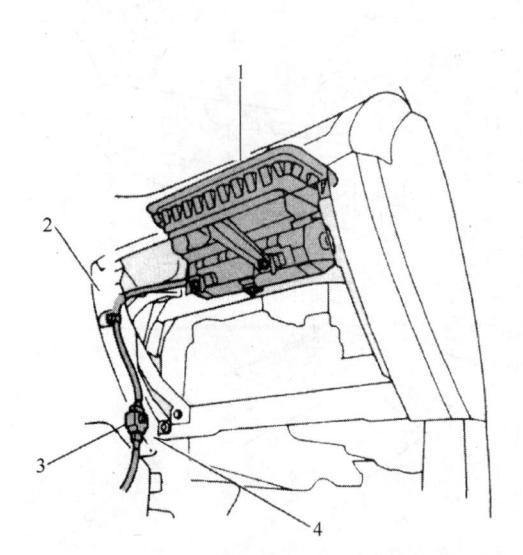

图 9-21 乘客侧气囊线束固定位置
1—乘客位气囊总成；2—线束固定夹；3—接头；4—接头固定器。

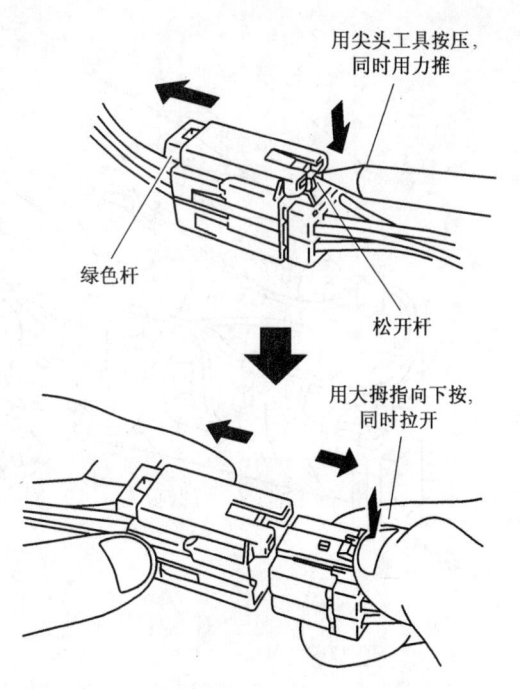

图 9-22 气囊线束使用的一种双重锁定接头及其分开方式

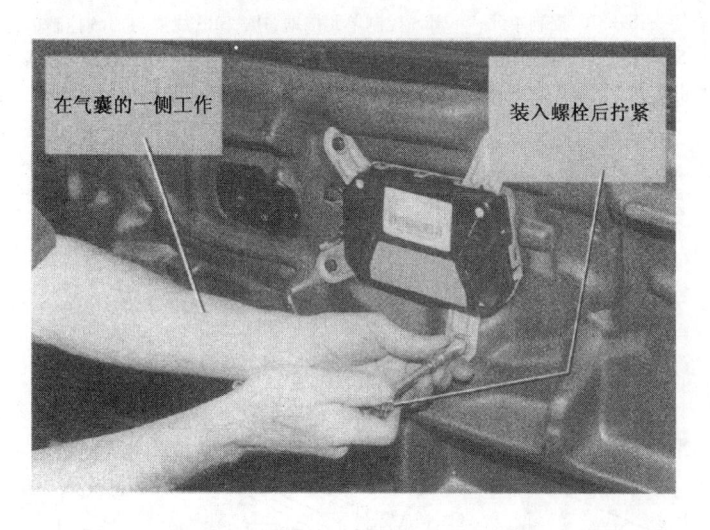

图 9-23 安装新气囊时身体与脸部应保持一侧

确保有合格的气囊控制单元更换件，正确地拧紧固定螺栓，还要确定电气接头完全接合锁定(图 9-25)。

5.检查气囊的维修

每当点火开关转到"ON"位置时，气囊约束系统都要进行自检查。自检查期间，气囊的仪表板指示灯会稳定点亮或闪烁。自检查完成后，灯应熄灭。如果灯一直点亮，则系统出故障。

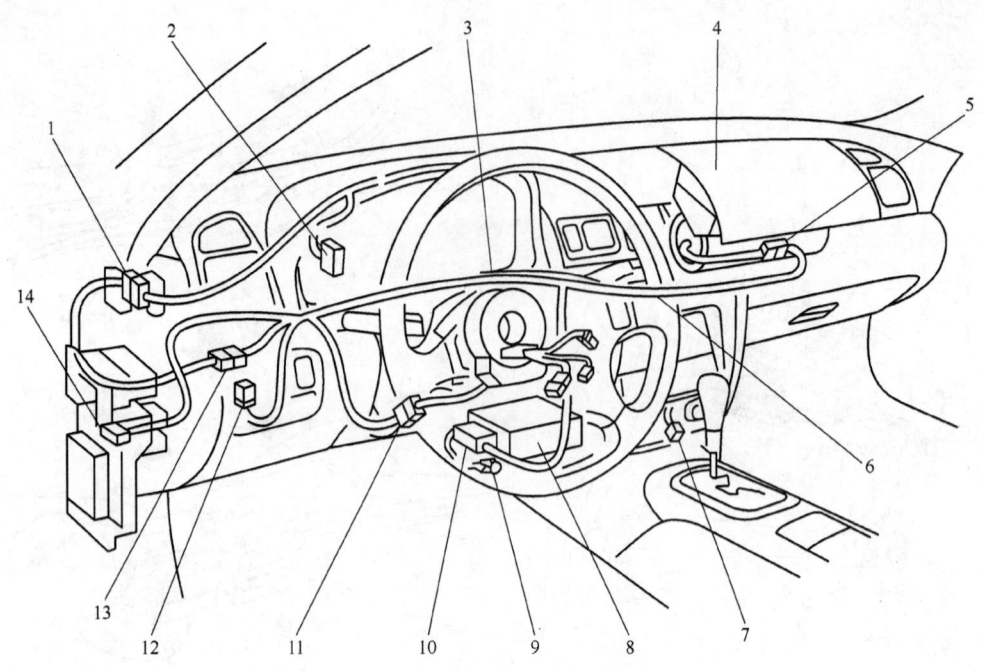

图 9-24 气囊的电子控制单元常见安装位置

1—主线束与仪表板线束的 16 针接头;2—仪表板线束与 SRS 指示灯的十二针接头(在仪表总成内);
3—驾驶员位气囊总成;4—乘客位气囊总成;5—SRS 主线束与乘客侧气囊总成的二针接头;6—SRS 主线束;
7—二针维修检查接头;8—SRS 控制单元;9—SRS 控制单元接地;10—SRS 线束与 SRS 控制单元的十八针接头;
11—SRS 主线束与螺旋电缆的二针接头;12—存储器清除信号(MES)线的二针接头;
13—SRS 主线束与主线束的三针接头;14—SRS 主线束与仪表板下熔丝/继电器盒的二针接头。

图 9-25 气囊电子控制单元的连接螺栓和连接线束
1—气囊控制模块;2—接头锁;3—气囊控制模块接头。

五、技能考核表

乘员约束系统的拆装技能考核表如表9-1所列。

表9-1 乘员约束系统的拆装技能考核表

序号	考核内容	配分	评分标准	考核记录	扣分	得分
1	描述乘员约束系统主要零部件的名称	10	错误一次扣2分			
2	拆卸、安装安全带	20	拆装使用工具不当每次扣2分；拆装不规范每次扣4分；安装不到位扣10分			
3	拆卸、安装驾驶侧安全气囊	40	拆装使用工具不当每次扣2分；拆装不规范每次扣4分；有一处安装不到位扣5分			
4	拆卸、安装乘客侧安全气囊	30	拆装使用工具不当每次扣2分；拆装不规范每次扣2分；有一处安装不到位扣4分			
	教师签字				年 月 日	

课后复习题

1. 名词术语解释

乘员约束系统、乘客侧气囊、驾驶侧气囊、安全带、碰撞传感器、SRS。

2. 选择题

（1）下列（　　）应用较为普遍。

A. 两点式腰带　　B. 两点式肩带　　C. 三点式独立腰肩带　　D. 三点式腰肩连接带

（2）下列（　　）不是常用安全带的重要组成件。

A. 织带　　　　B. 高度调节器　　C. 卷收器　　　　D. 带扣

（3）织带能够连续拉出，但一旦停止拉动，则处于锁紧状态，此种型式的安全带属于（　　）。

A. 无锁紧型　　B. 手调锁紧型　　C. 自动锁紧型　　　D. 紧急锁紧型

（4）安全气囊的整个工作过程时间约为（　　）。

A. 50ms　　　　B. 100ms　　　C. 200ms　　　D. 1s

（5）SRS采用双电源系统，主要用（　　）储存电能，其电量可满足6s内的工作；汽车蓄电池作为备用电源，必要时向SRS供电。

A. 充电电池　　B. 电容器　　　C. 线圈　　　　　D. 以上都不是

（6）SRS的指示灯反映系统的工作状态，当点火开关置于"ON"位置时，SRS指示灯亮6~8s后熄灭，表示系统（　　）

A. 正常　　　　B. 有故障　　　C. 都有可能　　D. 以上都不是

（7）在讨论空气气囊的材料时，甲同学说气囊是用塑料做的，乙同学说是用橡胶制成

的,请问谁正确?(　　)

  A. 甲同学说得对   B. 乙同学说得对
  C. 两人说得都对   D. 两人说得都不对

3. 判断题

(1) 自动锁紧型安全带正常使用时,对乘客始终有约束。(　　)
(2) 紧急锁紧型安全带在正常状态下,其织带可以自由的拉出和卷入。(　　)
(3) 织带卷收器内只设置铅垂的,属于感知车辆加速度型安全带。(　　)
(4) 安全气囊属于被动安全装置。(　　)
(5) 乘员侧安全气囊一般比驾驶员侧安全气囊大。(　　)
(6) 废弃的气囊组件和气囊中心传感器总成属于有毒废弃物。(　　)
(7) 为检测气囊点火器的好坏可以使用万用表测量点火器的电阻。(　　)
(8) 安全气囊不可以重复使用,而座椅安全带预紧装置可以重复使用。(　　)
(9) 汽车安全气囊系统中在每个气囊组件中都安装有螺旋线束。(　　)

4. 思考题

(1) 描述安全气囊的5个主要部分及其工作过程?
(2) 检查安全带必须检查哪五项?
(3) 怎样处置未膨开的气囊模块?

任务10 客车车身结构认识与主要零部件的拆装

学习目标

1. 能够描述客车车身主要板件的名称及作用
2. 熟悉客车车身本体结构的类型及特点
3. 能够拆装客车车身主要零部件

一、客 车 车 身

客车车身结构包括：车身本体、车门、车窗、坐椅、车身内部装饰件、车身附件、暖气、冷气、通风和换气装置等。

车体是一切车身零部件及附件的安装基础，是承力元件组成的空间结构。通常还包括外蒙皮及隔声、隔热、防振和涂层等部分。

（一）客车车身的分类

1. 按用途分类

根据客车的用途可将其分为轻型客车、城市客车、长途客车、游览客车和豪华高速客车等几种类型，它们的区别主要体现在车身外形尺寸、底盘配置和内外部设施上。

1）轻型客车

轻型客车适用于载运少量乘客和行李。与轿车相比，载客多、空间大并具备良好的乘坐舒适性，越野性能也是普通轿车所不能及的。按乘客座位数划分，轻型客车为不超过17座的单层客车，车身壳体有半骨架、无骨架等结构形式，座位数较多的轻型客车以非承载式车身为主，座位数较少的轻型客车则更流行使用承载式结构。

轻型客车多为三个车门，其中乘客车门设在前后轴之间。为便于装卸行李等，有些轻型客车还加高了车顶和采用全开式后车门。俗语中的面包车之称则是依其外形得来。

2）城市客车

城市客车主要用于城市及周边的短途载客运输。由于站距短且乘客上下频繁车内设少量座位,使供乘客站立、走动的通道尽可能宽敞,乘客容量也因此扩大。

乘客车门数也比其他类型的客车多(一般不少于两个)。城市客车的一种变形车是铰接式城市客车,由铰接装置连接起来的两个刚性车厢体组成,乘客可以在两节车厢内自由走动。城市客车的另一种变形车是双层客车,将乘客座椅安排成为上下两层,具有载客量大和便于城市观光等特点。

城市客车多为有骨架半承载式车身,承载面低使第一步台阶离地高度变小,车内净高、中间通道等均比普通客车大。

3) 长途客车

长途客车主要用于城市或城乡之间载运乘客、行李等。由于站距长,故不设供乘客站立的位置,车内净高也比城市客车低。乘客车门数也比城市客车少(一般为单门或加装中间车门)。以往的客车车门多设置在前后两轴之间,但由于这一方案对车身壳体的刚度将会产生不良影响,因此发动机后置而车门前置已成为主要发展趋势。

考虑到长途旅行时行李运送量较大这一特点,有些客车在顶上还设置了行李架或地板下增设行李舱。为解决车内底板结构上的设计矛盾,可将底板沿纵向制成凹形,以提高车身的抗扭刚度。

4) 游览客车

游览客车是在长途客车基础上演变发展起来的,但其外观、乘坐舒适性和行驶稳定性等均佳。车窗玻璃宽敞、视野良好、设施豪华和居住性能优良,更能满足人们消遣、旅游、观光等的需要。游览客车多为后置式发动机、前置式车门,并在乘客上下车的另一侧设有安全门。

5) 豪华高速客车

随着高速公路的建设与发展,豪华高速客车已经大量投入市场。这类车型不仅比功率大、车速高、性能好、能耗和排放低,而且装备精良。空气弹簧悬架和电子调平装置、ABS防抱死装置、冷暖空调系统、车载卫生间、高保真音响系统、电子控制缓速器等应有尽有,甚至装有 GPS 卫星定位系统。

2. 按外形分类

根据客车车身的外形可分为:长头型客车、厢式客车、平头式客车、双层客车和铰接客车等,其特点如表 10-1 所列,外形如图 10-1 所示。

表 10-1 按外形分类

种 类	特 点
长头客车	发动机前置在驾驶室前方
厢式客车	整体为厢式客车,发动机布置在后部座椅下或车辆中央部的地板下,车门设在前轮的前方,是座椅布置最为有效的布置方式
平头式客车	发动机的全部或大部分在驾驶席下
双层客车	在一层客室的上部设有客室
铰接客车	在车厢与车厢之间有 1 处或 2 处连接,断开连接处是不能行驶的
其他	连接被牵引车的牵引客车,把架线电能作为动力源的无轨电车等

图 10-1 按外形分类

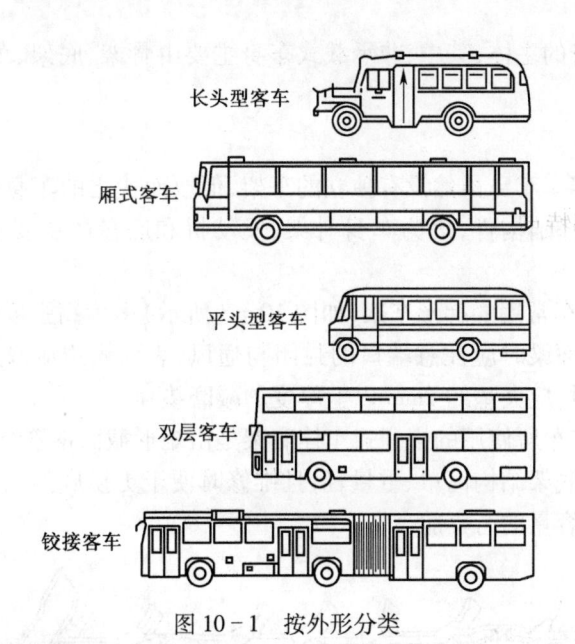

3. 按发动机位置分类

按客车发动机的位置分类,可分为:前置发动机客车、后置发动机客车、中置发动机客车,其特点如表 10-2 所列,发动机位置如图 10-2 所示。

表 10-2 按发动机位置分类

种　类	特　点
前置发动机客车	历史悠久,现在多用于小型客车
后置发动机客车	底板面积大,欧洲、美国和日本大型客车几乎都采用这种方式。有横置和纵置两种
中置发动机客车	客席间隔远,发动机在底板下部,也称板下发动机式

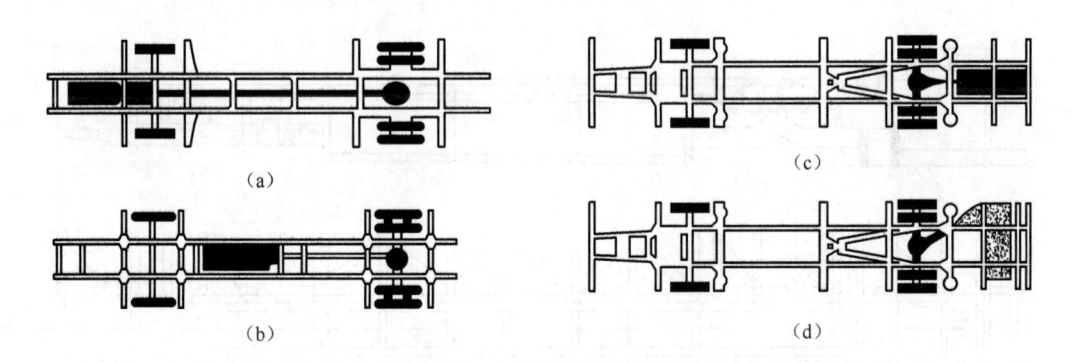

图 10-2 按发动机位置分类
(a)前置发动机;(b)中置发动机;(c)后置发动机(纵置);(d)后置发动机(横置)。

(二)客车车身的主要构件

无论车身的具体结构与用途如何,均可划分为基础性构件和非基础性构件两类。基础性构件则是客车车身的主体,其中,非承载式车身主要由骨架、底架、车顶、前围、后围、蒙皮等组成。

1. 底架与车架

无车架承载式客车车身虽然没有独立的车架,但取而代之的车身底架则成了必须有足够的强度和刚度的基础构件,因为车身骨架、发动机和底盘的主要总成都直接装配在底架上。

底架或车架(客车常用的梯形车架,如图10-3所示)多为高强度钢板冲压成型后组焊而成,采用封闭型截面梁时应注意端口的封闭与通风,表面锐边应修磨平整。与其他构件铆接或用螺栓连接时,应夹垫约1mm以上厚度的减磨垫片。

图10-4为某客车所使用的格栅式车体底架是由矩形截面钢管组焊而成的空间衍架结构,它比其他型式的底架结构简单、重量轻,且维修时便于更换底架构件。而且采用格栅式底架时,还能具有大容量的行李舱。

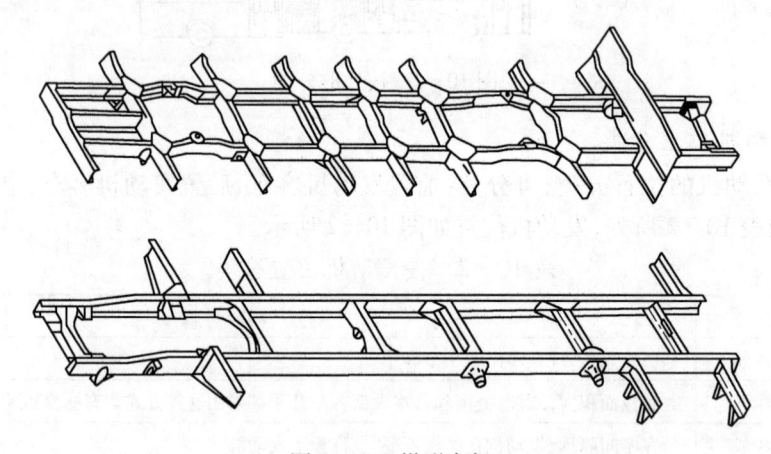

图10-3 梯形车架

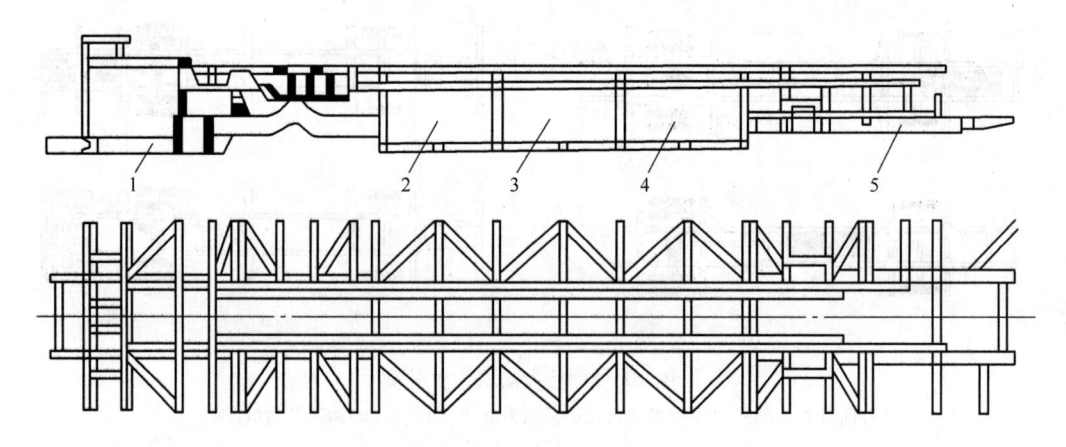

图10-4 格栅式车体底架
1—后段边梁;2—行李舱;3—行李舱;4—行李舱;5—前段边梁。

2. 骨架

客车车身骨架通常由五大片构成,如图10-5所示,即由左侧骨架、右侧骨架、前围骨架、后围骨架及顶盖骨架组成,将五大片骨架合装在底架或车架的底横梁上构成一整体空间框架结构。

车身的寿命在一定程度上取决于骨架的耐久性、刚性和强度。一般用特种异形钢管加工而成,具有使用寿命长、工艺性好和质量轻等优点。也有用高强度钢板冲压成"Ω"形截面骨架,再借助车身外蒙皮将开口封闭的设计。

为提高骨架的防腐蚀能力,除了在结构上解决通风问题之外,还留有便于防腐涂装作业的喷涂工艺孔。维修作业过程中,应注意加以利用。

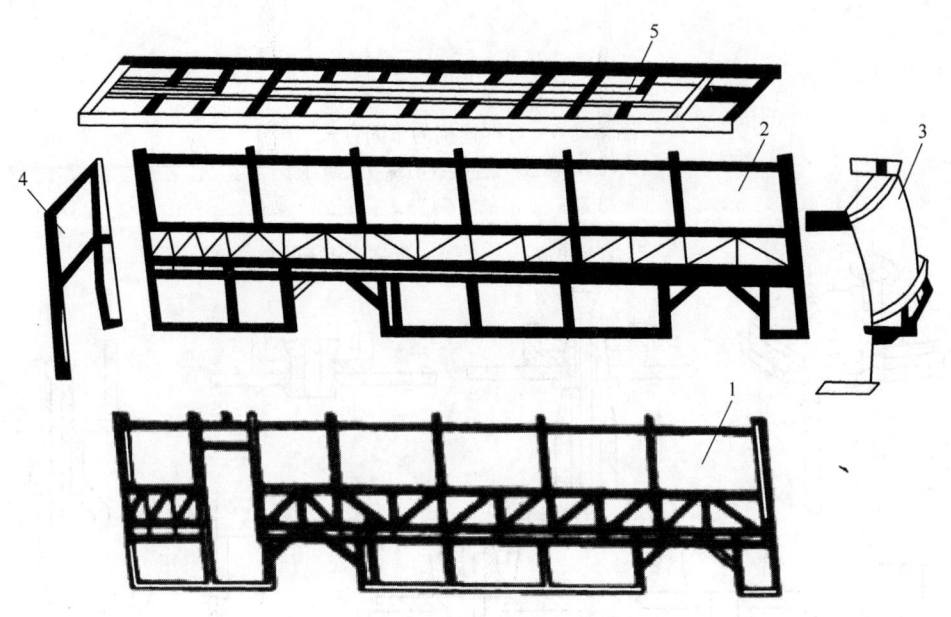

图 10-5 客车车身整体骨架
1—右侧骨架;2—左侧骨架;3—前围骨架;4—后围骨架;5—顶盖骨架。

3. 车顶

采用具有一定深度的拱形顶盖,可使车顶的承载能力得到提高,沿顶盖的周边是箱形断面的圈梁,它与窗柱的刚性连接提高了车身的整体性。

顶盖上部不宜开设天窗,以防止削弱车顶的强度和影响密封,如果开设天窗应避开顶盖的拱形梁和顶盖纵梁,并采取行之有效的防锈与密封措施。

4. 蒙皮

骨架式车身的外蒙皮覆盖在骨架上,并以此构成了不同曲面的客车外形。非承载式车身的蒙皮可以认为是不承载的;对于承载式车身,蒙皮还要与骨架一起承受车身变形时的剪切应力;而在无骨架或半骨架车身中,外蒙皮也属于承受载荷的构件。

车身蒙皮装配选择何种连接形式,对防腐、振动、承载等的影响甚大,其中最基本的要求是蒙皮必须与构件连接紧密。图 10-6 为可拆连接的紧固方式;图 10-7 为常见的蒙皮冷状态铆接方案,其中使用的抽芯铆钉具有质量好、效率高的特点;图 10-8 为常见的蒙皮焊接方案,其中使用点焊和 CO_2 保护焊的效果最好。

蒙皮属于平面板件或圆弧面板件,容易发生强迫振动,是车身上刚性最差的构件,也是

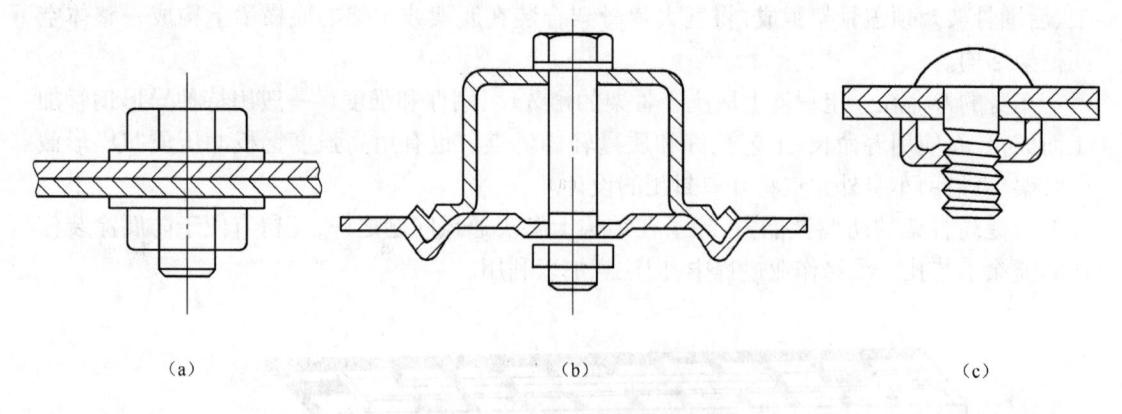

图 10-6　可拆连接的紧固方式
(a)、(b)螺栓、螺母连接；(c)螺纹式铆钉。

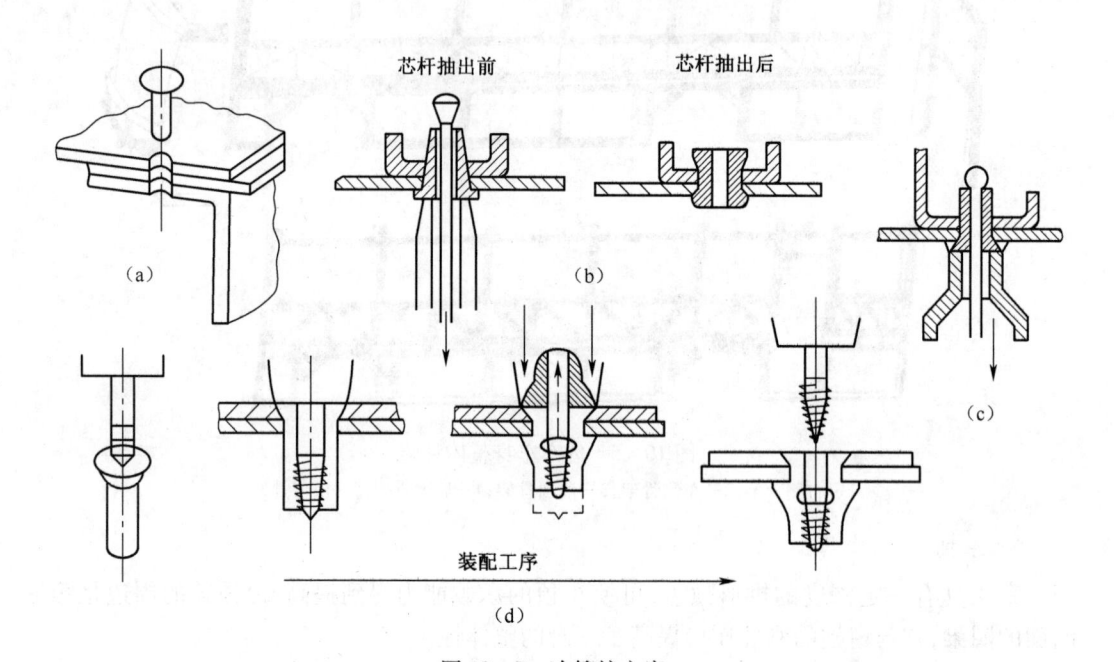

图 10-7　冷铆接方案
(a)普通铆钉；(b)抽芯铆钉；(c)管形抽芯铆钉；(d)借助螺钉使其变形的铆钉。

车身产生噪声的主要根源。减少板件振动的最好方法是，采用预应力张拉蒙皮或利用板面形状来提高它的刚度。

（三）客车车身的典型构造

尽管汽车底盘与车身的装配方法不同，但不同类型（指骨架式、薄壳式、嵌合式等）的车身却有着许多异曲同工之处。

1. 骨架式客车车身

骨架式客车车身（图10-9）以组焊成的独立的骨架为基础，装配车门、风窗、车窗、顶盖

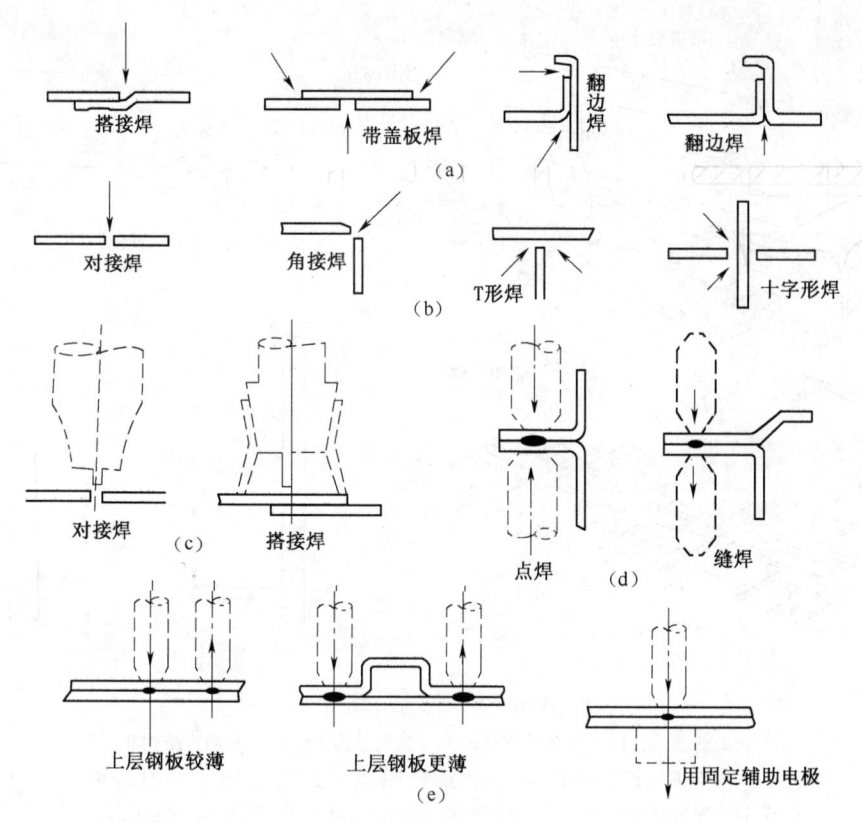

图 10-8 焊接方案
(a)宜采用的焊接;(b)不宜采用的焊接;(c)气体 CO_2 保护焊;(d)双面接触焊;(e)单面接触焊。

和底板等。结构应力主要由底板、顶盖和侧围骨架承受。主要由前围,后围,左、右侧围,顶盖与天窗,底架与底板等若干单元组成。这种结构可保证车身表面平整光顺、挺拔美观,侧窗可采用大尺寸,使视野良好,通透感强。其缺点是改型困难,工艺装备投资大,焊接工艺技术要求较高。目前国内生产的大客车均属于此类结构。

2. 薄壳式客车车身

薄壳式结构车身(图 10-10)是指车身骨架采用薄板冲压成箱型截面,其强度及刚度较弱,必须依靠铆钉牢固地铆接在车身骨架的外蒙皮上来予以加强,铆钉本身承受应力,故又称为"应力蒙皮"结构。构成车身整体并起骨架作用的是板块式构件,结构应力亦由这些板式构件承担,如顶盖、底板、侧板、车前构件等。

这类薄壳式车身结构的优点在于整体刚度好、材料消耗少、壳体质量轻、工艺性好和生产效率高等。但承载能力却受车身的整体尺寸的限制,门窗立柱往往较粗。车身外表裸露的铆钉多,影响外观。

薄壳式客车车身的车底,用优质钢板冲压而成并加焊了贯通式纵梁和横向加强结构。车内地板覆盖以隔声、绝热、密封为目的的地板装饰材料。

3. 嵌合式客车车身

嵌合式结构的车身是全封闭式的,其车身侧壁采用铝合金板挤压成型材后,靠嵌合而

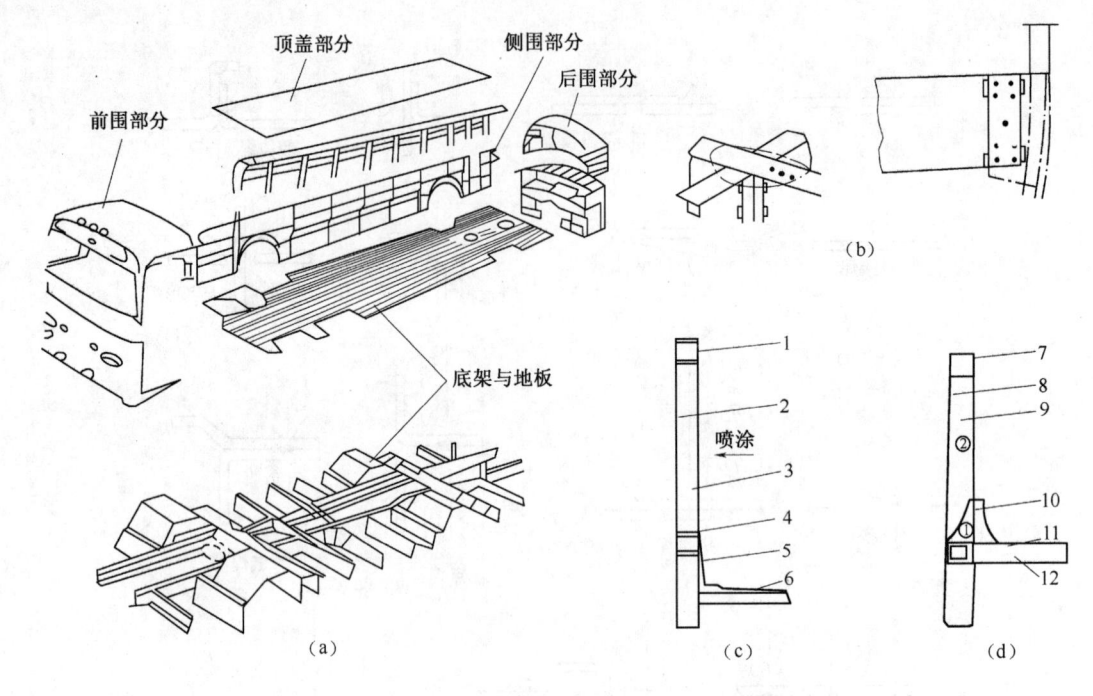

图 10-9 骨架式客车车身

(a)骨架式;(b)底架的连接;(c)车身侧围结构Ⅰ;(d)车身侧围结构Ⅱ。
1、4—矩形骨架;2—侧围蒙皮;3—聚氨酯泡沫;5—地板防尘挡板;6—地板横梁;
7、11—矩形骨架;8—侧围蒙皮;9—聚氨酯泡沫;10—暖风管路;12—地板横梁。

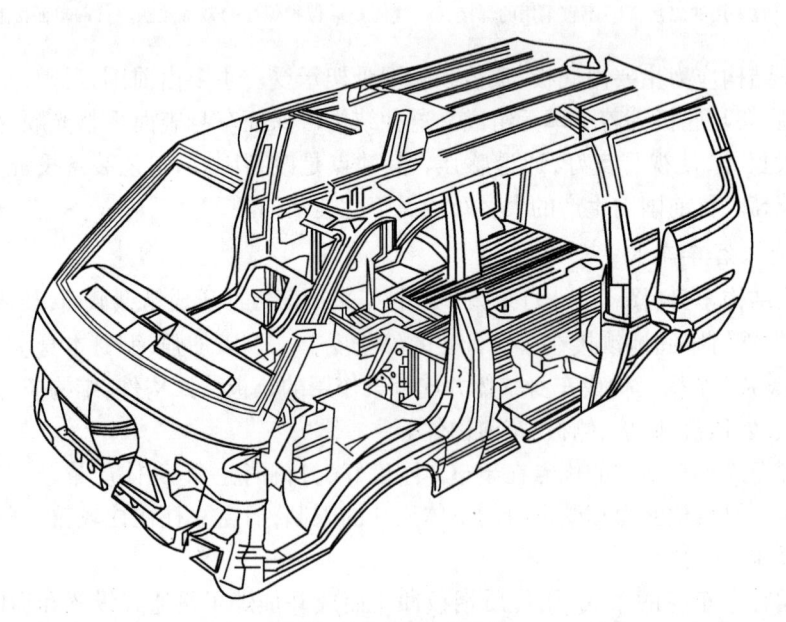

图 10-10 薄壳式车身

成,如图 10-11 所示。型材嵌合后再用环氧树脂挤入连接处,树脂硬化后即可将铝型材牢固地黏接在一起,如图 10-12 所示。铝型材上有纵向整体式加强筋,可以用铆钉铆接到钢质的竖柱上。因此,这种车身的强度高、质量轻、不易损坏,而且易于清洗和维护。

这种车身采用铝板蜂窝状夹层结构的顶盖和地板,夹层中充填经发泡处理的氨基甲酸乙酯制成的顶盖和地板,再与侧壁铝型材一起构成整个车身壳体,其装配前各组件构成如图 10-13 所示。

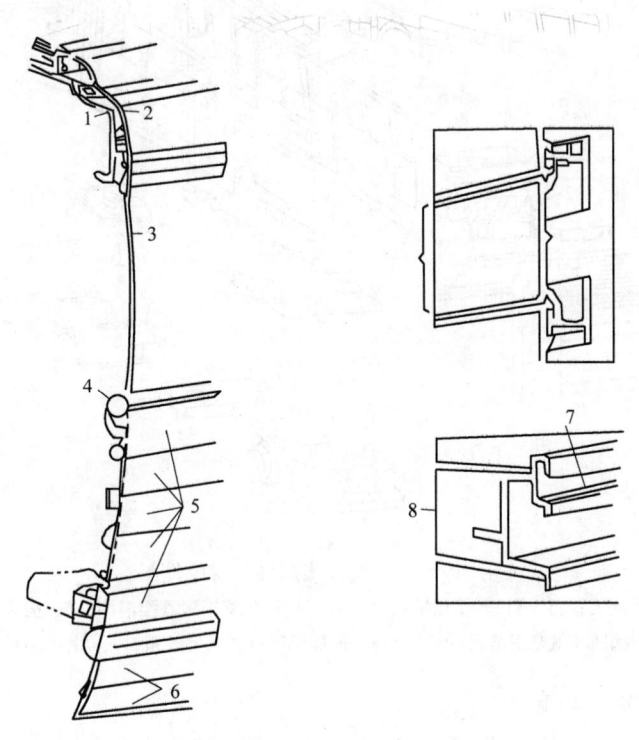

图 10-11 嵌合式结构车身的侧壁结构
1—照明梁;2—顶盖转角;3—侧窗;4—车窗安全开关;5—侧壁挤压成型
6—裙板;7—铝挤压型材;8—0.4mm 厚铝板。

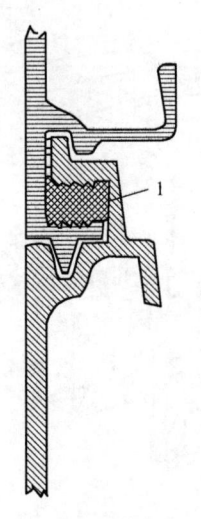

图 10-12 嵌合处充填环氧树脂
1—环氧树脂。

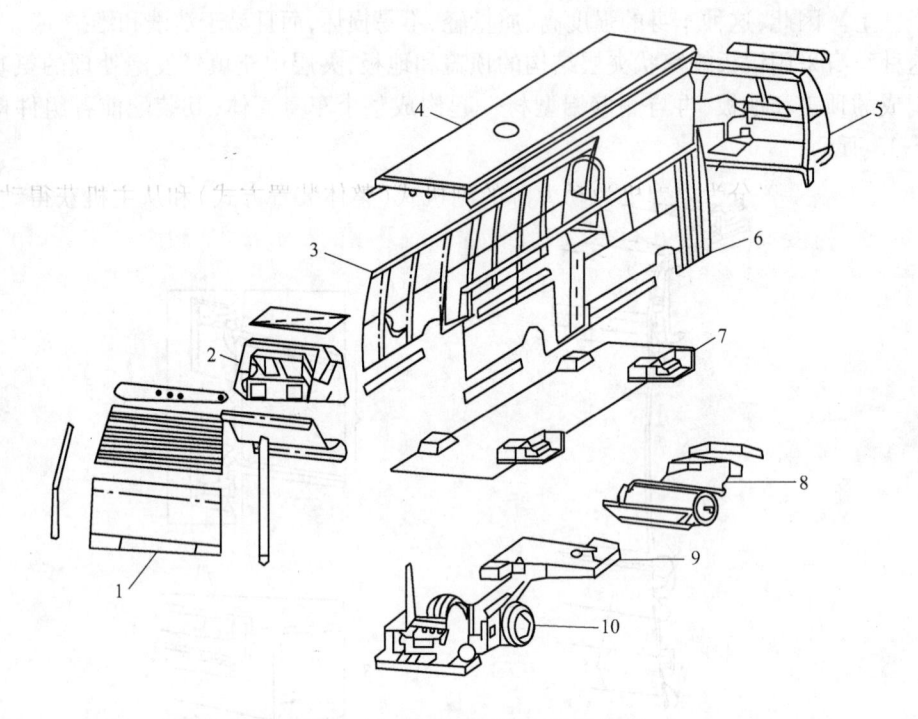

图 10-13　嵌合式结构车身组件图

1—后围；2—空调装置；3—侧壁(挤压铝型材)；4—顶盖(氨基甲酸乙酯泡沫)；5—前脸；6—侧壁边缘；
7—地板组件(氨基甲酸乙酯泡沫)；8—前操纵部分；9—储气箱；10—后悬架和发动机。

4. 全承载式客车车身

现代很多中高档大客车都采用全承载式结构，全承载式结构客车骨架三维结构如图 10-14 所示。

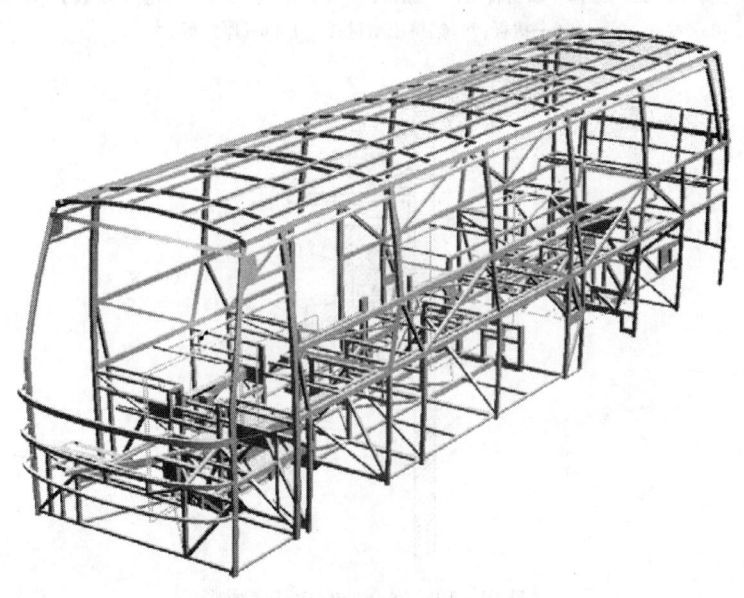

图 10-14　全承载式客车骨架

(四)客车附属设备

1. 冷暖风装置

客车用冷风装置分为以副机为动力源的副机式(整体装置方式)和从主机获得动力后驱动压缩机的直接式两种。在日本,一般线路客车采用的是直接式,旅游客车采用的是副机式。而在欧美,旅游客车等大都采用直接式,如图10-15所示。

副机式是整套装置都在一个总成内,并装在底板下面。其特点是:①安装性好;②可使用不影响行驶性能的冷风装置;③集中在一个地方便于进行维修和保养。

而离地间隙低的线路客车,不能全部安装在底板下,装置的一部分还将凸出到底板的上面来,所以它将影响乘坐性,这就是线路客车很少采用副机式的缘故。在这方面,直接式的压缩机、蒸发器、冷凝器等可以分散配置,而且还没有副机,所以不出现突出底板的问题。它们全部都可以装在底板下面。

暖风装置大多采用的是以车辆发动机冷却水作为热源的温水式暖气。有些寒冷地区使用的客车安装上强制加热温水的预热机(以煤油为热源)整体化装置,而且还增加了除湿回路和外气导入装置,并可自动地控制室温等。如图10-16所示为副机式空调的原理图。

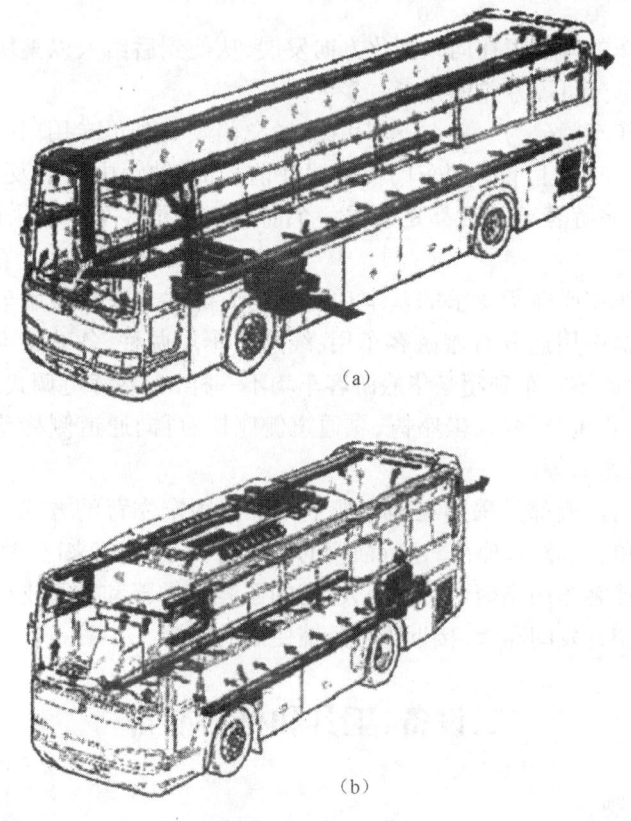

(a)

(b)

图10-15 空调系统
(a)副机式全自动空调(独立式空调系统);(b)直接式冷风装置(非独立式空调系统)。

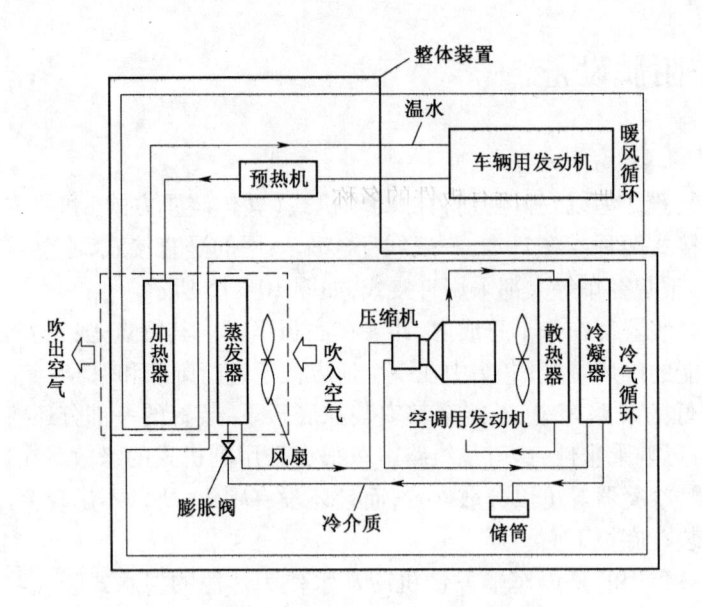

图 10-16 副机式空调的原理图

2. 内饰件

(1) 车窗。客车的车窗正在向大型化方向发展,从前到后给人以整块玻璃感的无立柱固定式车窗或只有部分可以开关的车窗占多数。

(2) 车门。客车车门分为一般上下车用门、紧急门及驾驶员专用门等。客车专设驾驶员专用车门的很少。一般上下车用车门都设置在前悬部、轴距中间部及后悬部,分别称为前门、中门和后门。旅游客车一般都是采用一个前门。线路客车一般采用前中门、前后门两门或前中后门三门。

(3) 座椅。客车用座椅所要求的基本功能及构成部件与一般乘用车及载货车用座椅基本相同。客车座椅按用途分有旅游客车用、线路客车用两种,各有特点。旅游客车用座椅种类很多,从一般旅游客车到超豪华旅游客车均不一样,有靠背可调式座椅、可与靠背联动式座椅、坐垫前滑式座椅、两人坐座椅、靠通道侧座椅、可向通道侧移动式座椅及旋转式座椅、后部为沙发式座椅等。

线路客车用座椅一般都是采用在坐垫架上用螺栓固定靠背的方式。座椅的形状除低靠背式和高靠背式单人和双人座外,还有横置的长座椅,不过近年来已很少采用。

城市间长途高速客车用座椅可调角度大,有的还装有护腿和放脚支架,乘坐姿势舒适,便于睡觉。今后有望开发间隔大,接近于当卧铺使用的座椅。

二、设备、工具和材料准备

(1) 客车 1~2 辆。
(2) 千斤顶及必要的拆装工具。
(3) 与车辆对应的车身修理手册。

三、子任务1:客车车身结构认识步骤

(1) 判断该客车的承载式类型及典型结构。
(2) 查找车身修理手册,写出所有板件的名称。
(3) 查看各板件之间的连接关系。
(4) 指出该车车身板件材料的类型。
(5) 指出该车身防碰撞的措施有哪些。

四、子任务2:小客车推拉式车门的拆装与调整

推拉式车门适用于小客车和部分厢式载货汽车,如图10-17所示。

典型的推拉式车门,依靠安装在车门上、中、下的3个滑轨及与之配合的滚柱来运动,曲形滑轨决定了车门的运动轨迹。如将车门推开时,可使门体滑向车身后部的外侧。推拉车门出现松旷、发咬等故障时,需要通过调整滚柱与滑轨之间的配合予以排除。

推拉式车门的定位缓冲装置如图10-18所示。图10-18(a)中所示的橡胶挡块,一方面能减缓关闭车门时的冲击与振动;另一方面还限制了车门运行中的内外摆动。图10-18(b)中所示车门定位器,能使车门准确地定位,并防止车门在运行中产生垂直方向上的振动。

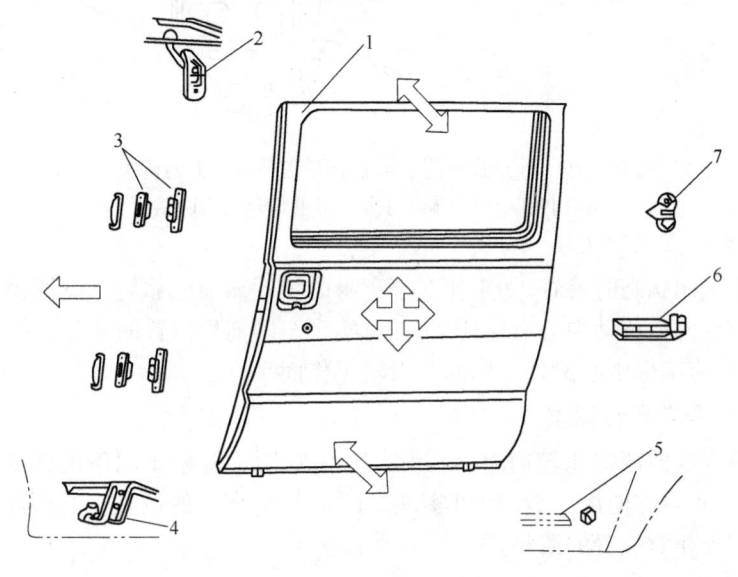

图10-17 推拉式车门

1—门体;2—上滚柱体;3—上限位器;4—下滚柱体;5—下门槛限位器;6—中间滚柱体;7—门锁撞块

推拉式的构造相对复杂些,使用过程中的磨损、变形或安装调整不当,不仅会使关闭位置发生很大误差,而且还会造成滑动零部件间的相互干涉,使之不能在开启或关闭过程中滑动自如。对推拉式车门的调整,主要依赖改变上、中、下滚柱以及定位器,门闩的装配位置来实现。

1. 车门后部垂直、水平的调整

对照图10-19所提示的方法，调整门锁闩眼并在车门关闭状态下，调整中心滚柱在滑轨中的端隙（图10-19(a)）以及向上或向下调整托架使之与工作面平行（图10-19(b)），由此即可实现车门后部垂直、水平方向上的调整。其中，调整数据应以原厂说明书中规定的为准。无明确规定时，最好中心滚柱上端面与轨道的端隙为0~2mm，供调整时参考。对于不能通过调整加以解决的部位，可以用增减垫片来实现相对位置的调整。

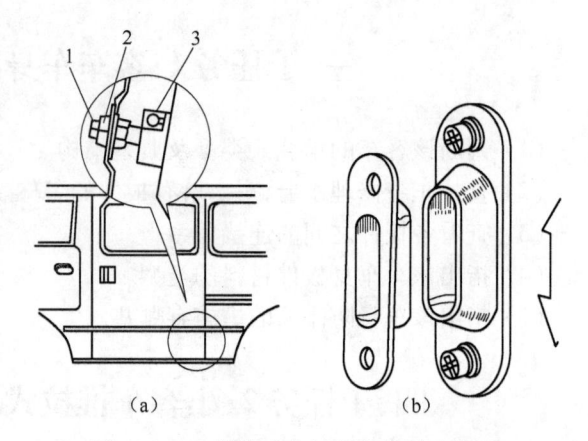

图10-18 推拉式车门的定位缓冲装置
(a)缓冲块；(b)限位器。
1—螺栓；2—定位螺母；3—橡胶挡块。

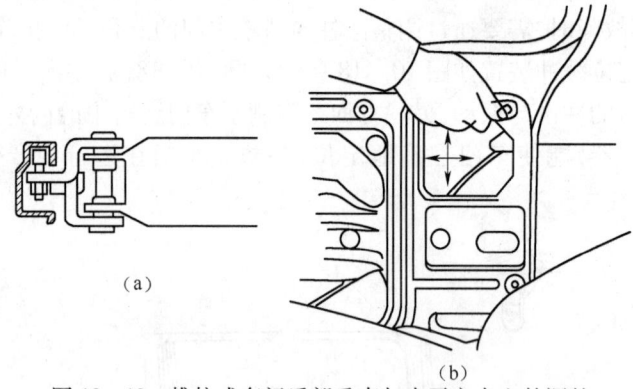

图10-19 推拉式车门后部垂直与水平方向上的调整
(a)调整中心滚柱与滑轨的端隙；(b)调整中心滚柱托架。

2. 车门前后位置的调整

在车门处于关闭状态时检查，如果相对于车身的位置靠前或靠后，可对照图10-19(b)所示沿箭头向前或向后移动中心滚柱托架，即可实现车门前后位置的调整。

注意：调整后应确保中心滚柱工作面与滑轨工作面平行。

3. 车门前部垂直度的调整

车门前部垂直度的调整比较简单，对照图10-20所示旋松车门下滚柱支架的固定螺栓，改变其与车门垂直方向的位置，即可实现车门前部垂直度的调整。必要时也可通过增减装配垫片来实现相对位置的调整。

4. 车门前部水平位置的调整

调整车门前部的水平位置，需结合上滚柱托架和下滚柱托架的调整一并进行，如图10-21(a)所示。调整目标是，使上滚柱与滑轨槽之间的间隙在车门开闭全行程中，始终能保持在如图10-21(b)所示规定的状态。这里推荐 $A = 3 \sim 4$mm、$B = 5 \sim 6$mm。

5. 车门定位器的调整

车门定位器起关闭状态下的定位作用。对照图10-21(c)调整定位器座、限位垫块等的相对位置,可使车门关闭后定位准确、不旷动。这里,推荐图中的尺寸 $A=2\sim3$ mm;关闭状态下车身与车门垫块间的间隙应为 0mm。

6. 车门锁与门闩间隙的调整

在车门即将关闭状态下,调整车门锁与门闩(撞扣)间垂直方向上的相对位置;在车门全关闭状态下,调整车门、车门锁、门闩三者间水平方向上的相对位置,使其符合原厂规定的技术要求。无明确规定时,可对照图 10-22 所示,按推荐的尺寸:$A=3\sim5$ mm、$B=1\sim2$ mm、$C=D=1.5\sim3$ mm、$E=2\sim6$ mm 进行调整。

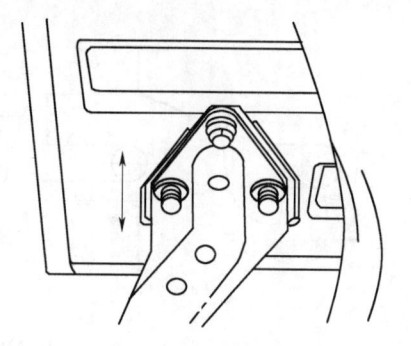

图 10-20　滑动式车门前部垂直方向的调整

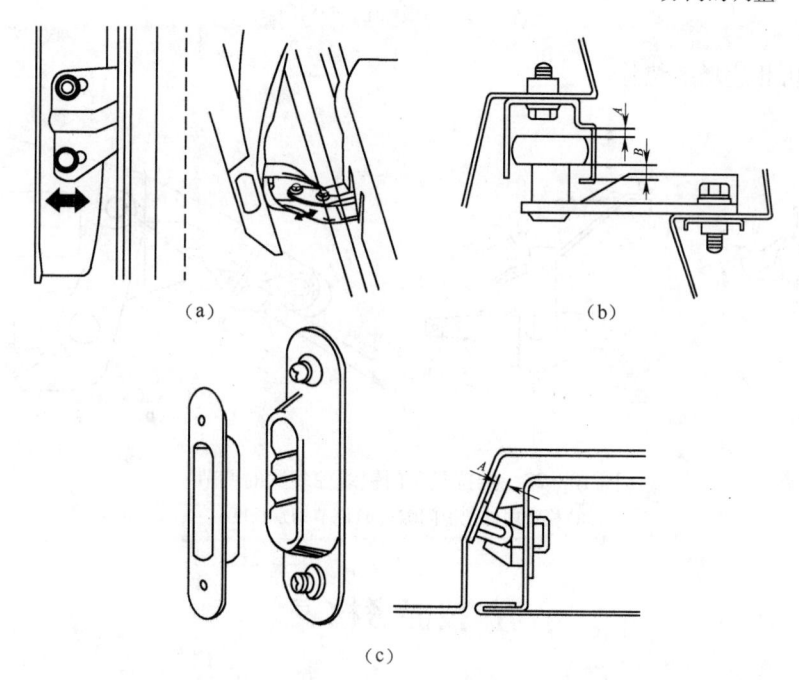

图 10-21　滑动式车门前部水平位置的调整
(a)调整上、下滚柱托架(左:上滚柱托架;右:下滚柱托架);(b)上滚柱与滑轨槽的配合要求;
(c)车门定位器的调整。

7. 推拉式车门锁线控装置的调整

以图 10-23 为例,在装上门铰和钢索之后,先检查门内把手间隙 A 和门外把手间隙 B 是否符合标准,如图 10-23(a)所示。否则应松开固定螺栓按由前向后的顺序加以调节。通常,可轻轻拉动钢索直至恰好贴合位置时,再将其退回约 1mm 后拧紧,如图 10-23(b)所示。

进行上述调整时,一定要在车身、车门、定位器、车门锁、滑轨等无严重损伤或变形的状态下进行。因为,调整只能解决因正常磨损或装配不当带来的松旷、滑动不畅等问题,而且可调整范围也十分有限。它和清洁、润滑一样,都属于维护性措施而不能代替对严重变形或损伤的修理。尤其是到了要借助垫片进行调整的程度时,更应先做好潜在故障的分析,

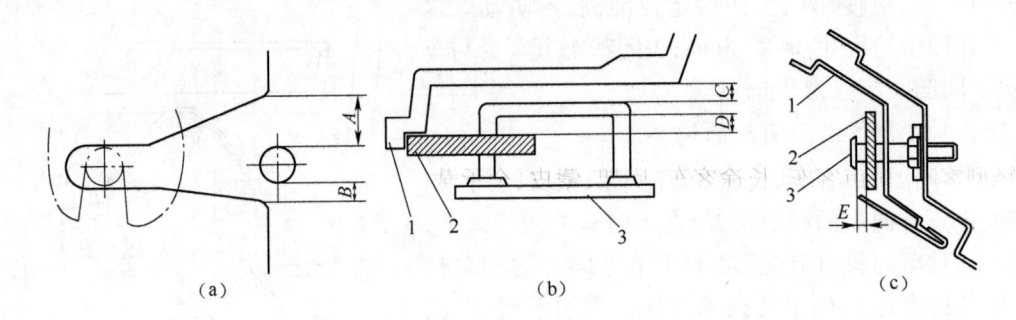

图 10-22 门锁的调整

(a)于半锁位置的调整;(b)、(c)于全锁位置时车门、车锁、门闩的调整。
1—车门;2—门锁棘轮;3—门闩。

确认无误时再相应增减垫片。

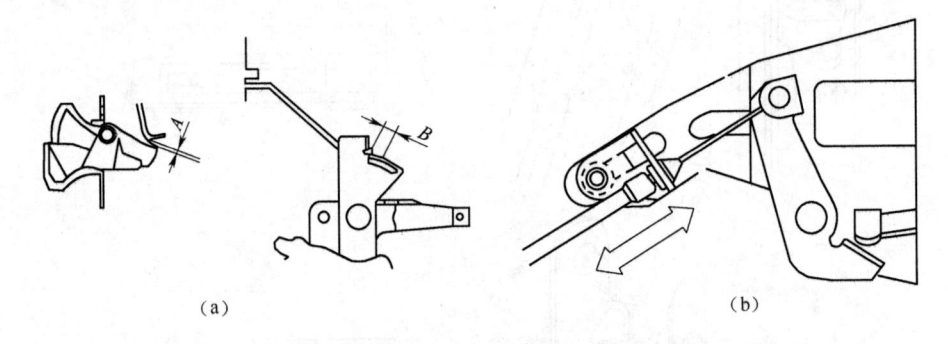

图 10-23 推拉式车门锁线控装置的调节
(a)检查内外把手间隙;(b)调节钢索长度。

五、技能考核表

客车车身认识任务技能考核表如表 10-3 所列。

表 10-3 客车车身认识任务技能考核表

序号	考核内容	配分	评分标准	考核记录	扣分	得分
1	指出考核车型的承载类型	10	判断正确得 10 分,否则扣 10 分			
2	指出客车所有板件的名称	30	指错一个板件扣 4 分			
3	指出主要板件之间的连接关系	30	指错一处板件扣 4 分			
4	推拉式车门的拆装与调整	30	拆装使用工具不当每次扣 2 分;拆装不规范每次扣 5 分;安装、调整不到位扣 10 分			
	教师签字				年 月 日	

课后复习题

1. 名词术语解释

轻型客车、城市客车、长途客车、底架、蒙皮、全承载客车。

2. 选择题

(1) 长途客车座椅布置较密的原因是( )。
A. 车身尺寸短　　B. 车身宽度小　　C. 保证每个人均有座位　　D. 座椅尺寸小

(2) 下列关于复合式客车车身结构的描述,( )正确。
A. 前部采用薄壳式结构,侧围从第1立柱到末立柱间采用骨架式结构
B. 后前部采用薄壳式结构,侧围从第1立柱到末立柱间采用骨架式结构
C. 前后部均采用薄壳式结构,侧围从第1立柱到末立柱间采用骨架式结构
D. 前后部均采用薄壳式结构,侧围从第2立柱到末立柱间采用骨架式结构

(3) 客车车身外蒙皮的厚度一般为( )mm。
A. 0.4~0.6　　B. 0.6~0.8　　C. 0.8~1.0　　D. 1.0~1.5

(4) 客车车身采用预应力外蒙皮的部位是( )。
A. 侧围腰梁与地板梁之间,从第2立柱到后部第2立柱段
B. 侧围腰梁与地板梁之间,从第1立柱到末立柱段
C. 整个侧围
D. 侧围腰梁与地板梁之间,从第1立柱到后部第2立柱段

(5) 客车车身预应力外蒙皮的预拉伸率为( )。
A. 0.1%　　B. 0.5%　　C. 1.0%　　D. 10%

(6) 下列( )不是客车采用的防锈措施。
A. 车顶盖焊接排水槽　　B. 闭口截面梁内填充发泡材料
C. 轮胎处横梁采用乙形断面梁　　D. 采用加厚外蒙皮

(7) 客车多数采用( )式供暖系统。
A. 非独立　　B. 独立　　C. 双重　　D. 没有统计规律

3. 思考题

(1) 怎样判断客车是承载式车身还是非承载式车身?
(2) 描述客车车身的主要构件及作用。

任务11 载货汽车车身认识

学习目标
1. 能够描述载货汽车车身主要板件的名称及作用
2. 能够描述载货汽车常用车架的类型及特点
3. 能够拆装驾驶室
4. 能够拆装货厢
5. 熟悉车架的类型与特点
6. 熟悉驾驶室的类型与结构
7. 熟悉货厢的类型与结构

一、载货汽车车身的构造

我国国家标准《汽车和挂车类型的术语和定义》(GB/T 3730.1—2001)中,将"货车"定义为"一种主要为载运货物而设计和装备的商用车辆";日本国家标准 JIS D 0101 的解释是"以运输货物为主要目的而设计和装备的汽车"。但近年来,载货车开始从单一运送货物这一功能向可代表物流准时化的物流服务的运输工具这一方向发展。为适应这种多样化的社会要求,载货车在追求原有的经济性、稳定性和低公害的同时,又开始向信息化、高速化和多样化方向发展。另外,由于女性驾驶员的不断增多和驾驶员趋于高龄化的趋势,载货车还应追求乘坐的舒适性,提高操纵稳定性,减轻乘员的工作强度及改进装卸功能等。从车身方面来看,还需进行以下改进:①增加配置,兼顾轻量化与强度及刚度;②实现低噪声化,以减小对环境的影响;③降低车身振动对驾驶者及货物的影响;④扩充货箱的种类等。

(一) 载货汽车的分类

1. 按外形分类

根据载货汽车的外形,可分为:长头载货车、平头载货车、厢式车、驾驶室与货厢一体的厢式汽车、小型厢式货车、客货两用车,其特点如表 11-1 所列。

表 11-1　按外形分类

种　类	特　点
长头载货车	发动机大部分在驾驶室的前方
平头载货车	发动机的全部或大部分在驾驶室内下面
厢式车	备有厢式货车的载货车(包括没有车顶的)
驾驶室与货厢一体的厢式汽车	驾驶室和货厢为一体的厢式货车
小型厢式货车	小型厢式货车
客货两用车	货厢没有顶篷,侧板与驾驶室为一体的小型载货车

2. 按用途分类

根据载货汽车的用途,可分为普通车、特种车、特种装备车、牵引车,其功能及代表车型如表 11-2 所列。

表 11-2　按用途分类

种　类	功　能	代表车型
普通车	用于运输一般货物的载货车	车厢三面开的载货汽车、带厢式车身的载货车
特种车	为运输特殊货物而装有特殊装置的载货车	医疗救护车、邮政车
特种装备车	具有特殊的装备,以汽车发动机驱动的载货车	自卸车、搅拌车、冷冻车
牵引车	带牵引的载货车	全挂车、半挂车、长货挂车

(二) 车架

车架是支撑货物、发动机、驱动装置及其他部件的基座,并起到将载荷传递给悬架的作用。它可方便地进行载货车所要求的各种改装。

1. 行驶过程中作用在车架中的载荷

作用在车架上的载荷可大致分为 4 种(图 11-1)①垂直载荷引起的弯曲;②纵轴为中心的扭转;③横向弯曲;④局部扭转。根据载货车使用的目的和用途,车架必须要有一定的强度及刚度。

2. 结构

这里只对一般的梯形车架进行叙述。梯形车架左右为两根侧梁,中间加几根横梁。不仅结构简单,制作容易,可按需要布置横梁,而且可以进行各种改装。小型和大型载货车均使用这种结构(图 11-2)。

(1) 纵梁。这是车架的基本骨架,与汽车长度基本相同,它的强度和刚度可承受以垂直载荷为主的各种载荷。安装各总成,方便配线、配管,而且上部的改装性也好。

包括必要的截面特性以及车架高度等的截面形状可根据承受弯曲力矩所必须的强度和刚度来确定。纵向的形状受离地高度、驾驶室、发动机悬置、货箱等平面布置的制约而决定其上下左右的形状变化。另外,为了制造更加容易,最好采用以直梁为主的截面变化小的结构。

(a)

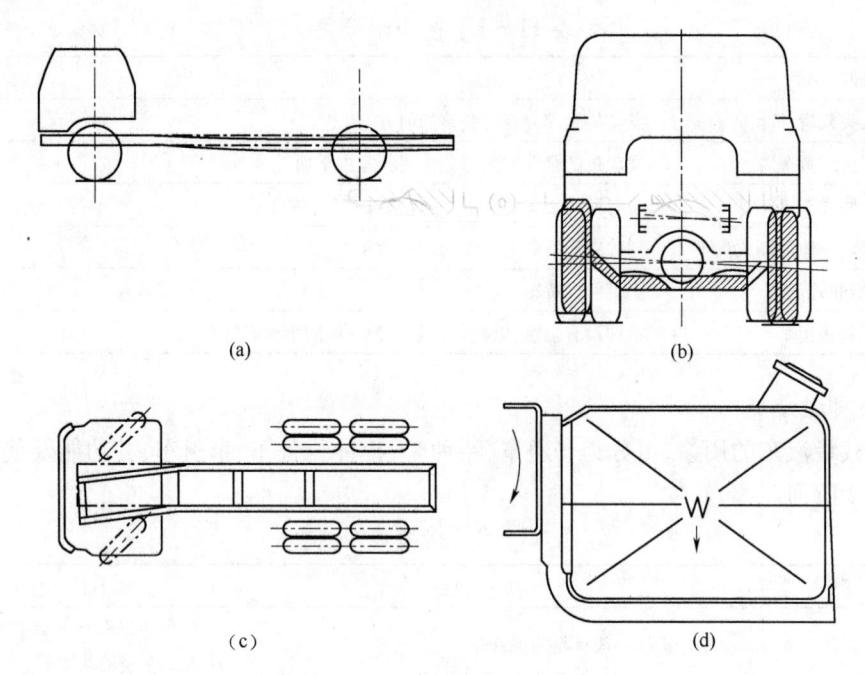

(b)

(c)

(d)

图 11-1　对车架的载货作用
(a)垂直载荷引起的弯曲;(b)纵轴为中心的扭转;(c)横向弯曲;(d)局部扭转。

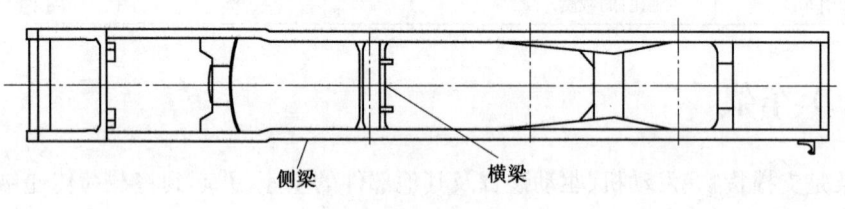

侧梁　　横梁

图 11-2　梯形车架

截面形状有槽形和箱形两种。槽形纵梁制造方便,各总成安装简单,被广泛用于大中型载货车。小型载货车多用焊接结构的箱形纵梁。因其截面是封闭的,所以扭转刚度大。为此,也可用于重型翻斗车和吊车等,在需特殊扭转刚度的车辆上也用此纵梁。

(2)横梁。横梁是连接左右纵梁的构件,不仅起着支撑发动机、散热器和传动轴的作用,而且当车在不平坦路上行驶时,负责承受车架整体的扭转以及油箱、弹簧支架等局部扭转所产生的变形。

(三)驾驶室

1. 结构

绝大多数载货汽车的驾驶室采用非承载式无骨架的全金属结构,通过 3 点或 4 点弹性悬置与车架连接。由于其悬置采用了弹性元件,因此可减轻驾驶室的振动和车架歪扭变形对驾驶室的影响。其形式可以分为如图 11-3 所示的几种,目前比较常见的是长度利用系数高的平头驾驶室。平头驾驶室通常还具有驾驶室的翻转功能(部分长头驾驶室也具备这一功能），为汽车的维修工作带来了很大的方便。

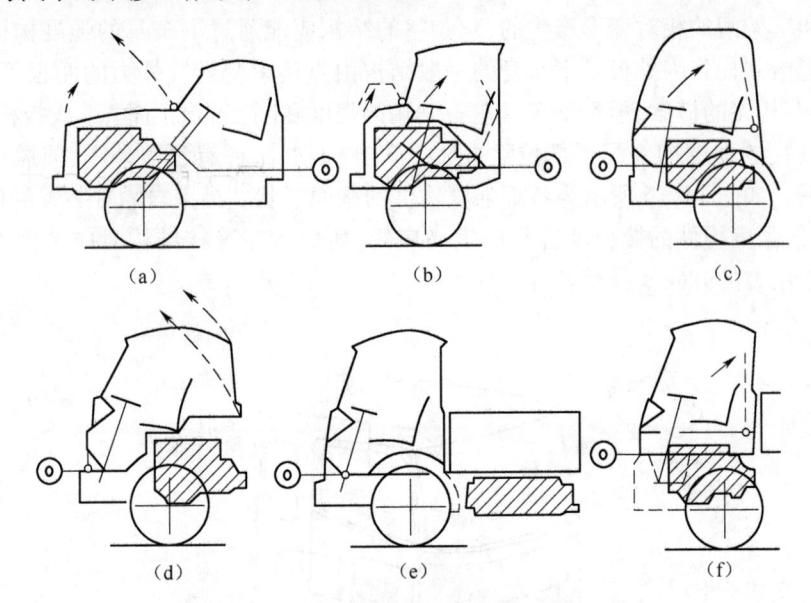

图 11-3 载货汽车驾驶室的类型
(a)长头式；(b)短头式；(c)、(d)、(e)、(f)平头式。

一般把驾驶室的金属总成称为白车身，它是用薄软钢板冲压成型、焊接后组成的。如图 11-4 所示为白车身一般分解结构。焊接白车身时，通常先将前车身、下车身、后车身及顶盖各总成焊上。然后，将它们的分总成装上。最后，再将事先组装好的车门安装上。

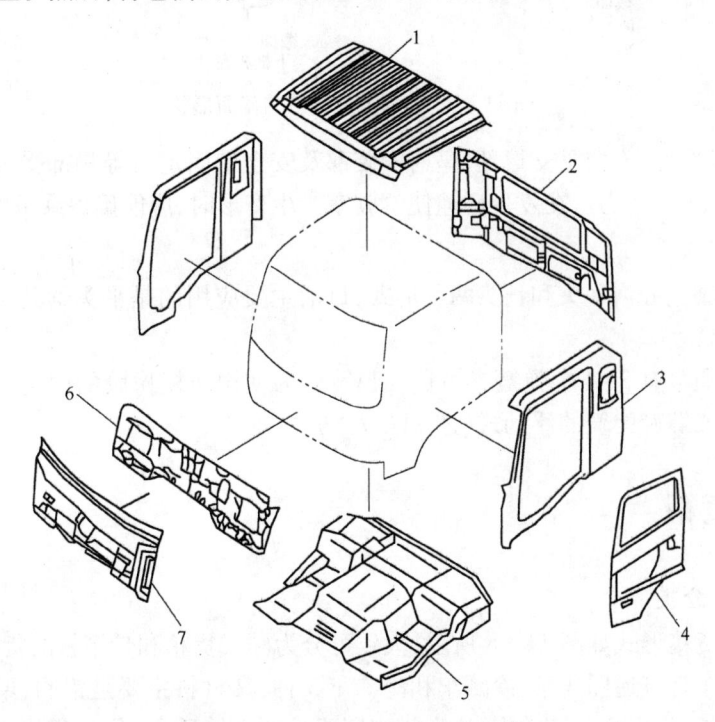

图 11-4 驾驶室一般分解结构
1—顶盖板；2—后围板；3—侧围板；4—车门板；5—下车身；6—前车身；7—前围板。

车辆行驶时作用在驾驶室上的外力,是从车架通过悬置装置传递的力。这种力主要是由驾驶室和车架间的相对变形产生的,驾驶室的结构应能通过下车身的强度构件将其外力均匀地分配给立柱和内外板。下车身的一般结构由直接承受悬置外力的两根下梁、连接侧梁、前后左右相接的横梁,承受下车身左右侧端部强度和刚度的侧门框、下底板构成。

车身外壳的强度构件配置部位除上述下车身构件外,还有顶盖外围、前风挡玻璃外围及车门外围。如图11-5所示为各部强度构件的截面形状。当来自悬置装置的作用力使驾驶室变形时,强度构件的接合部容易产生高应力,所以决定连接结构时应考虑作用在接合位置上的作用力的方向及种类。

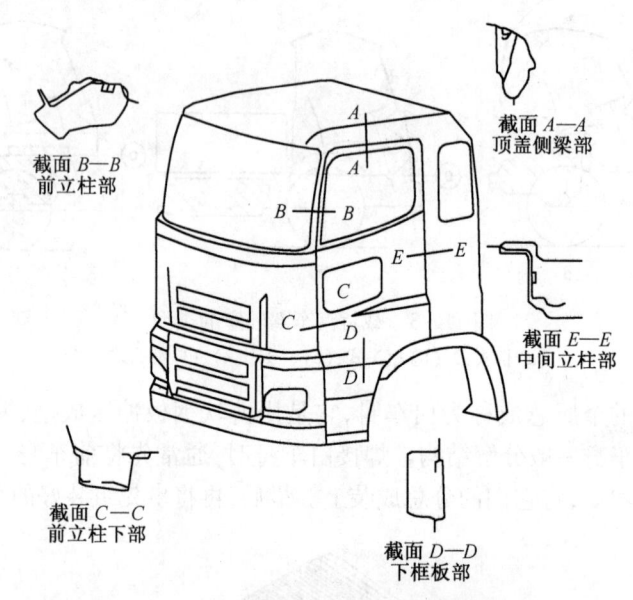

图 11-5 各部强度构件的截面形状

另外,在悬置部、方向盘支撑部、座椅安装部及安全带固定器等局部受力的部位应予以加强,使其能承受这些力。在发生碰撞使驾驶室产生变形时,应能确保乘员的生存空间。

2. 驾驶室悬置

载货车驾驶室分为平头和长头两种形式,目前主要应用的是平头驾驶室。下面介绍平头驾驶室的悬置。

悬置装置通常有3~4个弹簧支撑点。弹簧分为使用防振橡胶的固定式(图11-6)和使用空气弹簧或螺旋弹簧的浮动式(图11-7)两种。

(四) 货箱

1. 按形态分类

载货车的货箱形式如图11-8所示,大致可分为厢式货箱和带箱板的货箱两种。

厢式货箱车有普通厢式车、冷藏车和冷冻车3种,其材料主要是铝厢、聚氨酯及苯乙烯绝热货箱。另外,为提高装卸效率,达到货主所要求的运输质量(保护货物和提高运输车辆的形象),出现了侧板全开式以及具有与冷冻厢相同性能的冷冻厢翼式车,如图11-9所示。

(a) (b) (c)

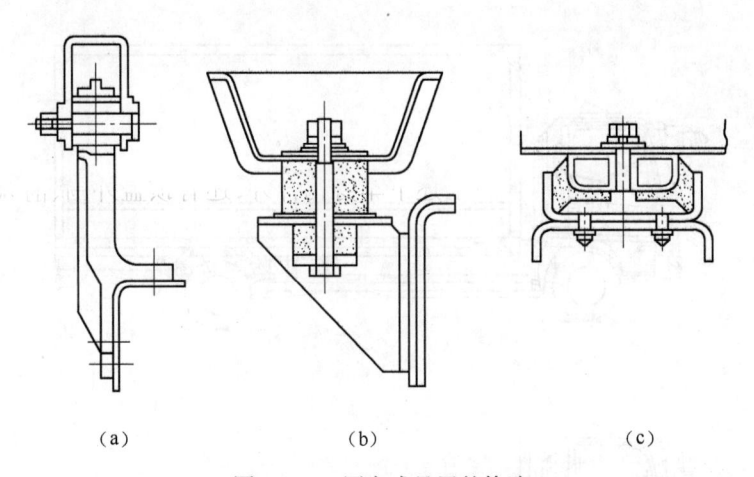

图 11-6 固定式悬置的构造
(a)橡胶垫;(b)上下橡胶;(c)斜橡胶。

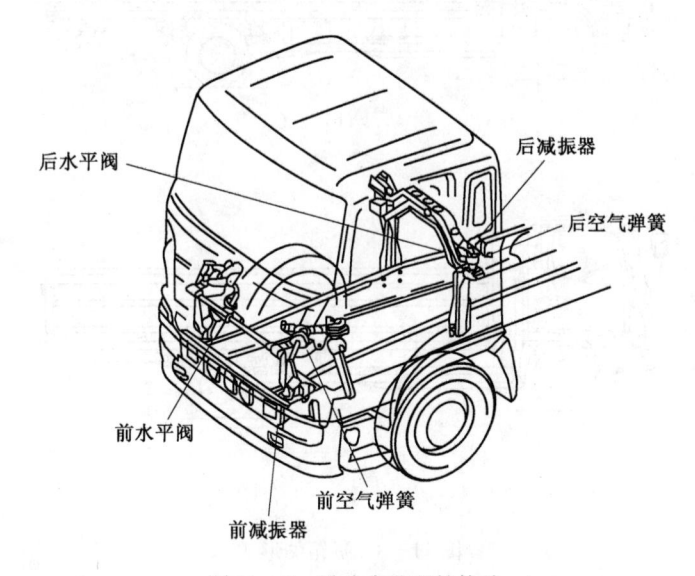

图 11-7 浮动式悬置的构造

带箱板的货箱分高底板式和低底板式两种。载货在2t以上多为高底板式,2t以下多为低底板式。高底板式有底板离地高度大等缺点,但底板面积大且平滑,所以便于各种货物的装卸,尤其适合用于托盘装载方式。

低底板式货箱车的轮罩会凸出在底板平面之上,又因为低底板式货箱车几乎都是用钢板制成的。因此左右车箱板为固定式的。

2. 厢式货箱

厢式货车图 11-10 有送货厢式车、转播服务用厢式车、FRP 厢式车及铝制厢式车等。厢式货车与带箱板货车相比,因为有侧内壁和顶篷,所以质量大,有效载荷将会下降。尤其是轮距小的车,为了保证在35°倾斜的情况下不翻车,必须减小载质量。

3. 带箱板的货箱

带箱板的货箱如图 11-11 所示。根据箱板的数量可分为一面打开(箱板固定式)、三

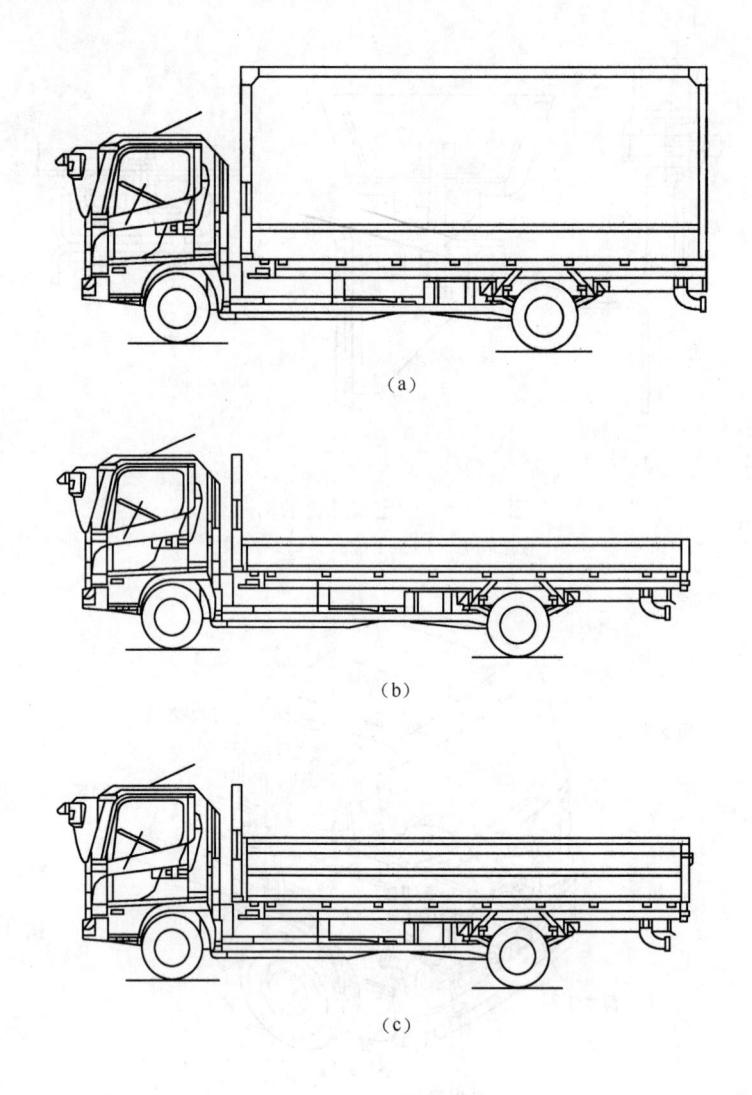

图 11-8 货箱的形式
(a)厢式货箱;(b)三面开启式货箱;(c)高拦板(铝合金板)货箱。

面打开及五面打开货箱。各部名称在 JIS 中有规定。

(1) 箱板(图 11-12)。箱板一般是由木板和钢板组合而成的。但为了轻量化,也有以塑料替代木板及使用铝材的。箱板的高度标准是普通车在 400mm 以下,大型车约 450mm。此外,还有使用铝制高箱板的。

(2) 底板的结构及车厢前拦板。所谓底板是下纵梁、下横梁、底板框及底板的统称(图 11-13)。一般底板框采用 L 形钢或 L 形铝材制成,底梁和底板为木制的。另外,也有使用以增加有效载荷为目的的口字形钢作底梁的。使用的木材主要都是大花龙脑树和柳桉木。

大型车前围栏采用 L 形钢、U 形钢制作,中小型车采用的是冲制成型件。

(3) 底盘安装件。车厢装在底盘上,因车厢的形状和结构不同,将会产生与底盘的共振,载荷易集中到底盘车架上。因此,应按各厂家指定的安装要求进行安装。

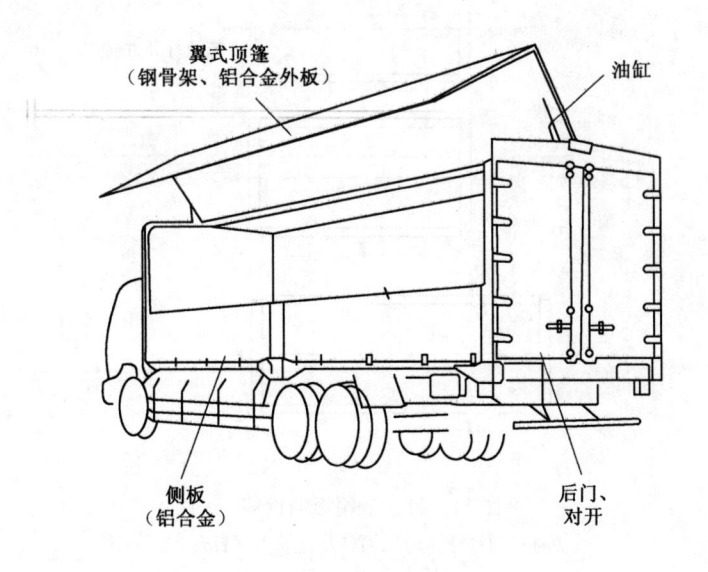

图 11-9 翼式货箱

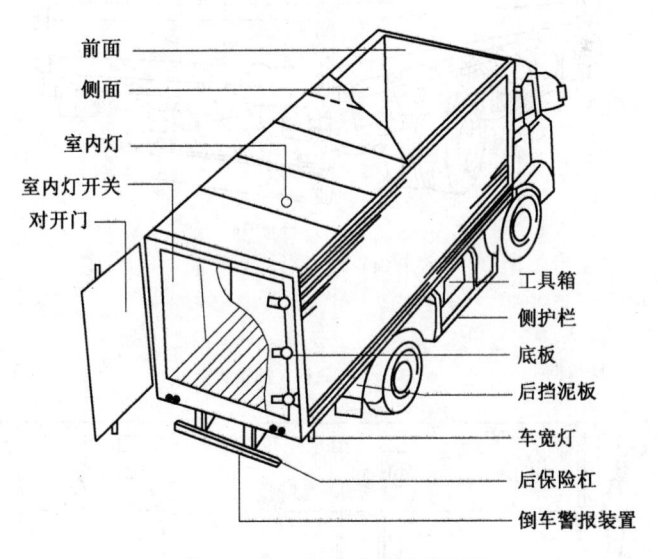

图 11-10 铝合金货箱整体图

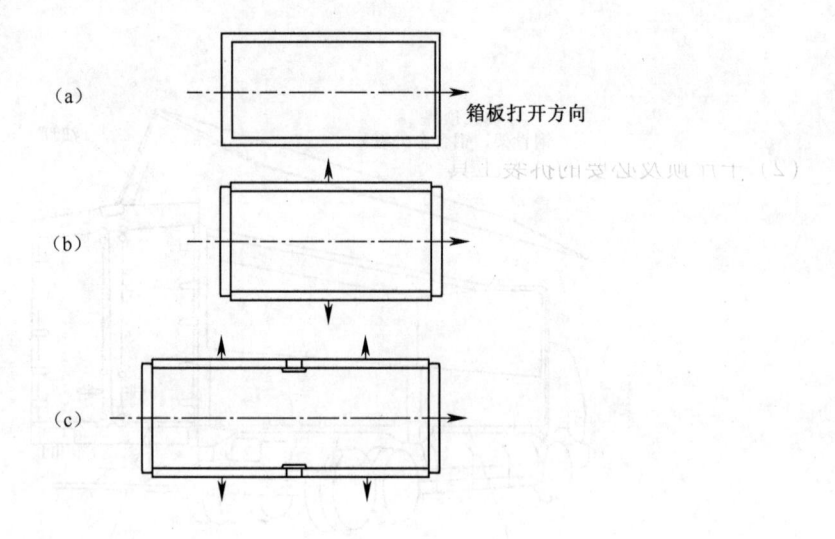

图 11-11 带箱板的货箱
(a)一面打开;(b)三面打开;(c)五面打开。

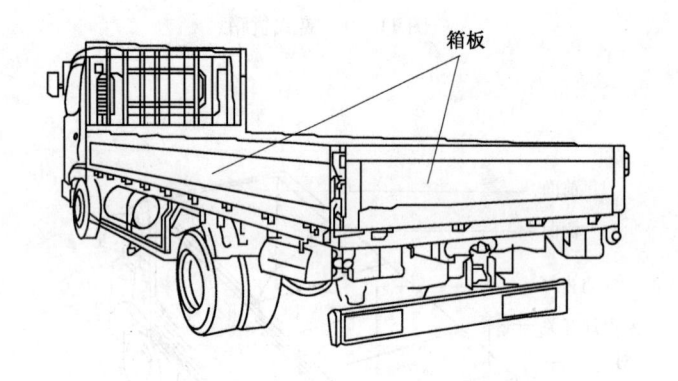

图 11-12 箱板

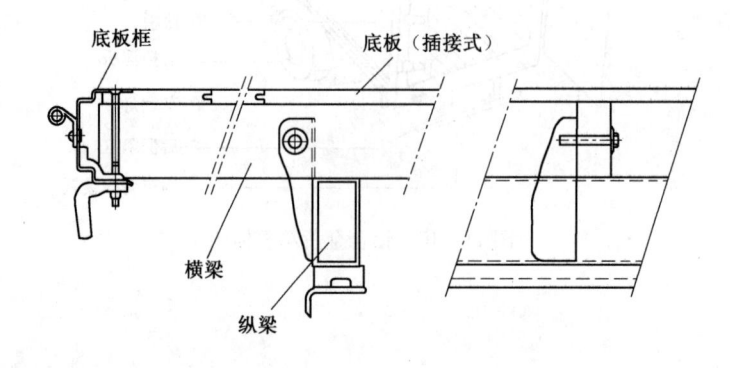

图 11-13 货箱底板框架的构造

二、设备、工具和材料准备

(1) 货车 1~2 辆。
(2) 千斤顶及必要的拆装工具。
(3) 与车辆对应的车身修理手册。

三、载货汽车车身结构认识步骤

(1) 判断载货汽车的驾驶室、货箱和车架的类型。
(2) 查找车身修理手册,写出所有驾驶室板件的名称。
(3) 判断驾驶室悬置的类型。
(4) 判断货厢与车架的连接方式。
(5) 指出该车驾驶室、货厢和车架材料的类型。
(6) 指出该车身防碰撞的措施有哪些。

四、技能考核表

载货汽车车身认识技能考核表如表 11-3 所列。

表 11-3　货汽车车身认识技能考核表

序号	考核内容	配分	评分标准	考核记录	扣分	得分
1	指出考核车型的承载类型	10	判断正确得 10 分,否则扣 10 分			
2	判断载货汽车的驾驶室、货厢和车架的类型、驾驶室悬置类型	20	判断错误一次扣 5 分			
3	指出驾驶室所有板件的名称	40	指错一个板件扣 5 分			
4	指出货厢与车架的连接方式	10	指错一处板件扣 10 分			
5	指出该车驾驶室、货厢和车架材料的类型	20	判断错误一次扣 5 分			
教师签字					年　月　日	

课后复习题

1. 名词术语解释

长头载货汽车、平头载货汽车、厢式载货汽车、梯形车架、货车驾驶室悬置。

2. 选择题

(1) 发动机位于前轴之前的布置形式,适用于下列(　　)。
A. 长头式货车　　B. 短头式货车　　C. 平头式货车　　D. 以上三种货车

(2) 驾驶室主体与鳄口型车头的连接方式为( )。
A. 焊接　　　　　B. 铆接　　　　　C. 螺栓连接　　　D. 粘接
(3) 普通货车应用较多的是( )车架。
A. 边梁式　　　　B. 周边式　　　　C. 脊梁式　　　　D. X 型
(4) 综合式车架一般应用于( )。
A. 货车　　　　　B. 客车　　　　　C. 越野车　　　　D. 轿车
(5) 下列( )不是重型货车车架做成前宽后窄形式的主要原因。
A. 后轴负荷大　　　　　　　　　B. 后轮距小
C. 后钢板弹簧宽度大　　　　　　D. 发动机尺寸大
(6) 有些车架纵梁上平面不是平直的,主要设计目的是( )。
A. 增加抗弯强度　B. 降低底板高度　C. 造型美观　　　D. 制造简单

3. 思考题

(1) 为什么现代货车多采用平头式结构?
(2) 请描述常见货车的货厢形式,并思考不同形式货厢的用途。

参 考 文 献

[1] Duffy James E,Scharff Robert.吴友生编译.汽车车身维修技术[M].北京:高等教育出版社,2006.
[2] 日本自动车技术会编.中国汽车工程学会组译.汽车工程手册3造型与车身设计篇[M].北京:北京理工大学出版社,2010.
[3] 李新起.汽车车身修复技术[M].北京:中央广播电视大学出版社,2006.
[4] 顾建国.汽车钣金维修技师培训教材[M].北京:人民交通出版社,2003.
[5] 丰田汽车技术研究中心.丰田车身修理技术员培训教材.
[6] 陈勇.汽车中控门锁及防盗系统结构原理与维修[M].南京:江苏科学技术出版社,2007.
[7] 谷正气.轿车车身[M].北京:人民交通出版社,2007.
[8] 程丽群.汽车车身电气系统检修[M].北京:国防工业出版社,2011.
[9] 周建平.汽车电气设备构造与维修[M].北京:人民交通出版社,2005.